跨区域贸易协同创新文丛　　　　山东政法学院出版基金资助出版

我国区域服务贸易自由化的评估分析新论

苏帅　张凡　著

中国政法大学出版社

2024·北京

图书在版编目（CIP）数据

我国区域服务贸易自由化的评估分析新论 / 苏帅，张凡著. -- 北京：中国政法大学出版社，2024.9. -- ISBN 978-7-5764-1710-4

Ⅰ. F752.68

中国国家版本馆 CIP 数据核字第 2024QA1500 号

书　名	我国区域服务贸易自由化的评估分析新论 WOGUO QUYUFUWUMAOYI ZIYOUHUA DE PINGGUFENXI XINLUN
出版者	中国政法大学出版社
地　址	北京市海淀区西土城路 25 号
邮　箱	bianjishi07public@163.com
网　址	http://www.cuplpress.com (网络实名：中国政法大学出版社)
电　话	010-58908466(第七编辑部) 010-58908334(邮购部)
承　印	保定市中画美凯印刷有限公司
开　本	880mm×1230mm
印　张	9
字　数	205 千字
版　次	2024 年 9 月第 1 版
印　次	2024 年 9 月第 1 次印刷
定　价	45.00 元

前　言

在全球经济一体化不断深化的背景下，服务贸易自由化成为各国或地区经济开放的重要方向。我国服务贸易的快速发展对于推动经济结构调整、优化产业结构具有重要意义。在国际上，服务贸易自由化业已成为国际贸易体系的重要组成部分，各国纷纷通过签订自由贸易协定、建立自由贸易区等方式推动服务贸易自由化。我国也积极参与国际服务贸易自由化进程，与多个国家或地区签订了自由贸易协定，为我国服务贸易的发展提供了有力支持。然而，与发达国家相比，我国服务贸易自由化水平仍有待提高。本书在 HMS 方法和盛斌等人量化研究方法的基础上进行了拓展，以 WTO 自由贸易协定分类框架为依据对自贸协定的文本条款进行逐一归类，在此基础上构建了"分部门—条款—核心要件"三个层级上的覆盖率指数、深度指数和广度指数，对自贸协定的自由度做了量化评估，以期为相关政策制定提供科学依据。本书内容结构安排如下：

第一章为绪论，包含研究的背景和意义、文献综述、研究方法、篇章结构、创新点和不足等内容。

第二章为理论基础，包含贸易协定实施对贸易流量的影响以及 WTO 自由贸易协定分类框架两个方面。根据 WTO 自由贸易协定所涉及的所有事项制定了一项以议题、条款和核心要件为框架的三级贸易文本分类体系。本书以这一分类体系为基础对自贸协定文本进行量化分析。

第三章阐述了我国与其他国家或地区签订自贸协定的发展现状。该部分首先从总体上概述了我国已经签订和正在筹备中的自贸区；其次重点介绍了我国与发达国家已经签订的自贸协定，并论述了本书选取新加坡、瑞士、韩国以及澳大利亚为研究对象的理由。

第四章中根据 WTO 分类框架体系中议题、条款和核心要件三个层次对应构建了由覆盖率指数、深度指数以及广度指数构成的量化指标体系，使用这一指数体系对自贸文本做了量化分析。并以核心要件为关注重点，对协定文本核心要件的分布做了详尽分析，作为指数分析的补充和完善。

第五章为结论与政策建议。本章在总结前文研究结论的基础上，对与我国谈判自贸协定的国家提出政策建议，以期谈判过程更为高效，协议文本更加完善。

本书撰写分工如下：苏帅，撰写了第一章、第五章的内容，承担的撰写量按比例为 20%。张凡，撰写了第二章、第三章、第四章的内容，同时负责附录部分的整理和全书统稿工作，承担的撰写量按比例为 80%。在本书撰写过程中，还得到了多位学者的帮助，他们为本书的撰写和完成发挥了重要作用，在此一并表示感谢，本书的出版与他们的付出是分不开的。

目　录

第一章
绪 论

一、研究背景和目的

进入 21 世纪后，全球经济增长速度放缓，贸易保护主义、单边主义势力上升，世界贸易组织（World Trade Organization，WTO）框架下的多边贸易体系的正常运作受到严重破坏，特别是 2020 年年初全球范围暴发的新冠疫情使世界经济雪上加霜，给世界经济带来的巨大冲击最先表现为经济增速陡降。据 WTO 统计，2020 年全球商品贸易量下降约 5.3%，除中国和少数几个保持正增长的国家外，几乎全世界所有经济体的跌幅都是负增长。同时，国际货币基金组织（International Monetary Fund，IMF）发布的《世界经济展望》报告显示，[1] 2020 年全球经济增长率为-4.4%。新冠疫情对各经济体造成的冲击并不均匀，发达经济体整体经济萎缩 5.8%，其中美国下降 4.3%，欧元区降幅为8.3%，新兴市场和发展中经济体增速为-3.3%。

---

〔1〕 IMF《世界经济展望》报告，载 https：//www. imf. org/zh/Publications/WEO/Issues/2020/09/30/world-economic-outlook-october-2020，最后访问时间：2022 年 7月 8 日。

WTO 作为经济全球化和自由贸易的基石，在维护全球贸易秩序上的作用和能力衰弱明显。而区域贸易协定（Regional Trade Agreements，RTAs）在推动区域贸易投资自由化和便利化、加快区域经济一体化和维护世界贸易体系中发挥了越来越重要的作用。

据 WTO 区域贸易协定数据库统计，[1]全球 RTAs 的签署数量在进入 21 世纪后实现了快速增长，且协定涵盖的内容也越来越丰富。截至 2021 年 8 月底，已公布和在实施中的 RTAs 共有 568 个（货物贸易、服务贸易及授权条款被分别计数），其中总计有 181 个 RTAs 中包含服务贸易内容。

随着亚洲区域一体化不断地发展，亚洲地区的许多国家和亚洲经济体同世界各国和经济体签署了自由贸易协定（Free Trade Agreement，FTA），也形成了许多各有特色的 FTA 及 RTAs。据测算，目前全球范围内涉及亚洲经济体的 FTA 数量占全部 FTA 数量的一半以上。然而，随着国际经济环境的变化、贸易开放水平不断提高和信息与通信技术（ICT）以及新兴跨境电子商务的发展带来服务产品生产和贸易方式的转变，原有的服务贸易规则已经无法有效规范各国的贸易活动，原有的服务部门开放模式和开放水平也不能很好地满足新兴服务贸易活动的需要。

在此背景下，越来越多的 RTAs 中纳入服务贸易开放内容，WTO 区域贸易协定数据库的资料显示，[2]截至目前，已有超 50% 的 RTAs 都覆盖了服务贸易内容。在这些 RTAs 中，不仅有对之前传统服务贸易规则进行的大量完善，而且增加了新服务

---

〔1〕 WTO 区域贸易协定数据库，载 http://rtais. wto. org/UI/PublicMaintainRTA-Home. aspx，最后访问时间：2022 年 7 月 20 日。

〔2〕 WTO 区域贸易协定数据库，载 http://rtais. wto. org/UI/PublicMaintainRTA-Home. aspx，最后访问时间：2022 年 7 月 20 日。

贸易纪律规范和投资、知识产权、竞争政策等领域相交织的发展趋势。其中以中国最具代表性，中国截至 2021 年 8 月，逐渐生效了 18 个覆盖了服务贸易开放的相关 RTAs，缔约国家和地区为分布在亚洲、大洋洲、欧洲、美洲和非洲的 28 个国家和地区，其中还有正处于谈判或研究阶段的大约 18 个 RTAs，也均涉及服务贸易议题。而这些经济体又各自至少双边签署了一个以上的含有服务贸易内容的 RTAs，总数大约达到了上百个，包括了更多的世界主要最发达经济体，如美国、欧盟和经济合作与发展组织国家等都纳入了这个庞大的自贸协定网络之中。

但从我国签署的双边贸易协定中服务贸易的开放领域来看，对比一般货物贸易的对外开放较高速度和程度而言，服务贸易对外开放速度和程度则相对较低，且开放度水平也较低。我国商务部研究院区域经济合作研究中心张建平主任指出，"对于中国服务贸易而言，一方面我们要借鉴发达国家在服务业开放过程中的经验，另一方面也要根据自身特点探索出一条适合中国国情的路径"。虽然中国的服务贸易在国际竞争中处于劣势，但只有适应时代变化，以更大规模和更大程度的开放来推动服务业的发展，才能从根本上实现服务贸易的竞争力和国际贸易的高质量发展。

2020 年，习近平主席在中国国际服务贸易交易会全球服务贸易峰会上致辞，并就服务业开放合作提出了 3 点倡议，"建立健全跨境服务贸易负面清单管理制度""继续放宽服务业市场准入""主动扩大优质服务进口""加大知识产权保护""支持组建全球服务贸易联盟""将支持北京打造国家服务业扩大开放综合示范区"等，宣示了中国倡导开放合作和推动经济全球化的主张。习近平主席提出的这一系列深化服务业开放合作的新举措和新主张，赋予了中国对外开放的新内涵，为全球共同发展注入了新动力，也预测了我国未来开放的重点将集中在服务领域。

本研究目的是通过评估中国已签署双边 FTA 文本中服务贸易领域的自由化水平，与我国加入 WTO 承诺的服务贸易开放度比较，了解当前我国服务贸易开放水平及开放进程，为我国服务贸易未来进一步开放提供参考和依据，助力构建新兴服务领域开放新格局。

二、研究方法和构成

在 WTO 体制下的区域自由贸易协定中对于一般货物贸易和服务贸易的规则差异巨大，因服务业所具有的无形性、生产和消费的难以分离性、难以储存性、强异质性等特点，使得服务贸易和货物贸易相比具有贸易方式多样化、海关监管和统计困难、依赖于生产要素跨国转移和服务机构跨国设置等特征，从而使得服务贸易政策对服务贸易活动的影响力要大得多。

相较于货物贸易，服务贸易通常具有政策和规则密集型的特点。因此，有必要直接针对服务贸易开放水平评估开展定性和定量研究。

在我国已签署的双边贸易协定中，协定文本体现的规则覆盖力度反映出的缔约方对于服务贸易基本规则的接受程度，直接关系到协定的执行能力及其对实际服务贸易活动的管理能力。具体服务部门开放清单类似于货物贸易的关税减让表，通过具体承诺减让表来具体细化和量化各个缔约方服务贸易开放的范围与深度。通过这两方面共同构成了区域自由贸易协定中服务贸易开放的广度和深度指标。

因此，本研究构建了兼顾以上两个方面的创新性定量评估框架：一方面，依据服务贸易规则和相关议题的发展，参考服务贸易总协定（General Agreement on Trade in Service，GATS）、韩美 FTA 和 WTO 自由贸易协定数据库的信息，构建涵盖跨境服务、投资、自然人移动、金融服务、电信服务、电子商务、知识产权和竞争政策 8 个领域、176 项条款、536 个核心要件的三级评估体系，通过 8 个细化的规则覆盖广度和覆盖深度指标来反映协定文本的政策开放水平。

另一方面，完善了基于五级分类频度法构建的 3 个指标评估部门开放清单开放深度的方法，将其同时适用于正面和负面清单，亦补充了用服务部门及分部门开放数量反映的部门开放广度指标。使用以上评估框架和指标，本书针对以中国 12 个 RTAs 为核心的共 94 个相关协定的协定文本和部门开放清单进行评估和比较，以此重点反映中国 RTAs 文本规则覆盖广度和深度以及部门开放广度和深度的现状和不足。

本书在 HMS 方法和盛斌等人量化研究方法的基础上进行了拓展，以 WTO 自由贸易协定分类框架为依据对自贸协定的文本条款进行逐一归类，在此基础上构建了"分部门—条款—核心要件"三个层级上的覆盖率指数、深度指数和广度指数，对自贸协定的自由度做了量化评估。本研究内容结构安排如下。

本研究对我国已签订自贸协定提出有针对性的建议，首先应透彻分析已签署并实施的贸易协定文本，对其中重点关注与尚待提高的部分有所了解，才能在此基础上对症下药。遵循上述写作思路，本书的篇章结构安排如下。

第一章为绪论，包含研究的背景和意义、文献综述、研究方法、篇章结构以及创新点和不足等内容。

第二章为文献综述和理论基础，包含贸易协定实施对贸易流量的影响以及 WTO 自由贸易协定分类框架两个方面。根据 WTO 自由贸易协定所涉及的所有事项制定了一项以议题、条款和核心要件为框架的三级贸易文本分类体系，并以这一分类体系为基础对自贸协定文本进行了量化分析。

第三章阐述了我国与其他国家或地区签订自贸协定的发展现状。该部分首先从总体上概述了我国已经签订和正在筹备中的自贸区；其次重点介绍了我国与发达国家已经签订的自贸协定，并论述了本书选取新加坡、瑞士、韩国以及澳大利亚为研究对象的理由。

第四章中根据 WTO 分类框架体系中议题、条款和核心要件三个层次对应构建了由覆盖率指数、深度指数以及广度指数构成的量化指标体系，使用这一指数体系对自贸文本做了量化分析。并以核心要件为关注重点，对协定文本核心要件的分布做了详尽分析，作为指数分析的补充和完善。

第五章为结论与政策建议。本章在总结前文研究结论的基础上，对与我国谈判自贸协定的国家提出政策建议，以期谈判过程更为高效，协议文本更加完善。

三、本研究的创新点和不足

跟货物贸易相比，服务贸易领域是政策复杂型的。然而，现有研究主要关注于服务贸易自由化影响效应等，对于服务贸易开放政策的研究数量不多且主要停留在定性分析层面。定量方法多基于非约束性政策资料来源，存在权重设定主观性强、侧重于静态评估、不利于进行国际比较等不足。因此在实证分析中多使用虚拟变量或其他制度类指标作为政策的代理变量，从而使得针对服务贸易开放政策的研究不够科学和严谨。进一步讲，与现有仅对部门开放清单进行定量评估的研究不同，本书认为协定文本中的纪律规范和部门开放清单共同构成了服务贸易开放政策的双翼，相辅相成缺一不可。而现有针对贸易协定的量化研究方面较为缺乏专门针对服务贸易协定的定量评估研究，因而也少有探讨中国区域服务贸易开放网络发展路径的研究。因此，本书的创新和不足之处主要体现在以下几个方面。

（一）创新

（1）构建针对 RTAs 文本的定量评估框架和评价指标，依据国际服务贸易新规则的发展和相关新议题的内容，综合 GATS、韩美 FTA 和 WTO 自由贸易协定数据库三方的信息，构建了涵盖跨境服务贸易、自然人移动、投资、金融、通信、电子商务、知识产权和竞争政策 8 个领域、176 项条款、536 个核心要件的"领域—条款—核心要件"三级评估框架。在条款层面构建规则覆盖率指数、深度指数和广度指数，在核心要件层面构建规则细化指标，分别表现各个双边自贸协议在各传统领域和新兴领域的核心要件数覆盖水平，从而使得协定文本中的规则得到具象化的表现并便于进行比较分析。

（2）针对各个双边自贸协议文本的服务贸易领域缺乏相关实际数据，基于减让表的各部门的承诺内容，在完善 Hoekman 频度法基础上，新拓展和构建了 3 个指标的五级分类频度法对各个服务部门开放广度和深度的测度指标。并明确和完善了该方法对于正面清单和负面清单的包容性评估作用，从而使具体各个服务部门开放措施的定量评估指标更加完整。

（二）不足

本研究的不足之处在于由于研究对象所限，本书仅选取了我国与若干国家已签署的双边自贸协定来进行量化分析，这使得对于量化指标的分析缺乏与其他国家和经济体的自贸协定，特别是与欧美发达国家所签署的自贸协定（如NAFTA、CPTTP）等有关自由度水平之间的横向对比，从而使本研究的指标相对自由化水平的判断存在一定的主观性。

同时本研究中有关服务贸易领域相关自由化评估，也是仅选取了我国与其他国家已签署的双边自贸协定文本中部分具体承诺减让表来进行量化分析，这使得对于量化指标的分析缺乏与其他国家和经济体的自贸协定，特别是与欧美发达国家所签署的自贸协定（如NAFTA、CPTTP）。这是需要在今后的研究中注意改进的部分。

第二章

文献综述和理论基础

一、服务贸易概述

（一）国际服务贸易的定义及现状

1. 国际服务贸易的定义

服务贸易的定义分为狭义和广义，一般人们所指的服务贸易都是广义的国际服务贸易。

GATS 作为 WTO 协定不可分割的一部分，其对服务贸易的定义已被各国普遍接受。就本协定而言，服务贸易定义[1]为：（a）自一成员领土向任何其他成员领土提供服务；（b）在一成员领土内向任何其他成员的服务消费者提供服务；（c）一成员的服务提供者通过在任何其他成员领土内的商业存在提供服务；（d）一成员的服务提供者通过在任何其他成员领土内的自然人存在提供服务。

GATS 中的服务贸易定义，实际上是将服务的提供方和消费方是否发生空间上的移动，作为各种类型的服务贸易的划分依据的。

---

[1] 马拉喀什建立世界贸易组织协定——附件 1B：服务贸易总协定 1994.4.15。

（1）跨境交付（Cross-border Supply）。

跨境交付是指从一成员方境内向任何其他成员方境内提供服务，服务的生产者和消费者均不移动。其中的"跨境"是指"服务"过境，跨境交付的媒介主要通过电话、传真、网络、计算机联网、电视等实现，还包括用邮件或信使方式发送文件、软盘和磁带等。至于人员和物资在现代科技环境下则一般无须过境。例如，国际金融中的电子清算与支付、国际电信服务、信息咨询服务、卫星影视服务、离岸服务外包等，跨境交付又可分为被分离服务（Separated Service）贸易和被分离生产要素服务（Disembodied Service）贸易两种类型，前者如金融服务贸易和保险服务贸易可以通过国家之间的通信手段进行，后者也称缺席要素（Absent Factor）服务贸易，即在提供服务时，并不需要所有要素都移动，可能存在某种要素（如管理要素）在母国不移动即可通过信息通信技术提供服务，以强化海外生产要素。

（2）境外消费（Consumption Abroad）。

境外消费是通过服务的消费者的国境移动实现的，服务是在服务提供者实体存在的国家（地区）生产的。其他国家的消费者作为旅游者、留学生或病人前往服务提供者境内进行服务消费。只有消费者亲自前往或位于境外，才能获得这样的服务。例如，本国病人到外国就医、外国人到本国旅游、本国学生到外国留学等。

（3）商业存在（Commercial Presence）。

商业存在是指服务提供者通过在任何其他成员境内的商业实体提供服务，以获取报酬。它是四种服务提供方式中最主要的方式，也是服务贸易活动中最主要的形式。它主要涉及市场准入（Market Access）和对外直接投资（Foreign Direct Investment，FDI），即允许一成员方的服务提供商在另一成员方境内投资设立机构并提供服务，包括投资设立合资、合作和独资企业，该机构的服务人员既可以从提供商母国带来，也可以从东道国雇用。例如，外国公司到中国开酒店、建零售商店和开办律师事务所等。

（4）自然人移动（Movement of Natural Persons）。

自然人移动是指一成员方的服务提供者过境移动在其他成员方境内提供服务而形成的贸易。它包括两层意义：一是外国的服务提供者作为独立的自然人个体前往服务消费者所在国提供服务，如服务提供者作为咨询顾问或健康工作者前往另一国境内提供服务；二是境外个人可作为服务提供企业或机构的雇员前往另一国境内提供服务，如以咨询机构、医院或建筑机构雇员的身份前往提供服务。自然人移动的前提条件是：进口方允许个人入境来本国提供服务。例如，外国教授、工程师或医生来本国从事个体服务。

图 2-1 反映了 GATS 框架下四种服务贸易模式，对于服务贸易的定义，乌拉圭回合中期评审报告中指出，多边服务贸易法律框架中的定义，应包括以上四种服务模式，它们一般要符合以下四个标准：服务和支付的过境移动性（Cross－border Movement of Services and Payments）；目的具体性（Specificity of purpose）；交易连续性（Discreteness of Transactions）；时间有限性（Limited Duration）。这四种判别标准，有利于理解服务贸易的含义。

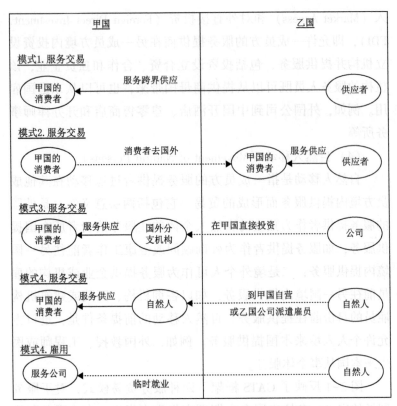

图 2-1　GATS 框架下的服务贸易模式分类[1]

对于国际服务贸易，现因世界及各国的文献并无统一和公认的定义，以下归纳了几种代表性定义供参考：

①联合国贸易与发展会议的定义。

通过进出入境现象来定义国际服务贸易[2]，其定义是指货

---

〔1〕　国际服务贸易统计手册，载 http://images. mofcom. gov. cn/fms/accessory/200612/1167545696394. pdf，最后访问时间：2022 年 9 月 15 日。

〔2〕　联合国贸易与发展会议，载 https://www. un. org/zh/aboutun/structure/unctad/，最后访问时间：2022 年 9 月 12 日。

物的加工、装配、维修以及货币、人员、信息等生产要素为非本国居民提供服务并取得收入的活动，是一个国家与其他国家进行服务交换的行为。狭义的国际服务贸易是指有形的、发生在不同国家之间，并符合于严格的服务定义的直接的服务产品进口与出口。广义的国际服务贸易既包括有形的服务输出和输入，也包括在服务提供者与使用者在没有实体接触的情况下，发生的无形的国际服务产品的交换，如网络卫星传输信息、版权专利等技术贸易。

广义服务贸易范围十分广泛，按照 GATS 所定义的四种服务提供方式分别列明服务活动。服务部门分类使用世界贸易组织秘书处编写的有关服务部门分类的说明（"GNS/W/120 服务部门分类"目录），该目录将服务贸易分为 12 大类，又细分为近 160 个服务分部门，这里需要强调的是，"GNS/W/120 服务部门分类"目录是一个谈判目录，而非国际上通认的统计分类目录。

②IMF 的定义。

IMF 在其 2008 年发布的第六版《国际收支手册》[1]（Balance of payments manual）之中，对国际服务贸易的概念给出了定义。是指在国际收支表当中，服务贸易被列入经常项目，它是指各成员方居民与非居民之间服务产品的输出和输入，即服务的跨境交易，《国际收支手册》阐述的定义是把国际服务贸易界定为某一经济体中居民和非居民之间进行的服务贸易。这一定义也是国际服务贸易的常规统计定义。与 1993 年国民账户体系世界其他地方账户的服务贸易的概念很相似。该手册还提供了有关

---

〔1〕 国际收支手册，载 www. imf. org/external/chinese/pubs/ft/bop/2007/bopman 6c. pdf，最后访问时间：2022 年 10 月 7 日。

其居民地位和活动方面的指南，同时纳入了有关国际服务贸易和汇款的工作成果。

与《国际收支手册》当中的服务贸易定义相比较，GATS 的定义除包含全部服务的居民与非居民之间的跨境交易之外，还包括作为东道国居民的"外国商业存在"与东道国其他居民之间的交易，即在东道国的居民和居民之间的交易。

③国际服务贸易统计手册的定义。

《国际服务贸易统计手册》（Manual on Statistics of International Trade in Services）是由联合国、欧共体、IMF、经济合作与发展组织、联合国贸易和发展会议、WTO 六大国际组织于 2002 年共同编写，手册主要阐明了服务贸易产生的过程[1]，其主要特点是讨论了可能提供服务的方式。该手册对国际服务贸易作了广义的解释，其定义涉及居民和非居民之间交易，即通常意义上的服务贸易，并把服务贸易的含义扩大至包括通过国内设立的企业提供的服务。在手册中，这后一类交易被称为国外分支机构服务贸易，即外国附属机构服务贸易（Foreign Affiliates Trade in Services，FATS）。同样，在服务贸易的范畴内还讨论了贸易协议所涉及的对短期定居境外个人与服务有关的几种雇用类型。

---

〔1〕 国际服务贸易统计手册，载 http://images. mofcom. gov. cn/fms/accessory/200612/1167545696394. pdf，最后访问时间：2022 年 9 月 15 日。

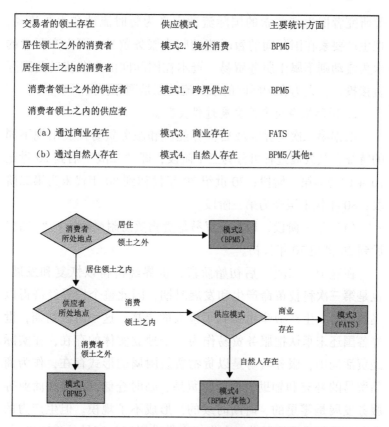

交易者的领土存在	供应模式	主要统计方面
居住领土之外的消费者	模式2. 境外消费	BPM5
居住领土之内的消费者		
消费者领土之外的供应者	模式1. 跨界供应	BPM5
消费者领土之内的供应者		
（a）通过商业存在	模式3. 商业存在	FATS
（b）通过自然人存在	模式4. 自然人存在	BPM5/其他[a]

图 2-2 GATS 框架下的服务贸易四种类型综合模型[1]

以上几种代表性的关于服务贸易的定义，所涉及内容有限且是不够的，因为现实中存在明显的缺陷，无法把服务贸易同生产要素的国际流动区分开来。为了解决这个问题，巴格瓦蒂[2]

〔1〕 国际服务贸易统计手册，载 http://images. mofcom. gov. cn/fms/accessory/200612/1167545696394. pdf，最后访问时间：2022 年 9 月 15 日。

〔2〕 J. N. Bhagwati & V. K. Ramaswami（1963），"Domestic distortions, tariffs and theory of optimum subsidy"，Journal of political economy.

等研究者把生产要素的国际流动定义为暂时流动和永久流动，把生产要素在国际间的暂时流动归为服务贸易，而生产要素的永久流动则不属于服务贸易。资本在国际间的永久流动是国际直接投资，人力在国际间的永久流动则是国际移民。[1]

2. 国际服务贸易的发展过程及现状

根据第二次世界大战后世界经济和服务贸易发展出现不同的特征，其发展过程可分为三个阶段，即"二战"后到20世纪70年代初为第一阶段；20世纪70年代初到80年代末为第二阶段；80年代末至今为第三阶段。

（1）第一阶段，即服务贸易是货物贸易附属阶段："二战"后到20世纪70年代初。

在这个"二战"后初始阶段，世界经济得以恢复和发展，也是第三次科技革命产生和发展时期，因此整个世界经济得以飞速回升，生产效率也得到了极大的提高。这一阶段初期，世界各国还未承认把服务贸易作为一个独立实体的存在，在实际经贸活动中，服务贸易是以货物贸易附属的形式存在，作为商品贸易的补充和辅助，像货物贸易、临时仓储、运输、商业等服务发展是零星的、时断时续的，形成不了规模。但生产力的不断提高促进了国际分工合作，也带动了国际贸易的迅速发展，国际服务贸易也随之不断增长，特别是20世纪60年代后期，世界各国政府也放宽了对服务贸易的限制，使得世界范围内服务贸易得到了快速发展。据联合国贸易和发展会议统计数据库统计，[2]1970年世界服务贸易的出口额仅为710亿美元，约占整

---

〔1〕 徐超静、何智霞、杨晓丽编著：《国际技术贸易与服务贸易的理论探索》，中国商业出版社2018年版，第141—160页。

〔2〕 联合国贸易和发展会议统计数据库，载 https://unctadstat.unctad.org/wds/TableViewer/tableView.aspx，最后访问时间：2022年10月7日。

个世界贸易总额的 20%。

（2）第二阶段，即服务贸易快速增长阶段：20 世纪 70 年代初到 80 年代末。

这一阶段世界经济经历了一个调整期，主要的资本主义国家纷纷进入了经济滞涨期。尽管如此，国际贸易还是增长较快的，特别是在 1972 年 10 月，经济合作与发展组织首次在一份报告中正式提出"服务贸易"这一概念，1974 年《美国贸易法》在第 301 条款中也再次提出了"世界服务贸易"概念。这期间服务贸易从货物贸易附属地位逐渐开始独立出来，并得到了快速发展。

从 20 世纪 70 年代开始，由外国直接投资产生的，通过外国商业存在所实现的国际服务贸易规模迅速扩大，在一些发达国家已经超过了跨境方式的服务贸易。特别是具有服务贸易代表性的跨国旅游、交通运输服务业、技术贸易等服务部门发展特别快。据联合国贸易和发展会议统计数据库统计，1980 年世界服务贸易的进出口额为 8434.3 亿美元。例如，跨国旅游业方面，1980 年，全世界旅游服务业进出口额达 2117.4 亿美元。其中，美国、欧洲为代表的发达国家总进出口额为 1547.4 亿美元；因国际旅游业快速发展，促进国际运输服务业的迅速崛起，1980 年，国际运输服务业进出口总额为 2175 亿美元，同时出现了若干个世界性的服务业市场中心，如纽约、伦敦、东京、新加坡等。

而根据 IMF 统计，在 20 世纪 70 年代的 10 年间，国际服务贸易年均增长率为 18%，几乎与同期货物贸易的增长率大体持平。但在 20 世纪 80 年代以后，服务贸易的增长速度开始超过货物贸易的增长速度。在 20 世纪 80 年代的 10 年间，国际服务贸易年平均增长率为 5%，而同期货物贸易年平均增长率为 3.6%，从此，服务贸易增长速度超过货物贸易并一直持续到 1993 年。

（3）第三阶段，即向自由化方向发展阶段：20 世纪 80 年代末至今。

进入 20 世纪 80 年代，服务贸易由规范化向自由化发展。特别是 1994 年 12 月，关税及贸易总协定（General Agreement on Tariffs and Trade，GATT）的历史使命完结后，直到乌拉圭回合谈判结束时，GATS 达成，并于 1995 年形成正式生效的多边框架体系 GATS。

服务贸易的发展进入了一个新的历史时期。服务贸易在高速发展的同时又有一些反复。1994 年服务贸易进出口额的增长速度分别为 8.1%、9%。1995 年，服务贸易进出口额的增长速度分别为 13.5%、12.8%，但从 1996 年以来，服务贸易和增长速度平均低于 6%，直到 2000 年以后，逐步恢复到 10%以上的增长速度。这反映了 GATS 的签署不仅规范了服务贸易的发展，同时还大大促进了服务贸易的发展，从此，服务贸易和货物贸易、技术贸易一起，成为国际贸易活动的三个组成部分。

世界银行的数据显示，[1]1997—2014 年，所有收入类别国家的服务业在 GDP 中的比重均有提升。其中，高收入国家由 69.5%增至 73.9%，中高收入国家由 48.9%增至 56.9%，中等收入国家由 48.1%增至 55.8%，低收入国家由 40.4%增至 47.7%。从地域分布来看，2014 年，除中东和北非地区外，所有地区服务业增加值在 GDP 中的占比均超过 50%。2005—2015 年，全球服务贸易规模翻一倍，接近 10 万亿美元。2015 年，虽

---

〔1〕 世界银行统计数据库，载 https://unctadstat. unctad. org/wds/TableViewer/ tableView. aspx，最后访问时间：2022 年 11 月 2 日。

然全球贸易增速低于经济增速，且出现 13.23% 的负增长，但服务贸易增速下滑速度仍低于货物贸易。

进入 21 世纪后，国际服务贸易进入了迅猛发展时期。目前，作为三大产业之一的服务业占世界经济总量的比重已超过了 70%，近 30 年来，世界服务进出口总额从 17 065 亿美元扩大到 96 650 亿美元，增长了约 6 倍，特别是进入 21 世纪以来，服务贸易在结构性调整中爆发了新的增长力，呈现出新的发展态势。随着国际产业链的重点从制造业领域向服务业领域转移，服务贸易模式三商业存在形式的进出口额已超过模式一跨境服务贸易。据统计，2010 年服务业跨国投资占全球比重已接近三分之二，通过商业化存在实现的服务贸易已经超过全球的一半，达到 55% 以上。

（4）世界服务贸易的发展现状。

目前，国际服务贸易已经成为全球贸易和经济持续增长的新引擎。联合国贸易和发展会议统计数据库数据显示，[1]服务贸易占全球贸易总量的比重不断上升，已经从 20 世纪 70 年代的 7% 提升到 21 世纪初期的 20% 以上，服务贸易进出口总额占 GDP 的比重也由 4% 提高到 15% 左右。且 2020 年服务贸易进出口总额规模 9.67 万亿美元，为 1990 年的 6 倍左右。

如表 2-1 所示，2020 年国际服务贸易居前十位的国家和联盟分别是欧盟（37 345 亿美元，占世界总额的 38.6%）、美国（11 659 亿美元，12.1%）、中国（6617 亿美元，6.9%）、英国（5472 亿美元，5.7%）、印度（3572 亿美元，3.7%）、日本（3448 亿美元，3.6%）、韩国（1902 亿美元，2.0%）、加拿大（1768 亿美元，1.8%）俄罗斯（1121 亿美元，1.2%）和澳大

---

〔1〕　联合国贸易和发展会议统计数据库，载 https://unctadstat.unctad.org/wds/TableViewer/tableView.aspx，最后访问时间：2022 年 11 月 2 日。

利亚（870 亿美元，1.0%）。

表 2-1 2020 年世界前 10 位的国家和联盟国际服务贸易进出口额情况

单位：百万美元

	国家/联盟	进口额	占比/%	出口额	占比/%	进出口额	占比/%
1	欧盟	1 799 581.0	36.11	1 934 965.0	41.34	3 734 547.0	38.64
2	美国	460 301.0	9.24	705 643.0	15.08	1 165 944.0	12.06
3	中国	381 087.7	7.65	280 628.8	6.00	661 716.5	6.85
4	英国	204 747.5	4.11	342 438.6	7.32	547 186.2	5.66
5	印度	153 924.7	3.09	203 252.8	4.34	357 177.5	3.70
6	日本	184 531.2	3.70	160 287.4	3.42	344 818.6	3.57
7	韩国	102 936.1	2.07	87 274.3	1.86	190 210.4	1.97
8	加拿大	91 249.9	1.83	85 505.0	1.83	176 755.0	1.83
9	俄罗斯	64 634.1	1.30	47 452.7	1.01	112 086.9	1.16
10	澳大利亚	38 479.1	0.77	48 532.3	1.04	87 011.5	0.90

资料来源：联合国贸易和发展会议统计数据库，再整理。

从服务出口额来看，2020 年世界服务贸易出口达到 46 808 亿美元。欧盟是世界最大的服务贸易出口国，出口规模达到 19 350 亿美元，占世界出口总额的 41.3%；其次分别是美国（7056 亿美元，15.1%）、英国（3424 亿美元，7.3%）、中国（2806 亿美元，6.0%）、印度（2033 亿美元，4.3%）、日本（1603 亿美元，3.4%）和韩国（873 亿美元，1.9%），加拿大（855 亿美元，1.8%），俄罗斯、澳大利亚的服务贸易出口额也都在 500 亿美元左右；中国服务贸易出口额排在全球第四位。

从服务进口额来看，2020 年世界服务贸易进口总额为 49 841

亿美元。全球最大的服务进口方也是欧盟，规模达 17 996 亿美元，占世界进口总额的 36.1%；美国是世界第二大服务进口国，进口总额达 4603 亿美元，占全球的 9.2%。中国服务贸易进口额在全球排第三位，进口总额达 3811 亿美元，占全球的 7.7%。其他进口较多的国家有英国（4.1%）、日本（3.7%）、印度（3.1%）和韩国（2.1%）。

表 2-2　2011—2020 年世界主要服务贸易分行业分类出口额情况

单位：亿美元

	2011年	2012年	2013年	2014年	2015年	2016年	2017年	2018年	2019年	2020年
货贸相关服务贸易	1461	1477	1585	1699	1665	1749	1920	2207	2275	1982
交通运输	8951	9118	9447	9911	8953	8616	9461	10 384	10 450	8490
旅游	10 845	11 180	12 075	12 628	12 136	12 292	13 245	14 309	14 479	5325
其他服务贸易	23 579	24 346	25 980	28 286	27 322	28 072	30 622	33 900	34 877	34 036
总计	44 838	46 123	49 088	52 525	50 077	50 730	55 250	60 802	62 083	49 834

资料来源：联合国贸易和发展会议统计数据库，再整理。

　　分行业出口情况来看，根据联合国贸易和发展会议统计数据库，提供了 2011 年至 2020 年的世界主要服务贸易分行业出口的数据，见表 2-2。

　　①货贸相关服务贸易：出口额从 2011 年的 1461 亿美元，到

2020 年扩大到 1982 亿美元。

②交通运输方面：2011 年出口额为 8951 亿美元，2019 年达到 10 450 亿美元，因受新冠疫情的影响，2020 年下降到 8490 亿美元。

③旅游：旅游服务出口规模占比较大，2011 年出口额为 10 845 亿美元，到 2019 年其规模达到 14 479 亿美元，因受新冠疫情的影响，2020 年下降到 5325 亿美元。

④其他服务贸易：出口额从 2011 年的 23 579 亿美元，到 2020 年规模扩大到 34 036 亿美元。

表 2-3　2011—2020 年世界主要服务贸易分行业分类进口额情况

单位：亿美元

	2011年	2012年	2013年	2014年	2015年	2016年	2017年	2018年	2019年	2020年
货贸相关服务贸易	936	1075	1235	1261	1242	1277	1426	1572	1610	1473
交通运输	11 269	11 629	11 801	11 821	10 696	10 204	11 168	12 418	12 312	9971
旅游	9677	10 172	10 952	12 456	11 839	12 123	12 974	13 951	13 917	5566
其他服务贸易	21 686	22 151	23 536	25 892	25 137	25 639	27 658	29 965	31 489	30 567
总计	43 570	45 029	47 525	51 432	48 915	49 244	53 228	57 908	59 329	47 578

资料来源：联合国贸易和发展会议统计数据库，再整理。

分行业进口情况来看，根据联合国贸易和发展会议统计数据库，提供了 2011 年至 2020 年的世界主要服务贸易分行业进口的数据，见表 2-3。

①货贸相关服务贸易：进口额从 2011 年的 936 亿美元，到 2020 年扩大到 1473 亿美元。

②交通运输方面：2011 年进口额为 11 269 亿美元，2019 年达到 12 312 亿美元，因受新冠疫情的影响，2020 年下降到 9971 亿美元。

③旅游方面：旅游服务进口规模占比较大，2011 年进口额为 9677 亿美元，到 2019 年达到 13 917 亿美元，因受新冠疫情的影响，2020 年下降到 5566 亿美元。

④其他服务贸易：进口额从 2011 年 21 686 亿美元，到 2020 年扩大到 30 567 亿美元。

总体而言，进入 21 世纪以来，全球服务贸易规模快速发展，但服务贸易占全球对外贸易的比重依然偏低，特别是近两年来，受新冠疫情的影响，其增长速度有所放缓。但展望未来，国际服务贸易的发展空间还十分广阔。按 WTO 研究预测：到 2040 年，全球服务贸易在全球贸易中的比重预计可达 50%以上。

（二）我国服务贸易发展和现状

相较于全球服务贸易发展历程，我国的服务贸易兴起和发展较晚，特别我国加入 WTO 以后发展迅速，尤其是进入 21 世纪以来，我国服务贸易进出口的总额已经超过了 1000 亿美元。尤其是在 2018 年时，我国服务贸易的进出口总额达到 8000 亿美元，全球排名已经上升至第三位，这对于我国的服务贸易发展，是一大进步。

2018 年，我国按美元计价的服务进出口总额为 7918 亿美元，同比增长 12.2%；2019 年为 7850 亿美元，几乎持平。这两年间服务贸易规模创下历史新高，连续五年位居全球第二大服务贸易国。改革开放以前，我国国际服务贸易规模较小，不足百亿美元的规模。2001 年我国加入 WTO 以后，到 2003 年国际服务贸易规模突破千亿美元，2013 年突破 5000 亿美元，2018 年达到 7918 亿美元。服务贸易在我国对外贸易中的份额不断扩大，2011 年，我国服务贸易占对外贸易总额（货物+服务）的 11.1%，到 2018 年，这一占比已上升至 15.0%。

表 2-4　2011—2020 年我国服务贸易行业分类出口额情况

单位：亿美元

	2011年	2012年	2013年	2014年	2015年	2016年	2017年	2018年	2019年	2020年
货贸相关服务贸易	265	257	232	214	240	236	239	246	297	250
交通运输	355	389	376	382	385	337	371	423	460	576
旅游	484	500	516	440	580	444	387	394	345	170
其他服务贸易	904	868	944	1154	1093	1061	1281	1604	1733	1808
总计	2008	2014	2068	2190	2298	2078	2278	2667	2835	2804

资料来源：联合国贸易和发展会议统计数据库，再整理。

从我国国际服务进出口总额的构成看，国际旅游在服务贸易中占大头。2018 年，旅游服务占整个服务贸易总额的近四成，其他行业依次是其他服务贸易服务占整个服务贸易总额的 37.6%；交通运输服务（19%），货贸相关服务贸易占比较小，为 3.4%。

从服务贸易出口来看，2018 年，我国服务出口总额为 2668

亿美元。出口规模最大的行业是"其他服务贸易"，达到了1604亿美元（其中包含咨询、保险和金融服务等），占出口总额的60.1%。第二大行业是交通运输服务行业（423亿美元，占比15.9%）；出口规模较大的行业是旅游行业（394亿美元，占比14.8%），货贸相关服务贸易的出口量为246亿美元，其占比不到10%。

表2-5 2011—2020年我国服务贸易行业分类进口额情况

单位：亿美元

	2011年	2012年	2013年	2014年	2015年	2016年	2017年	2018年	2019年	2020年
货贸相关服务贸易	1.9	1.2	0.8	1.1	15	22	24	28	40	38
交通运输	804	858	943	961	873	808	929	1082	1048	946
旅游	725	1019	1285	2273	2494	2620	2547	2768	2511	1312
其他服务贸易	946	933	1076	1092	980	1084	1174	1371	1414	1513
总计	2477	2811	3304	4327	4362	4534	4674	5249	5013	3809

资料来源：联合国贸易和发展会议统计数据库，再整理。

从服务进口方面来看，2018年，我国服务进口总额为5249亿美元。进口规模最大的行业是旅游行业，达到了2768亿美元，占全部进口总额的52.7%；第二大服务贸易进口行业是其他服务贸易服务，其金额为1371亿美元，占比26.1%；第三为交通运输服务行业，达到了1082亿美元，占全部进口的20.6%；

这些都是进口额较大的行业，剩下的货贸相关服务贸易行业的进口额比较小为 28 亿美元。

从贸易顺（逆）差情况来看，2011 年至 2020 年我国国际服务贸易逆差进一步扩大。从改革开放初期的 1982 年起到 2008 年为止，我国国际服务贸易以顺差为主。但从 2009 年开始，逆差进一步扩大，从 2009 年的 153 亿美元，增长到 2019 年的 2178 亿美元，10 年间，金额扩大了近 13 倍。服务贸易逆差主要来自旅游行业，达到 2166 亿美元。

据商务部统计，[1]2021 年上半年我国服务进出口总额 23 774.4 亿元，同比增长 6.7%。其中服务贸易出口额为 11 284.9 亿元，增长率为 23.6%；服务贸易进口额为 12 489.5 亿元，同比下降了 5%。进出口服务贸易比较来看，出口增幅明显要大于进口增幅的 28.6%，带动服务贸易逆差下降 70% 至 1204.6 亿元，同比减少 2812.5 亿元。与 2019 年同期相比，服务进出口下降 9%，两年平均下降 4.6%，其中出口增长 20.9%，两年平均增长 10%；进口下降 25.6%，两年平均下降 13.8%。

2021 年上半年，我国服务贸易保持良好增长态势。主要呈现以下特点。

1. 我国服务进出口显著增长

2021 年 6 月，我国服务进出口总额 4392 亿元，同比增长 22.5%，环比增长 17.6%；其中出口 2165.5 亿元，同比增长 41.1%，环比增长 30.8%，运输服务出口增幅高达 91.3%；进口 2226.5 亿元，同比增长 8.6%，环比增长 7.1%。增长最快领域是建筑服务，增幅为 62.1%。

---

〔1〕 中国服务贸易指南网，载 http://tradeinservices.mofcom.gov.cn/article/tongji/guonei/buweitj/swbtj/202101/112495.html，最后访问时间：2022 年 10 月 3 日。

2. 知识密集型服务贸易占比提高

2021 年 1—6 月，我国知识密集型服务进出口 11 060.7 亿元，增长 13.5%，占服务进出口总额的比重达到 46.5%，提升了 2.8 个百分点。其中，知识密集型服务出口 6038.3 亿元，增长了 17.7%，占服务出口总额的 53.5%；出口增长较快的领域是个人文化和娱乐服务、电信计算机和信息服务、知识产权使用费，分别增长 37.9%、27.1%、21%。知识密集型服务进口 5022.4 亿元，增长 8.8%，占服务进口总额的 40.2%；进口增长较快的领域是金融服务和知识产权使用费，分别增长 25.6% 和 14.2%。

3. 旅行服务进出口继续下降

当前各国继续采取严格措施限制人员跨境流动，疫情对旅行服务进出口的影响仍在持续。1—6 月，我国旅行服务进出口 3637.9 亿元，下降 34.8%，其中出口下降 39.8%，进口下降 34.2%。剔除旅行服务，1—6 月，我国服务进出口增长 20.6%，其中出口增长 28.3%，进口增长 12.7%。与 2019 年同期相比，服务进出口增长 23.2%，其中出口增长 33%，进口增长 13.3%。

总结如下，如今以研发、金融、物流、营销、品牌为代表的服务环节在全球价值链中的地位愈加凸显，带动服务贸易蓬勃发展，在世界贸易中的份额不断提高。特别是数字技术的发展，推动了供给端的数字化创新和需求端的数字化消费，大幅提高了服务的可贸易性。未来，服务贸易将日益成为我国培育国际合作和竞争新优势的重要推动力。

二、GATT/WTO 有关服务贸易的规则

（一）GATT 有关服务贸易的内容

1994 年，GATT 中提出的一些基本原则，并延伸到 GATS 和

《与贸易有关的知识产权协定》中。特别是美国作为服务贸易谈判的积极倡导者主张服务贸易自由化，这时期美国的服务贸易在全球贸易中处于领先优势地位，推动开放服务贸易，有利于美国进入国际服务贸易市场。

在东京回合谈判期间，美国政府就对服务业和服务贸易方面特别关注，并专门成立了相关服务贸易咨询委员会。其间美国在不同场合多次表态要将 GATT 原则适用在服务贸易领域。

1986 年 9 月 15 日，GATT 缔约方部长级会议在乌拉圭的埃斯特角城召开，乌拉圭回合谈判正式拉开帷幕，会议通过了《埃斯特角城部长宣言》，并将服务贸易作为三项新议题之一列入乌拉圭回合多边贸易谈判。

在乌拉圭回合还达成了《知识产权协定》和 GATS，由框架协议条款、部门协议和附录、各国市场准入承诺单三个部分组成。其内容涉及 150 多种服务框架条款，规定了适用于所有成员方的基本义务；各国市场准入承诺规定了各国具体承担的义务及履行的时间表；并在附录中阐述了各个服务部门的特点情况。该协定允许各缔约方根据本国情况逐步地开放服务部门，允许发展中国家有更大的灵活性。

在乌拉圭回合谈判中，美国提出了服务贸易全面自由化的具体意见。其主要内容是：确定 GATT 的基本原则适用于服务贸易，采用"单轨制"方式，将商品贸易与服务贸易综合在一起谈判。并拓宽了服务贸易谈判的项目和范围，同时为推进服务贸易自由化，主张发达国家在商品贸易谈判中作出一定的让步，以换取发展中国家在服务贸易领域的让步。最后根据 WTO 有关原则及达成的部分协议，逐步实现服务贸易自由化。

而当时，发展中国家的服务业和服务贸易都相对落后，在国际服务贸易领域实行贸易保护主义。在谈判期间有些发展中国家还明确表示，反对将服务贸易纳入 GATT 体制。但随着谈判中一些发展中国家为了换取发达国家在商品贸易上的让步，只好在服务贸易谈判中作出了一定程度的让步和妥协，在"双轨制"方式下，将服务贸易和商品贸易作为并列的议题进行谈判。

GATT 乌拉圭回合关于服务贸易内容，如以下方面。

一是关于服务贸易的定义、范围，与服务贸易有关的国际规则和协议。美国等发达国家主张较为宽泛的定义，发展中国家则主张较为狭窄的定义，欧共体提出折中意见。最后多边谈判基本上采纳了欧共体的意见。

二是关于 GATT 的有关基本原则在服务贸易中的适用问题。如透明度、逐步自由化、最惠国待遇、国民待遇、市场准入、发展中国家更多参与、例外和保障条款以及国内规章在服务部门的运用等。就上述问题各国分别提出了自己的方案，中国等 7 个亚非国家提交了《服务贸易多边框架原则与规则》的提案，被后来的 GATS 采纳，反映了发展中国家的利益和要求。

三是关于开放和不开放服务部门的列表方式问题。发达国家提出"否定列表"方式，即要求各国列出不能开放部门清单，主张清单一经列出，便不能再增加，并应逐步减少；发展中国家则提出"肯定列表"方式，即各国（地区）列出能够开放的部门清单，之后可随时增加开放部门的数量。后来采纳了发展中国家的主张。

上述三个方面的问题，表现出发达国家和发展中国家之间利益上的矛盾和冲突，经过谈判，终于取得了一定成果。在此基础上，经过进一步深入谈判，谈判各方终于在 1994 年 4 月 15 日于马拉喀什正式签署了 GATS。该协定作为乌拉圭回合一揽子协议的组成部分和 WTO 对国际贸易秩序的管辖依据之一，于 1995 年 1 月 1 日与 WTO 同时生效。

GATT 是包括中国在内的 23 个发起国于 1947 年 10 月 30 日在日内瓦签订的《临时实施议定书》。该协定于 1948 年 1 月 1 日开始临时适用，并承诺在今后的国际贸易中遵循 GATT 的规定。GATT 条款中有关 RTAs 的基础与核心条款就是 GATT 第 24 条，GATT 允许成员方安排关税同盟或自由贸易区作为最惠国待遇的例外，实施区域经济一体化。为此，它也是在 GATT/WTO 中被援引最多、影响最大的例外规则。以下对有关 GATT 第 24 条及其 RTAs 进行了详细的说明。

（1）有关设立关税同盟和自由贸易区时所签协定必须满足的后果条件。

GATT 允许的经济一体化形式包括关税同盟和自由贸易区，其成立必须有利于促进贸易自由化，不得阻止缔约各国在其领土之间建立关税联盟或自由贸易区，或为建立关税联盟或自由贸易区的需要采用某种临时协定，且不得对非缔约方造成损害。GATT 第 24 条第 5 款列举了 GATT 允许的三种例外情况，[1]其原文如下：

（甲）对关税联盟或过渡到关税联盟的临时协定来说，建立起来的这种联盟或临时协定，对未参加联盟或临时协定的缔约各国的贸易所实施的关税和其他贸易规章，大体上不得高于或严于未建立联盟或临时协定时各组成领土所实施的关税和贸易规章的一般限制水平；

---

[1] GATT 第 24 条第 5 款内容："因此，本协定的各项规定，不得阻止缔约各国在其领土之间建立关税联盟或自由贸易区，或为建立关税联盟或自由贸易区的需要采用某种临时协定……"

（乙）对自由贸易区或过渡到自由贸易区的临时协定来说，在建立自由贸易区或采用临时协定以后，每个组成领土维持的对未参加贸易区或临时协定的缔约各国贸易所适用的关税和其他贸易规章，不得高于或严于同一组成领土在未成立自由贸易区或临时协定时所实施的相当关税和其他贸易规章；

（丙）本款（甲）项和（乙）项所称的临时协定，应具有一个在合理期间内成立关税联盟和自由贸易区的计划和进程表。

上述原文内容也成为 RTAs 合法性的判别标准。其目的是在承认 RTAs 合法性的同时，制定一系列限制条件以尊重对 GATT 协定相关条款内容和保护第三国的贸易利益，力图维护协定中为"便利组成联盟或自由贸易区的各领土之间的贸易，但对其他缔约国与这些领土之间进行的贸易，不得提高壁垒"。

（2）有关关税同盟和自由贸易区的定义及其存在的目的以及贸易范围要件。

GATT 第 24 条第 8 款中阐述了"关税联盟和自由贸易区的定义"，协定原文内容如下：

在本协定内，（甲）关税联盟应理解为以一个单独的关税领土代替两个或两个以上的关税领土，因此，（1）对联盟的组成领土之间的贸易，或至少对这些领土产品的实质上所有贸易，实质上已取消关税和其他贸易限制（在必要时，按照本协定第十一条、第十二条、第十三条、第十四条、第十五条和第二十条规定准许的，可以除外）。（2）除受本条第 9 款的限制以外，联盟的每个成员对于联盟以外领土的贸易，已实施实质上同样的关税或其他贸易规章。

（乙）自由贸易区应理解为由两个或两个以上的关税领土所

组成的一个对这些组成领土的产品的贸易，已实质上取消关税或其他贸易限制（在必要时，按照第十一条、第十二条、第十三条、第十四条、第十五条和第二十条规定准许的，可以除外）的集团。

以及在 1994 年关税与贸易协定（GATT 1994）的解释谅解[1]中重申类似协议的目的应当是促进组成领土之间的贸易，并不是在这些领土上对其他成员方的贸易增加壁垒；在组成或扩大其区域时，类似协议的成员方应在最大可能程度上避免对其他成员方的贸易造成不利影响。

（3）为因区域贸易安排对全球经济一体化的消极影响的补偿要件。

GATT 第 24 条第 6 款中阐述了因区域贸易安排对全球经济一体化的消极影响，特别规定补偿条款。其原文内容如下：

在实施本条第五款（甲）项要求的时候，一缔约国所拟增加的税率如与本协定第二条不符，则本协定第二十八条的程序，应予适用。在提供补偿性调整时，应适当考虑联盟的其他成员在减低相应的关税方面已提供的补偿。

同时，在 1994 年关税与贸易协定（GATT 1994）的解释谅解[2]中也涉及"当一成员方组建关税同盟，计划提高约束税率时，必须遵守第 24 条第 6 款所制定的程序"。关于这一点，各

---

〔1〕 1994 年关税与贸易协定（GATT 1994）的 d 款中"1994 年关贸总协定关于第二十四条解释的谅解"。

〔2〕 1994 年关税与贸易协定（GATT 1994）的 d 款中"1994 年关贸总协定关于第二十四条解释的谅解"。

成员方重申第 28 条所阐明的程序，即由 1980 年 11 月 10 日订立的（BISD27S/26-28）准则中详细述明的，以及关于 GATT 1994 第 28 条的解释谅解，该程序在为组建关税同盟，或签订一项导致组建关税同盟的临时协议而修改或撤回关税减让前，必须开始。

为达成双方满意的补偿调整，须诚信地进入谈判。如第 24 条第 6 款所要求，在这类谈判中，须相应考虑由组建关税同盟的其他成员在同一关税应税产品类别上减税。如果这类减税未足以提供必要的补偿调整，关税同盟将提供补偿，即在其他关税应税产品类别上，以减税的方式作出。在修改和撤回约束中，拥有谈判权的成员方须考虑这类补偿。如果这一补偿调整仍不能被接受，谈判仍应继续。倘若尽管作出了这类努力，根据 GATT 1994 第 28 条解释谅解修改过的第 28 条，谈判自开始并在一合理阶段内尚未就补偿调整达成一致，关税同盟则须自由地修改或撤销减让；按照第 28 条，受影响的成员方须自由地撤回实质上相同的减让。

这一条款充分体现了 GATT 奉行的非歧视和公平、公正原则，保证了缔约方之间在实现真正的贸易自由时，利益受损害的其他缔约方能得到适当补偿。

采用补偿作为救济方式基于 GATT/WTO 多边贸易体制中的对等互惠理念，多边贸易体制的一整套规则以及所有成员的关税减让表所共同创设的法律义务，都建立在一个共识的基础上。

（4）有关关税同盟或自由贸易区建成之前过渡时期的程序要件。

GATT 第 24 条第 7 款中关税同盟或自由贸易区建成之前过渡时期的程序方面的规定，以加强对区域贸易安排的审查。其原文内容如下：

（甲）任何缔约国决定加入关税联盟或自由贸易区，或签订成立关税联盟或自由贸易区的临时协定，应当及时通知缔约国全体，并应向其提供有关拟议的联盟或贸易区的资料，以便缔约国全体得以斟酌向缔约各国提出报告和建议。

（乙）经与参加本条第五款所述临时协定的各方对协定所包括的计划和进程表协商研究，并适当考虑本款（甲）项所提供的资料以后，如缔约国全体发现：参加协定各方在所拟议的期间内不可能组成关税联盟或自由贸易区，或认为所拟议的期间不够合理，缔约国全体应向参加协定各方提出建议，如参加协定各方不准备按照这些建议修改临时协定，则有关协定不得维持或付诸实施。

（丙）本条第五款（丙）项所述计划或进程表的任何重要修改，应通知缔约国全体。如果这一改变将危及或不适当地延迟关税联盟或自由贸易区的建立，缔约国全体可以要求同有关缔约国进行协商。

以及在 1994 年关税与贸易协定（GATT 1994）的解释谅解[1]中有关关税同盟和自由贸易区的审查内容原文如下：

第七款。所有根据第二十四条第七款（a）项作出的通知，都须由一工作组根据 GATT 1994 有关条款和本谅解的第一款予以审查。工作组须就审查结论向货物贸易理事会提交一份报告，当货物贸易理事会认为适宜时，可向各成员方提出适当的建议。

———————

[1] 1994 年关税与贸易协定（GATT 1994）的 d 款中"1994 年关贸总协定关于第二十四条解释的谅解"。

第八款。关于临时协议，工作组可在其报告中，就拟完成组建关税同盟或自由贸易区的时间框架和措施提出适宜的建议。工作组在其报告中，可就提议的时间框架、形成关税同盟和自由贸易区的必要措施作适当的推荐。

第九款。一项临时协议中所包含的计划和时间表的实质性变化，须通知货物贸易理事会，若有必要，须由该理事会审查。

第十款。若根据第二十四条第七款（a）项所通知的一项临时协议与第二十四条第五款（c）项相反，未订入一项计划和时间表，工作组须在其报告中提出此类计划和时间表的建议。如果有关成员方不准备根据这些建议修改其协议，且情况可能如此，则其不得保留或实施其协议。必须制定以后实施建议的审查规定。

第十一款。关税同盟和自由贸易区成员须定期向货物贸易理事会，即如同 GATT1947 缔约方全体在其就区域协议（BISD18S/38）对 GATT1947 理事会有关报告所指示的那样，报告有关协议的运行情况。协议中有任何重大变化和/或发展出现时，都必须报告。

以上原文内容，主要是为了使成员方能够根据本国世纪逐步调整经济政策，有计划地逐步取消关税和非关税壁垒，在关税同盟或自由贸易区建成之前，设定一个过渡时期。其目的在于在有关协定生效前一段时间发出，使区域贸易协定委员会有时间完成对有关协定的审查并提出适当的报告和建议。

（二）WTO 有关服务贸易的内容

1993 年 12 月，乌拉圭回合多边贸易谈判最终通过了包括 GATS 在内的最后文件草案。1994 年 4 月，《乌拉圭回合多边贸易谈判最后文件》在摩洛哥的马拉喀什签署，最终达成《建立世界贸易组织协定》。WTO 于 1995 年 1 月 1 日成立生效，同时，GATS 也是这一回合谈判中最重要的一项谈判成果，至此 GATS 和 WTO 之间开始密切联系，其主要内容体现为《WTO 协定》中"注意到《建立世界贸易组织协定》第 11 条和第 14 条规定，只有在《WTO 协定》生效时，减让和承诺表已附于 GATT 1994 之后且具体承诺表已附于 GATS 之后的 GATT1947 缔约方，方可接受《WTO 协定》"。[1]同时"进一步认识到一些未参加乌拉圭回合的国家或单独关税区可在《WTO 协定》生效之前成为 GATT 1947 缔约方，应给予这些国家或关税区谈判 GATT 1994 和 GATS 减让表的机会，以使它们能够接受《WTO 协定》"。

在美国积极推动下，1982 年美国在蒙特利尔关税与贸易总协定长会议上提出了在关贸总协定中确定一项关于服务贸易的工作计划，最后达成了妥协性协议，允许兴趣方就国际服务贸易问题进行研究。之后在美国的一再坚持和支持下，1984 年 11 月的关贸总协定第 40 届年会决定成立专门的服务谈判工作小组，埃斯特角部长级会议筹备委员会也将服务贸易问题纳入讨论范围。1986 年 9 月，乌拉圭回合部长级特别缔约方大会在乌拉圭的埃斯特角举行，在《埃斯特角宣言》（Penta del Fste Declaration）中同意将国际服务贸易作为新一轮多边谈判议题之一。

在乌拉圭回合谈判 8 年期间，有关服务贸易发展历程大致分为四个阶段。

（1）第一阶段：乌拉圭回合多边贸易谈判启动（1986 年 10

---

〔1〕 1994 年"关于接受与加入《建立世界贸易组织协定》的决定"中第 1 款内容。

月至 1988 年 12 月）。

1986 年在蒙特利尔会议上，发达国家成员一方与发展中国家成员一方最终达成妥协，通过了消除谈判障碍的一系列准则。在此期间，服务贸易专门谈判小组各成员方的意见分歧很大，主要集中在对服务贸易定义的界定上。发展中国家成员要求对国际服务贸易采用"较窄"的定义，并将有关跨国公司内部交易相关的服务等非跨境的服务业务交易排除在外，而以美国为代表的发达国家成员主张采用"较宽"的定义，将所有涉及境外的服务业务交易都纳入国际服务贸易范围。其产生分歧根源在于，发展中国家成员方因其服务业发展较晚且相对落后，对于服务贸易领域市场过度开放将导致本国（地区）的较弱服务贸易领域在将来的国际市场竞争和国际货物贸易领域处于同样的落后局面。而发达国家成员因其在服务贸易领域的优势地位，积极推动各成员方尽可能多地开放服务贸易领域市场，有利于其在服务贸易领域和货物贸易领域一样保持优势。因而发展中国家成员对国际服务贸易范围的界定越窄越好，而发达国家成员却恰恰相反。最终多边谈判结果采取了欧盟代表的折中内容，采用不预先设定其服务贸易定义的范围，根据需要灵活采取不同的定义。

本阶段谈判的主要内容包括：服务贸易的定义和统计；适用服务贸易的一般原则、规则；服务贸易协定的多边框架范围；制定服务贸易规则的主要概念和现行国际规则和现有的多边规则和协议；服务贸易的发展壁垒以及影响服务贸易的措施等问题进行了讨论，并在此基础上形成了 1988 年 12 月蒙特利尔贸易谈判委员会中期审议会议的报告。

（2）第二阶段：乌拉圭回合多边贸易谈判中期审议（1989

年至 1990 年 6 月)。

在 1989 年蒙特利尔召开的乌拉圭回合多边贸易谈判中期审议会上，谈判的主要内容包括：透明度，分阶段逐步自由化、国民待遇，最惠国待遇、市场准入，以及相关发展中国家成员进一步参与服务贸易、保障条款和例外等的基本原则。以后期间的工作主要集中于通信、建筑、交通运输、旅游、金融和专业服务各具体部门的谈判。

中期审议期间，各国代表一致同意建立统一的服务贸易准则，目的为消除服务贸易谈判中的诸多障碍。其中，发达国家成员和发展中国家成员都向服务谈判小组分别提出了各自的立场和观点的方案。最具有代表性的方案有"美国、欧盟和拉美 11 国"的提案和"亚非 7 国"的提案。

1990 年 5 月，由中国和埃及、肯尼亚等为代表的 7 个亚非国家向服务贸易谈判组共同提交了"服务贸易多边框架原则与规则"的提案，国民待遇、对最惠国待遇、透明度、市场准入和发展中国家成员进一步参与等一般义务等特定义务进行了区分。最后，GATS 的文本内容中采纳了亚非 7 国的"服务贸易多边框架原则与规则提案"的主张，并承认各成员方之间发展水平的差异，对发展中国家成员作出了很多保留、让步和例外，这在相当程度上反映了发展中国家成员的利益和要求。正是因为发达国家成员和发展中国家成员在世界服务贸易领域中所处的地位有很大的不同，在亚非 7 国"服务贸易多边框架原则与规则提案"中指出，应该采取必要措施使发展中国家成员增强其服务贸易领域的能力，以便更好地开放和进入国家市场。

亚非 7 国的"服务贸易多边框架原则与规则提案"能够使发展中国家成员选择那些对自己和各成员方都有利的领域和部

门就市场准入问题达成承诺。

最终 GATS 采用了"肯定清单"的方式，这既是发展中国家成员的利益意见的体现，也是各成员国为达成统一意见而采用更具有较强的现实可操作性的方案。事实上，这些提案都体现了在多边义务框架下，制定更灵活具体部门的贸易自由化措施。多边义务框架由一些共同遵守的原则和承诺组成，作为 GATS 总体方针和日后进一步谈判的标准，为服务贸易各部门的具体承诺则保证了服务贸易自由化的具体实施运行。GATS 体现了各提案都主张通过多边协商来逐步实现国际服务贸易的自由化。

（3）第三阶段：乌拉圭回合多边贸易谈判达成（1990 年 7 月至 1993 年 12 月）。

这一阶段经历了从 GATS 的框架内容的基本达成到最终达成。1990 年 12 月，在布鲁塞尔召开的部长级会议上，服务贸易谈判组修订了"GATS 多边框架协议草案"文本，其中包括运输部门（海运、内陆水运、公路运输、空运）以及通信播放版权部门（基础电信、通信、视听、广播、录音、出版）等部门的草案，但是由于美国与欧盟在农产品补贴问题上有重大分歧而没有能够最终完成谈判。

1991 年 4 月，贸易谈判小组重点就服务贸易框架协议、具体承诺和部门注释三个领域展开谈判工作。第一部分框架协议的谈判重点是最惠国待遇问题，特别是相关最惠国待遇的例外内容。1991 年 6 月，谈判小组就第二部分具体承诺达成关于具体承诺谈判的程序性准则，并要求各成员必须从 1991 年 7 月开始提交初步的具体承诺减让内容，以及在 1991 年 9 月前提出"要价"内容。但直到 1991 年 11 月，大多数成员方仍然没有提交具体承诺减让内容。其间，谈判小组仅仅在海运、电信、金融、自然流动等部门上取得了一定进展。经过进一步谈判最终在 1991 年 12 月底形成了 GATS 草案。在贸易谈判委员会会议上，GATT 总干事邓克尔汇总了 5 年以来的谈判结果，并提交了《乌拉圭回合多边贸易谈判结果的最后文件草案》。初步的草案内容一共包括 6 个部分、35 个条款和 5 个附录，涉及最惠国待遇、市场准入、国民待遇、透明度以及发展中国家成员进一步参与和争端解决等重要条款，基本上完成了协定的结构框架。

经过一年多各成员的继续磋商谈判，根据各成员的要求进一步对协定草案修改，1992 年 1 月，贸易谈判委员会同意以邓克尔提交的草案为基础，尽快结束"乌拉圭回合"谈判。随后各成员方也加快了提交具体承诺减让的日程进度，谈判组加快解决框架协议中遗留的问题，包括最惠国待遇例外的处理，视听、电信和金融服务的具体减让水平等。最终在 1993 年 12 月 5 日，贸易谈判小组在搁置了多项难以解决的具体服务部门的谈判后，最终通过和达成了包括 GATS 在内的最后草案文件。

（4）第四阶段：GATS 签署（1994 年 1 月至 1995 年 1 月）。

1994 年 4 月 15 日，各成员在摩洛哥的马拉喀什正式签署了《乌拉圭回合多边贸易谈判最后文件》。GATS 是这一回合谈判中最重要的一项谈判成果。国际服务贸易由此被正式纳入了多边贸易体制的管辖范围。

该文本在总体结构主要内容上，对协定草案框架并没有进行任何重大的改变，只是在部分具体规范上有所调整。GATS 的最后文本包括 6 个部分，29 个条款和 8 个附录，它于 1995 年 1 月 1 日正式生效。至此，长达 8 年的乌拉圭回合谈判终于正式结束，虽然有几个具体服务部门的协定尚缺少磋商谈判，但

GATS 作为多边贸易体制下的规范国际服务贸易的框架性法律文件，它的出现是服务贸易自由化进程中的一个重要的里程碑。

（三）GATS 的主要内容

GATS 由三个大的方面组成：一是适用于所有成员的基本义务的协定，即 GATS 条款；二是作为本协定的附件为本协定的组成部分涉及各相关条款的豁免的附件；三是根据 GATS 的规定应附在协定之中的并成为其重要组成部分的具体承诺。

GATS 的内容主要包括 6 个部分共计 29 个条款，其中前 28 个条款规定了服务贸易自由化的原则和规则相关内容的框架协议，构成 GATS 内容的主体部分，第 29 条款是附件，共包括 8 个相关附件内容作为补充。

1. 序言部分

GATS 序言部分主要叙述了成立 GATS 的目的及宗旨，其主要内容为在透明度和逐渐自由化的条件下，扩大服务贸易以促进各国经济增长和持续性经济发展，并提高服务贸易自由化水平，有助于提高发展中成员方的服务贸易开放水平、效益和竞争力，并特别提出应对最不发达经济成员方给予特殊的照顾。同时，序言中也确认了各成员方之间经济情况的差异性，强调对发展中成员方的利益同样给予必要的重视，这个结果是广大发展中成员方在谈判中积极争取来的，也是 GATS 当时存在的重要意义之一。总而言之，GATS 序言部分详细说明了该协定的宗旨、目的和总原则。

（1）随着世界经济发展，鉴于贸易中的国际服务贸易所占比重日益增长，参与谈判各成员方都希望在透明和逐步自由化的条件下，建立一个相关服务贸易的原则和规则的多边框架协定，以促进各成员方的经济贸易增长和发展中成员方的经济与社会发展。

（2）在充分尊重各成员方政策目标的前提下，在互惠互利的原则基础上，本着提高各成员方之间的利益目的和确保各成员国之间的权利和义务的宗旨，通过多轮多边的谈判来促进服务贸易自由化的早日实现。

（3）同时希望通过促进各成员方在其境内服务贸易的效率和竞争性来促进发展中成员方在国际服务贸易中的更多参与度和服务贸易额的增长。

（4）其中对最不发达经济成员方在经济贸易和财政需求方面有着特殊的困难予以充分的理解和考虑。

序言用较大的篇幅内容来强调发展中成员方积极参与和其自身所面临特殊情况，通过在今后服务贸易的部门开放谈判中，充分利用 GATS 的基本原则和目的以争取从根本上改变对自身最有利的谈判结果，但序言仅仅是象征性而非实质性地促进各成员国特别是发展中成员方服务水平和经济发展的状况。

接下来在 GATS 主体部分内容中包括 6 个部分，共 28 条。具体内容如下：

第一部分（第 1 条）：范围与定义，明确了 GATS 的目标、宗旨及总原则。

第二部分（第 2~15 条）：一般义务和纪律，规定了各成员的一般义务与原则，它也是 GATS 的核心内容之一，各缔约国一旦签署协定，必须普遍遵守这些条款的要求。具体条款包括最惠国待遇、透明度、发展中成员进一步参与、经济一体化、国内法规、承认、垄断和专营服务提供者、商业惯例、紧急保障措施、转移及支付、保障国际收支平衡的限制措施、政府采购、一般例外和安全例外、补贴等 18 个条款内容。

第三部分（第 16~18 条）：具体承诺义务，规定了各成员服务部门开放的特定义务，具体包括市场准入、国民待遇和附加承诺义务。其中前两项是 GATS 中最重要的条款，也是谈判中各成员方争论的焦点。

第四部分（第 19~21 条）：逐步自由化，规定了各成员方之间尤其是发展中成员方的服务贸易逐步自由化的原则及权利。其分别包括 3 个条款，即具体承诺的谈判、具体承诺的减让表和减让表的修改。其内容是就进一步扩大服务贸易自由化的谈判原则、适用范围、具体承诺的减让表以及减让表修改作出具体规定。这一部分实际上是第三部分规则的延伸。其所说的"义务"主要是指市场准入和国民待遇，其目的是为具体部门的谈判规定原则、程序、范围、目标和一些特殊例外，旨在促进第三部分具体承诺的落实。

第五部分（第 22~26 条）：机构条款，主要规定了 GATS 的争端解决机制及组织机构，包括磋商、争端解决和执行、服务贸易理事会、技术合作和与其他国际组织的关系等条款。WTO 是迄今为止合法具有争端解决机制的国际性组织，这一机制在促进国际经济贸易一体化方面发挥了巨大的作用。其中，"争端解决和执行"条款对维护各成员的合法利益至关重要。在发展中成员方没有如实履行重大利益的减让时，其可诉诸争端解决机构，与相关方进行磋商，也可根据第 21 条"减让表修改"的规定，调整义务来维护自身的利益。另外，本部分的"技术合作"条款要求发达成员和其他工业化成员应尽量为其他成员的服务提供者，特别是来自发展中成员方的服务提供者，在提供技术援助服务方面。此规定为发展中成员在谈判中要求技术转让上的更多优惠提供了依据。

第六部分（第 27~28 条）：最后条款，指出了利益的否定和本协定的退出。

在附件部分中，GATS 的第 29 条包含 8 个附录：最惠国待遇豁免的附录、提供服务的自然人移动的附录、空中运输服务的附录、金融服务的附录一、金融服务的附录二、海运服务谈判的附录、电信服务的附录、基础电信谈判的附录。

2. 主体部分

GATS 的主体内容一共分为六大部分，含有 28 个条款和 1 个附件，共计 29 个条款，其内容主要是就多边贸易体制下的各成员国方在服务贸易领域中应遵循的基本原则作出的一系列规定。

（1）服务贸易的范围与定义。

根据 GATS 第 1 条的规定，该协定适用的范围是"本协定适用于各成员影响服务贸易的措施"。也就是说，加入 WTO 的各成员方所采取的影响服务贸易的各种措施，这个就是服务贸易规则与货物贸易规则最主要的不同之处。具体来说，就是货物贸易规则主要通过降低进出口关税以及贸易便利化等方式来促进货物贸易自由化的进一步发展，而服务贸易自由化的主要障碍并不是关税，而是各种各样的管控"措施"或"法规"。所以对 GATS 来说，主要调整的范围就是各成员方的有关服务贸易的障碍"措施"，通过统一的"规范"，使各成员方制定和实施的"影响服务贸易的措施"逐步"达标"，从而实现服务贸易自由化的目的。

根据 GATS 第 1 条第 3 款的内容，"成员的措施"依据制定和实施措施的主体不同，主要分为两类，一是指中央、地区或地方政府和主管机关所采取的措施；二是由中央、地区或地方政府或主管机关授权行使权力的非政府机构所采取的措施；特别是在履行本协定项下的义务和承诺时，每一成员应采取其所能采取的合理措施，以保证其领土内的地区、地方政府和主管机关以及非政府机构遵守这些义务和承诺。这一点 GATS 与 GATT 类似，就是它也要求各成员政府要全力保证中央以下的各级政府和主管机关都遵守 GATS 所规定的各项义务和承诺。

GATS 的序言中也针对"服务贸易""服务"以及"行使政府职权时提供的服务"的定义作了规定。"服务贸易"的定义中分别就"跨境交付""境外消费""商业存在""自然人移动"4 种方式进行了说明和归纳。

其中"服务"是指包括任何部门的任何服务，但在行使政府职权时提供的服务除外；也就是说"服务"范围包括了非官方政府部门的任何一个部门的一项服务。而"行使政府职权时提供的服务"是指官方政府部门或由政府授权，在既不依据商业基础提供的条件下，同时也不与一个或多个服务提供者竞争的任何服务。例如，国家中央银行的服务和社会保障服务等。

在 GATS 第 1 条中具体的有关服务贸易的说明有以下 4 种方式：

①"跨境交付"方式，在 GATS 内容中的"自一成员领土向任何其他成员领土提供服务"是指自一成员方的领土范围内，向任何其他成员方的领土内提供服务。这种服务形式的最明显的特征是服务提供者和消费者分别处在不同的国家（地区）的领土范围内的服务。例如，国际电信、国际邮政等提供的跨境服务。从这方面来看，这种"跨境交付"形式也是最简单的国际服务贸易形式之一，与国际货物进出口贸易一样，都强调的是出口方与进口方所在的地理上的国家（地区）界限，而服务

贸易进出口跨境的形式只是由货物变成了服务而已。

②"境外消费"方式，在 GATS 内容中的"在一成员领土内向任何其他成员的服务消费者提供服务"是指在一成员方向任何其他成员的所在国家（地区）领土内的服务消费者提供服务。例如，海外旅游服务、海外医疗服务、提高海外留学服务等。与第一种"跨境交付"的形式相似，这种"境外消费"方式也是一种最简单的国际服务贸易形式之一，其涉及的复杂问题也较少，也不涉及要求服务的消费国（地区）允许服务提供者进入其境内来提供。

③"商业存在"方式，在 GATS 内容中的"一成员的服务提供者通过在任何其他成员领土内的商业存在提供服务"是指一成员方的服务提供者通过在任何其他成员方的领土境内的商业存在提供服务。例如，在境外开设银行服务网点和律师事务所及会计师事务所等。这种"商业存在"的服务贸易形式通常是与对外直接投资（FDI）联系在一起。这里需要强调的是，在服务贸易领域的对外直接投资（FDI），它是不在 WTO 管辖的一项多边贸易协议《与贸易有关的投资措施协议》（Agreement on Trade-Related Investment Measures，TRIMs）所规范的范围内的，而是只在 GATS 所规定的相关范围内的。

但是从其现阶段和将来的发展方向来看，这种"商业存在"服务贸易形式涉及的复杂性问题较多，其涉及的主要问题是要求服务的提供者与消费者位于同一成员方所在的领土"境内"的地点，除了涉及服务提供者的国家（地区）跨境问题外，它还更多地会涉及另一成员方服务提供者能否在其一国境内开业的"国民待遇"等政策国内问题。

但在 GATS 中有关"商业存在"的规则与有关国际货物进

出口贸易的关税等措施有很大的差异，GATT只是在涉及相关货物的补贴和技术标准等领域才会出现有关涉及第三方的政策问题，而GATS却是从开始就得去面对外国服务提供者的"商业存在"的开办营业等涉及"国民待遇"的国内政策问题。从这个角度来看，GATS确实开辟了一个新兴的领域。

④"自然人移动"方式，在GATS内容中的"一成员的服务提供者通过在任何其他成员领土内的自然人存在提供服务"是指一个成员方的服务提供者通过在任何其他成员境内的自然人存在提供服务。可以看到这种"自然人移动"形式一般与第三种"商业存在"形式相互联系和并存，但有时也会以单独的方式存在，也就是说，出入境的自然人可能是以外国服务提供者的雇用职员形式出现，也可能是以个人身份的服务提供者的形式出现。例如，专业技术服务专家以个人身份到境外提供专业技术服务等。但在GATS有一个"关于本协定项下提供服务的自然人移动的附件"专门就此作了详细的说明，即"在服务提供方面，适用于影响作为一成员服务提供者的自然人的措施，及影响一成员服务提供者雇用的一成员的自然人的措施"，但GATS所涉及的"自然人移动"与为了"境外就业工作"而出国境到其他国家（地区）来寻找就业机会的自然人无关，也与各成员方就相关的公民身份、居住和就业所设定的有关限制措施无关。

在乌拉圭回合谈判的GATS结果中，各成员方就服务贸易承诺减让表中所明示出来的承诺，一共大约涉及了150种不同形式的服务贸易活动。其中的大部分服务贸易活动可以通过上述的"跨境交付""境外消费""商业存在"和"自然人移动"4种方式来提供。但附件二内容中也有相关规定，"本协定不得阻

止一成员实施对自然人进入其领土或在其领土内暂时居留进行
管理的措施，包括为保护其边境完整和保证自然人有序跨境流
动所必需的措施，只要此类措施的实施不致使任何成员根据某
一具体承诺的条件所获得的利益丧失或减损"。

（2）一般义务和纪律。

第二部分涉及各成员的"一般义务和纪律"的内容包括以
下条款：

① "最惠国待遇"。

在第2条第1款内容明确规定"关于本协定涵盖的任何措
施，每一成员对于任何其他成员的服务和服务提供者，应立即
和无条件地给予不低于其给予任何其他国家同类服务和服务提
供者的待遇。"这个相关内容与服务贸易的最惠国待遇原则基本
上与货物贸易一致。

但在第2条最惠国待遇的第2款规定"一成员可维持与第1
款不一致的措施，只要该措施已列入《关于第2条豁免的附
件》，并符合该附件中的条件"。也就是说，在任何一成员方与
其相邻国家（地区）边境地区进行的交换，并限于当地生产和
消费的服务所提供或给予的利益。例如，成员方在谈判中可提
出要求免除最惠国待遇义务的部门与措施，但这种免除最惠国
待遇的年限不能超过10年。

GATS中最惠国待遇是"无条件"的，但考虑到当时的实际
情况在第2条第2款也规定了"本协定的规定不得解释为阻止
任何成员对相邻国家授予或给予优惠，以便利仅限于毗连边境
地区的当地生产和消费的服务的交换"。这些最惠国待遇责任的
若干例外规定，在第29条"附件"中第2款"豁免清单"的附
录中进行了详细说明。特别是在免除最惠国待遇义务方面，允

许成员方在不超过最长期限 10 年的时间内，可以享受免除相关的义务，但是要求每过 5 年的时间进行一次资格审查。在其他例外中也规定"最惠国待遇"也不适用于第 5 条"经济一体化"和第 8 条"垄断和专营服务提供者"。

②"透明度"。

第 3 条透明度的第 1 款中规定"除紧急情况外，每一成员应迅速公布有关或影响本协定运用的所有普遍适用的措施，最迟应在此类措施生效之时。一成员为签署方的有关或影响服务贸易的国际协定也应予以公布"。但第 3 条之二"机密信息的披露"的规定中"本协定的任何规定不得要求任何成员提供一经披露即妨碍执法或违背公共利益或损害特定公私企业合法商业利益的机密信息"，即说明其内容是例外，也就是说，对于任何一个成员方，自认为某些一旦公布便会妨碍其执法或违背公共利益或损害特定公私企业合法商业利益涉及的机密信息可以不予以公示。

③"发展中成员方更多参与"。

第 4 条第 1 款规定"不同成员应按照本协定第三部分和第四部分的规定，通过谈判达成有关以下内容的具体承诺，以便利发展中国家成员更多地参与世界贸易"，也就说明发展中国家成员服务业发展水平较低，因此应该帮助它们提高服务业的效率和竞争力，特别是在获得商业性技术方面给予它们特别的支持，如向它们提供有利的市场准入条件。

按照第 4 条第 2 款规定发达国家成员和在可能的限度内的其他成员，应在《WTO 协定》生效之日起 2 年内设立联络点，以便利发展中国家成员的服务提供者获得与其各自市场有关的、关于以下内容的信息：

在"服务提供的商业和技术方面的内容"方面，主要是通过发达成员方应通过商业性的技术转让，来提高发展中国家成员境内服务业的生产能力、效率和竞争力，并帮助发展中国家成员改善销售渠道和信息网络来应对发展中国家成员有竞争力的服务输出部门放宽市场准入的条件。

在"专业资格的登记、认可和获得"以及"服务技术的可获性"方面，规定了在实施第 4 条第 1 款和第 2 款时，应对最不发达国家成员给予特别优先。鉴于最不发达国家的特殊经济状况及其发展、贸易和财政需要，对于它们在接受谈判达成的具体承诺方面存在的严重困难应予特殊考虑。也就是说，上述两项内容的具体实施，应给予最不发达成员方特别的考虑。

④ "服务贸易一体化"。

GATS 第 5 条第 1 款中规定"本协定不得阻止任何成员参加或达成在参加方之间实现服务贸易自由化的协定"。也就是说，随着全球化和经济一体化发展，其会对服务贸易领域的贸易自由化产生一系列的影响，既有积极促进的方面，也有干扰和阻碍的消极方面。为了防止和减少这些消极方面的情况发生，GATS 作出了专门的规定来规范相关经济一体化在服务贸易领域的行为。例如，对于协定修改承诺方面规定"如因第 1 款下的任何协定的订立、扩大或任何重大修改，一成员有意修改或撤销一具体承诺，因而与其减让表中所列条款和条件不一致，则该成员应至少提前 90 天通知该项修改或撤销"。以具体时间和流程步骤相关的规范来促进服务贸易领域自由化。

同时在第 5 条之二"劳动力市场一体化协定"中规定"本协定不得阻止任何成员参加在参加方之间实现劳动力市场完全一体化的协定"，即大多数成员方的劳动力市场一体化协定指的是"一般情况下，此类一体化为其参加方的公民提供自由进入各参加方就业市场的权利，并包括有关工资条件及其他就业和社会福利条件的措施"。

⑤"国内法规"。

GATS 第 5 条第 1 款中规定"在已作出具体承诺的部门中，每一成员应保证所有影响服务贸易的普遍适用的措施以合理、客观和公正的方式实施"。也就是说，对所有成员方应在合理、客观、公正的基础上，一视同仁地执行相关影响服务贸易的国内规定，即在不违反该国的宪法法律与社会制度的前提下，贯彻执行符合国际标准和原则的司法、仲裁、行政手段或司法程序。

对有关提供服务的合理合法的请求下，对影响服务贸易的相关行政决定作出迅速的审查并予以客观和公正的判定。例如，如果一成员已承担义务的部门对外开放，就应该对外国服务商的合法合理的申请请求，按照其国内法律和规定迅速地把审查结果告知申请人，并在其请求被证明合理的情况下，提供适当的补救。

⑥"承认"。

GATS 第 7 条第 1 款中规定"为使服务提供者获得授权、许可或证明的标准或准则得以全部或部分实施，在遵守第 3 款要求的前提下，一成员可承认在特定国家已获得的教育或经历、已满足的要求，或已给予的许可或证明。此类可通过协调或其他方式实现的承认，可依据与有关国家的协定或安排，也可自动给予"。也就是说，在服务贸易所涉及领域很广泛，特别对于一成员方承认特定国家的已经取得的学历、职称，以及从事专业技术的经历经验和语言水平能力等。各成员对于这些不同的资历条件一般都有严格的规定限制，如已满足相关要求和已给予相关许可或证明，可依据本协定签署的各成员方自动相互认可和承认对方的各种资格，并按照国际上统一标准模式自动给予。

GATS 第 7 条第 5 款中规定"只要适当，承认即应以多边议定的准则为依据。在适当的情况下，各成员应与有关政府间组织或非政府组织合作，以制定和采用关于承认的共同国际标准和准则，以及有关服务行业和职业实务的共同国际标准"。

⑦ "垄断和专营服务提供者"。

GATS 第 8 条第 1 款中规定"每一成员应保证在其领土内的任何垄断服务提供者在有关市场提供垄断服务时，不以与其在第 2 条和具体承诺下的义务不一致的方式行事"。GATS 第 8 条第 2 款中规定"如一成员的垄断提供者直接或通过附属公司参与其垄断权范围之外且受该成员具体承诺约束的服务提供的竞争，则该成员应保证该提供者不滥用其垄断地位，在其领土内以与此类承诺不一致的方式行事"。简单地说，如果由于各成员方在服务贸易中存在某些服务部门不同程度地出现相关垄断现象，本协定并不反对创建和维护垄断服务，但任何一成员在进行垄断经营时，该成员应保证该提供者不滥用其垄断地位，在其领土内以与此类承诺不一致的方式行事，并且不违背最惠国待遇原则和服务贸易谈判中所承诺的相关义务。如有违背，则在该成员请求下，服务贸易理事会可要求设立、维持或授权该服务提供者的成员提供有关经营的具体信息。

⑧ "商业惯例"。

GATS 第 9 条第 1 款中规定"各成员认识到，除属第 8 条范围内的商业惯例外，服务提供者的某些商业惯例会抑制竞争，从而限制服务贸易"。GATS 第 9 条第 2 款中规定"在任何其他成员请求下，每一成员应进行磋商，以期取消第 1 款所指的商业惯例。被请求的成员对此类请求应给予充分和积极的考虑，并应通过提供与所涉事项有关的、可公开获得的非机密信息进行合作。在遵守其国内法律并在就提出请求的成员保障其机密性达成令人满意的协议的前提下，被请求的成员还应向提出请求的成员提供其他可获得的信息"。其主要内容为，各成员之间在取消限制服务贸易竞争的商业惯例方面进行合作的义务。这与 GATT（1994）相关规定内容有所不同，GATS 承认服务提供者的除属第 8 条范围内，商业惯例之外的这些"商业惯例"有可能会抑制竞争。

⑨"紧急保障措施"。

GATS 第 10 条第 1 款中规定"应就紧急保障措施问题在非歧视原则基础上进行多边谈判。此类谈判的结果应在不迟于《WTO 协定》生效之日起 3 年的一日期生效"，其主要内容为在《WTO 协定》生效之日起的 3 年之内，在非歧视原则的基础上，须完成相关保障措施的多边谈判并加以生效和实施。但从实际现状来看，各成员方所涉及的众多服务贸易部门很难在短时间内制定出具体的完善的保障措施，而只能在一边实施，同时一边在逐步补充。

GATS 第 10 条第 2 款中规定"在第 1 款所指的谈判结果生效之前的时间内，尽管有第 21 条第 1 款的规定，但是任何成员仍可在其一具体承诺生效 1 年后，向服务贸易理事会通知其修改或撤销该承诺的意向；只要该成员向理事会说明该修改或撤销不能等待第 21 条第 1 款规定的 3 年期限期满的理由"。

例如，第 21 条相关的承诺减让表的修改的第 1 款规定，

"一成员（本条中称'修改成员'）可依照本条的规定，在减让表中任何承诺生效之日起 3 年期满后的任何时间修改或撤销该承诺"。也就是说，对于相关承诺减让表中修改的规定是一个针对第 10 条中第 2 款的例外条款，其主要核心内容就是在拟修改或撤销影响其任何成员方的请求下，对修改成员应进行协商谈判，以期就任何必要的补偿性调整达成相关协议，通过此类谈判和协定，有关成员方应努力维持互利共赢的承诺总体水平，使其不低于在此类谈判之前具体承诺减让表中规定的对服务贸易的有利的水平。

⑩ "保障国际收支平衡的限制"。

GATS 第 12 条第 1 款中规定"如发生严重国际收支和对外财政困难或其威胁，一成员可对其已作出具体承诺的服务贸易，包括与此类承诺有关的交易的支付和转移，采取或维持限制。各方认识到，由于处于经济发展或经济转型过程中的成员在国际收支方面的特殊压力，可能需要使用限制措施，特别是保证维持实施其经济发展或经济转型计划所需的适当财政储备水平"。其主要内容就是说，如果某一成员方发生了严重的国际收支和对外财政支出的困境和压力，可以在已经作出的 GATS 服务贸易中具体承诺义务的实施或维持限制措施。并且"应避免对任何其他成员的商业、经济和财政利益造成不必要的损害"。

⑪ "政府采购"。

GATS 第 13 条第 1 款中规定"第 2 条、第 16 条和第 17 条不得适用于管理政府机构为政府目的而购买服务的法律、法规或要求，此种购买不是为进行商业转售或为供商业销售而在提供服务过程中使用"。其主要内容为，各成员方的政府机构为了该国政府使用，而不是为了商业销售或转售而进行的服务采购，可以不适用有关最惠国待遇、国民待遇和市场准入的规定。其有关政府采购的规则将留待今后的 WTO 多边谈判来完成，并规定该多边谈判必须在《WTO 协定》生效后 2 年之内完成。

⑫"一般例外"。

GATS 第 14 条第 1 款中规定"在此类措施的实施不在情形类似的国家之间构成任意或不合理歧视的手段或构成对服务贸易的变相限制的前提下，本协定的任何规定不得解释为阻止任何成员采取或实施以下措施"。其主要内容为，各成员在下列情况下的 4 种特殊情况，可以免除对本协定的义务。

第一种情况是对公共道德或维持公共秩序进行必要的保护措施。

第二种情况是涉及对人类、动植物的生命和健康进行必要的保护措施。

第三种情况是为防止瞒骗和欺诈的习惯做法与处理服务合同违约而采取的措施，特别是为保护、处理和防止扩散个人资料中的个人隐私，以及保护个人记录和账户秘密而采取的措施。还有就是涉及国家安全有关的信息资料和有关直接或间接供给军事机构使用的服务行为以及为维护国际和平与安全而采取的措施。

第四种情况是与第 17 条"国民待遇"不一致的措施，为避免双重征税，如"只要待遇方面的差别旨在保证对其他成员的服务或服务提供者公平或有效地课征或收取直接税"。对上述例外条款，要求成员在实施时，不能因不同成员而采取不同措施，即不构成歧视，同时不能对服务贸易造成武断的、变相的限制。

GATS 第 14 条之二安全例外的规定"要求任何成员提供其认为如披露则会违背其根本安全利益的任何信息或阻止任何成

员采取其认为对保护其根本安全利益所必需的任何行动"。例如，欧盟（欧洲共同体）在谈判时，建议将相关"文化例外"的内容纳入 GATS 第 14 条内容中。

⑬ "补贴"。

GATS 第 15 条第 1 款中规定"各成员认识到，在某些情况下，补贴可对服务贸易产生扭曲作用。各成员应进行谈判，以期制定必要的多边纪律，以避免此类贸易扭曲作用。谈判还应处理反补贴程序适当性的问题。此类谈判应认识到补贴在发展中国家发展计划中的作用，并考虑到各成员、特别是发展中国家成员在该领域需要灵活性。就此类谈判而言，各成员应就其向国内服务提供者提供的所有与服务贸易有关的补贴交换信息"。其主要内容为，各成员方的在服务贸易领域（尤其是发展中成员方的服务贸易领域）中几乎普遍地存在补贴，某些确实存在变得很"扭曲"情况。在 GATS 第 15 条第 1 款和第 2 款中规定认识到发展中成员方的服务贸易部门发展计划中补贴的重要作用，在此问题上应给予发展中成员一定的灵活性。同时各成员通过多边谈判时，所有成员应相互交换其境内提供给服务部门的补贴资料。如果某一成员在认为另一成员的补贴使其受到损害时，可以提出磋商请求，另一成员应对这一请求予以积极考虑。

（3）"具体承诺"。

本部分包括第 16 条"市场准入"、第 17 条"国民待遇"和第 18 条"附加承担义务"。该部分规定了协定成员方在这些方面必须承担的具体义务时所对应的相关服务市场开放遵循的一些原则。

① "市场准入"原则。

GATS 第 16 条第 1 款中规定"当一成员承担对某个具体部

门的市场准入义务时，它给予其他成员的服务和服务提供者的待遇应不低于其在具体承诺的细目表中所承诺的待遇，包括期限和其他限制条件"。也就是说，如果一成员国就通过第 1 条第 2 款（a）项中所列明的那些，无论以数量配额、垄断、专营服务提供者的形式，还是以经济需求测试要求的形式，限制服务提供者的数量方式来提供服务作出市场准入承诺，且如果资本的跨境流动是该服务本身必需的部分，则该成员由此已承诺允许此种资本跨境流动。如一成员以通过第 1 条第 2 款（c）项所列明的那些以配额或经济需求测试要求的形式，限制服务业务总数或以指定数量单位表示的服务产出总量的方式来提供服务作出市场准入承诺，则该成员由此已承诺允许有关的资本转移进入其领土内。

GATS 第 16 条第 2 款中规定 "在作出市场准入承诺的部门，除非在其减让表中另有列明，否则一成员不得在其一地区或在其全部领土内维持或采取按如下定义的措施"。其主要内容为，如果一成员允许外国服务提供者在其境内提供相关服务商品时，针对任何一成员对作出承担义务的服务部门或分部门，除了在其承担义务的计划表中列出外，不能维持或采用下述限制措施：

第一，采取数量配额、垄断、专营服务、需求测试要求等形式来限制国外服务提供者的数量；

第二，采取数量配额或需求测定等形式来限制服务交易和资产总额；

第三，采取配额或经济需求测定的形式来以限制业务的总量或用数量单位表示的服务提供单位数量，但不包括一成员限制服务提供投入的措施；

第四，采取数量配额或经济需求测试的形式限制特定服务部门或服务提供者可雇用的以及提供具体服务所必需且直接有关的自然人总数量；

第五，采取限制或要求服务提供者通过特定类型法律实体或合营企业提供服务的措施；以及以限制外国股权最高百分比或限制单个或总体外国投资总额的方式限制外国资本的参与。

对于发展中成员方在谈判中所提出的承担特定义务，GATS采纳了"正面清单"方式，将所有可以开放的服务部门以及分部门和交易都列入目录。根据 GATS，市场准入和国民待遇条款不属一般义务，但可作为个别部门和分部门所规定的承担义务进行谈判。市场准入承担义务将根据服务贸易所定义的内容来进行谈判，外国服务提供者可不接受在第 4 条相关内容所规定的"发展中成员进一步参与"所规定的一般责任作为市场准入的条件。其中，GATS 也规定了成员方可以在其占有比较优势的那些部门或分部门积极寻找自由化，并在最符合自由化其经济、社会和发展利益的相关部门给予减让承诺。采用这种方式就意味着它与 GATT 的货物贸易的情况类似，即谈判都是从自己的优势部门开始并扩展到其他部门的。

②"国民待遇"原则。

GATS 第 17 条第 1 款中规定"对于列入减让表的部门，在遵守其中所列任何条件和资格的前提下，每一成员在影响服务提供的所有措施方面给予任何其他成员的服务和服务提供者的待遇，不得低于其给予本国同类服务和服务提供者的待遇"。其主要内容为，国民待遇在 GATS 中并不是适用于所有的服务部门的，而是针对每一成员方在其承诺和义务的减让表中所列明的部门。其中特别对相关规定，即"根据本条承担的具体承诺不得解释为要求任何成员对由于有关服务或服务提供者的外国特性而产生的任何固有的竞争劣势作出补偿"，进行了相关说明，其核心内容强调了如果外国服务提供者因本身的特性而产生的固有竞争力劣势，在同等竞争条件时受到损失时，不能作出补偿。

GATS 第 17 条第 2 款中规定"一成员可通过对任何其他成员的服务或服务提供者给予与其本国同类服务或服务提供者的待遇形式上相同或不同的待遇，满足第 1 款的要求"。其核心内容也就是说，GATS 的国民待遇可以从最终实施的待遇情况来进行评估比较的，不管其承诺给予外国服务或服务提供者的待遇形式是否与本国（地区）同类服务和服务提供者相同或不同，只要承诺的结果不低于其给予本国同类服务和服务提供者的待遇就可以。

对于相关不利的待遇在 GATS 第 17 条第 3 款中规定"如形式上相同或不同的待遇改变竞争条件，与任何其他成员的同类服务或服务提供者相比，有利于该成员的服务或服务提供者，则此类待遇应被视为较为不利的待遇"。其核心内容为，若在任何成员对国民待遇措施的改变形式上有利于本国的服务企业，不管其形式上相同或不同，只要与任何其他成员的同类服务或服务提供者相比有差异，都被视为较为不利的待遇情况而严重违反国民待遇原则。

③ "附加承诺"。

GATS 第 18 条中规定"各成员可就影响服务贸易，但根据第 16 条或第 17 条不需列入减让表的措施，包括有关资格、标准或许可事项的措施，谈判承诺。此类承诺应列入一成员减让表"。其核心内容就是说，在 GATS 中规定，虽然每个服务部门所列明的国民待遇条款和内容的承诺减让表措施都不尽相同，而且一般都要通过双方通过多轮谈判才能确定，但所有各成员在给予其他成员国民待遇时，都会根据自己的特定情况来给予相关附加条件。这是服务贸易的相关附加承诺减让表与货物贸易的附加承诺减让表其根本区别之处。

（4）逐步自由化。

GATS 第 19 条第 1 款中规定"为推行本协定的目标，各成员应不迟于《WTO 协定》生效之日起 5 年开始并在此后定期进行连续回合的谈判，以期逐步实现更高的自由化水平。此类谈判应针对减少或取消各种措施对服务贸易的不利影响，以此作为提供有效市场准入的手段。此进程的进行应旨在在互利基础上促进所有参加方的利益，并保证权利和义务的总体平衡"。其核心内容是，强调为了推行本协定的目标，必须在《WTO 协定》生效起的 5 年内开始实施多轮谈判，为服务贸易领域逐步实现自由化进行非常务实的谈判并针对减少或取消对服务贸易不利影响的各种措施，特别是以此作为提供有效市场准入的手段，这一点也对于发展中成员尤为重要。

GATS 第 19 条第 2 款规定了"自由化进程的进行应适当尊重各成员的国家政策目标及其总体和各部门的发展水平。个别发展中国家成员应有适当的灵活性，以开放较少的部门，放开较少类型的交易，以符合其发展状况的方式逐步扩大市场准入，并在允许外国服务提供者进入其市场时，对此类准入附加旨在实现第 4 条所指目标的条件"。其核心内容体现了第 4 条"发展中成员进一步参与"的精神。GATS 再次强调了发展中国家成员应有适当的灵活性来承担与其国家政策的发展目标相适应的自由化水平，而且发展中成员的逐步自由化应根据它们开放的服务部门和放开的类型的实际水平来确定，而不应由其他目标条件来评价。

GATS 第 19 条第 3 款规定"对于每一回合，应制定谈判准则和程序。就制定此类准则而言，服务贸易理事会应参照本协定的目标，包括第 4 条第 1 款所列目标，对服务贸易进行总体的和逐个部门的评估。谈判准则应为处理各成员自以往谈判以来自主采取的自由化和在第 4 条第 3 款下给予最不发达国家成员的特殊待遇制定模式"。其核心内容则说明，在确立今后多轮谈判准则之前，应根据 GATS 的总体目标，也包括第 4 条第 1 款所规定的相关内容，来对国际服务贸易的现状情况进行评估。特别是强调在对最不发达国家成员的特殊待遇制定模式上，应密切关注最不发达国家成员的发展。例如，在 GATS 序言和第 4 条第 3 款以及《关于有利于最不发达成员的措施决定》中规定，只要最不发达国家类别没有改变，同时遵守上述文件所列一般规则，则只需承担与特殊情况的相符合的承诺和减让，并在 1994 年 4 月 15 日起的额外 1 年的时间以内。

GATS 第 19 条第 4 款规定"各谈判回合均应通过旨在提高各成员在本协定项下所作具体承诺总体水平的双边、诸边或多边谈判，推进逐步自由化的进程"。其核心内容强调对各成员方在履行 GATS 一般义务和原则的同时，还要承担具体承诺总体水平的义务。通过双边或多边谈判来逐步推进自由化的进程。

（5）机构条款。

GATS 第 22 条第 1 款规定"每一成员应对任何其他成员可能提出的、关于就影响本协定运用的任何事项的交涉所进行的磋商给予积极考虑，并提供充分的机会。《争端解决谅解》（DSU）应适用于此类磋商"。其主要内容为，争端解决问题的磋商内容为每一成员就影响协定执行的任何事项向另一成员提出交涉磋商时，该成员应积极给予考虑，并提供充分合作的计划。

GATS 第 22 条第 2 款规定"在一成员请求下，服务贸易理事会或争端解决机构（DSB）可就其通过根据第 1 款进行的磋商未能找到满意解决办法的任何事项与任何一个或多个成员进行磋商"。其主要内容为，如果争端双方通过协商磋商未能找到满意解决办法达成协议，可向服务贸易理事会或争端解决机构提出与任何一个或多个成员进行磋商。

GATS 第 22 条第 3 款规定"一成员不得根据本条或第 23 条，对另一成员属它们之间达成的与避免双重征税有关的国际协定范围的措施援引第 17 条。在各成员不能就一措施是否属它们之间的此类协定范围达成一致的情况下，应允许两成员中任一成员将该事项提交服务贸易理事会。理事会应将该事项提交仲裁。仲裁人的裁决应为最终的，并对各成员具有约束力"。

GATS 第 23 条第 1 款规定"每一成员应对任何其他成员可能提出的、关于就影响本协定运用的任何事项的交涉所进行的磋商给予积极考虑，并提供充分的机会。《争端解决谅解》（DSU）应适用于此类磋商"。其主要内容为，相关争端解决和执行中，如避免双重征税有关的国际协定范围的措施时，就该事项提交服务贸易理事会，通过仲裁后的裁决应为最终的，并对各成员具有约束力且应得到有效的实施，如果一成员不能有效地执行仲裁，则该成员为就该事项达成双方满意的解决办法可援用《争端解决谅解》。

GATS 第 24 条第 1 款规定"服务贸易理事会应履行对其指定的职能，以便利本协定的运用，并促进其目标的实现。理事会可设立其认为对有效履行其职能适当的附属机构"。其主要内容为，对服务贸易理事会履行职能以及设立其适当附属机构，以便促进和实现便利本协定目标的相关规定。

GATS 第 25 条第 1 款和第 2 款规定 "需要此类援助的成员的服务提供者应可使用第 4 条第 2 款所指的咨询点的服务。给予发展中国家的技术援助应在多边一级由秘书处提供，并由服务贸易理事会决定"。其主要内容为，在技术合作方面，各成员应通过建立的联系点进行合作，对发展中成员提供的技术援助，应在 GATS 秘书处监督下进行多边一级的技术援助。

GATS 第 26 条规定 "总理事会应就与联合国及其专门机构及其他与服务有关的政府间组织进行磋商和合作作出适当安排"。其主要内容为与其他国家组织的相关关系。

（6）最终条款。

GATS 第 27 条 "利益的拒绝给予" 规定 "对于一项服务的提供，如确定该服务是自或在一非成员或与该拒绝给予利益的成员不适用《WTO 协定》的成员领土内提供和在提供海运服务的情况下确定该服务"。其主要内容为，一成员可对相关情况拒绝给予相关的利益以及加入和接受规则，并规定了相关本协定的适用状况及利益的否定和协定的退出且不适用《WTO 协定》的成员领土内提供。

3. 附录

GATS 第 29 条是有关某些具体服务贸易部门的附录，这些附录附在正文之后，共包括 8 个相关附件内容作为补充构成协定的一个组成部分。此外，在 GATS 和部长会议确定的一般原则基础上，各成员在多轮回合谈判结束后，继续进行各具体服务部门开放市场的谈判，并达成最终协定，具有较普遍的意义。附录内容具体包括：最惠国待遇豁免的附录；提供服务的自然人移动的附录；空中运输服务的附录；金融服务的附录一和附录二；电信服务的附录；基础电信谈判的附录。

三、中国已签署 FTA 服务贸易规则文本研究

（一）中国已签署 FTA 概述

据中国自由贸易区服务网的统计信息[1]，截至 2021 年 8 月，我国已经签订的 FTA 总计 22 个，现在正在谈判中的自贸区有 10 个（包括中国—韩国自贸协定第二阶段谈判和中国—秘鲁自贸协定升级谈判等），正在研究的自贸区有 8 个（包括中国—哥伦比亚和中国—加拿大等），现已覆盖了全世界的亚洲、欧洲、非洲、美洲和大洋洲，涉及范围广、国家（地区）多。

现根据与我国已签署 FTA 文本中的涉及服务贸易协议的情况，通过中国自由贸易区服务网的数据整理，统计出中国已签署 FTA 服务贸易协议的概况，如表 2-6 所示。

表 2-6　中国已签署 FTA 的服务贸易协议一览

	签订时间	签署协定国家（地区）	自贸区协定类型	涉及服务贸易形式
1	2003 年 6 月	内地—港澳地区 CEPA	地区与地区	更紧密型的经贸关系
2	2004 年 11 月	中国—东盟 FTA[2]	国家与国家集团	自贸协定服务贸易条款
3	2008 年 4 月	中国—智利 FTA[3]	国家与国家	自贸协定服务贸易条款

---

〔1〕　中国自由贸易区服务网，载 http://fta.mofcom.gov.cn/index.shtml，最后访问时间：2022 年 10 月 8 日。

〔2〕　2007 年 1 月 14 日在菲律宾宿务签署中国—东盟全面经济合作框架协议服务贸易协议于 7 月起开始实施。

〔3〕　2008 年 4 月 13 日签署的中智自贸区服务贸易协定于 2010 年 8 月 1 日起开始实施。

续表

	签订时间	签署协定国家 （地区）	自贸区协定 类型	涉及服务贸易 形式
4	2008 年 4 月	中国—新西兰 FTA	国家与国家	自贸协定服务 贸易条款
5	2008 年 10 月	中国—新加坡 FTA	国家与国家	自贸协定服务 贸易条款
6	2009 年 2 月	中国—巴基斯坦 FTA	国家与国家	服务贸易协定
7	2009 年 4 月	中国—秘鲁 FTA	国家与国家	自贸协定服务 贸易条款
8	2010 年 2 月	中国—哥斯达黎加 FTA	国家与国家	自贸协定服务 贸易条款
9	2013 年 1 月	中国—冰岛 FTA	国家与国家	自贸协定服务 贸易条款
10	2013 年 7 月	中国—瑞士 FTA	国家与国家	自贸协定服务 贸易条款
11	2015 年 6 月	中国—澳大利亚 FTA	国家与国家	自贸协定服务 贸易条款
12	2015 年 12 月	中国—韩国 FTA	国家与国家	自贸协定服务 贸易条款
13	2017 年 5 月	中国—格鲁吉亚 FTA	国家与国家	自贸协定服务 贸易条款
14	2019 年 10 月	中国—毛里求斯 FTA	国家与国家	自贸协定服务 贸易条款
15	2017 年 12 月	中国—马尔代夫 FTA	国家与国家	自贸协定服务 贸易条款
16	2020 年 10 月	中国—柬埔寨 FTA	国家与国家	自贸协定服务 贸易条款
17	2015 年 11 月	中国—东盟 升级 FTA	国家与国家 集团	全面经济合作型 的服务贸易协定

	签订时间	签署协定国家（地区）	自贸区协定类型	涉及服务贸易形式
18	2017 年 11 月	中国—智利升级 FTA	国家与国家	自贸协定服务贸易条款
19	2018 年 11 月	中国—新加坡升级 FTA	国家与国家	自贸协定服务贸易条款
20	2019 年 4 月	中国—巴基斯坦第二阶段 FTA	国家与国家	服务贸易协定
21	2020 年 11 月	中国—日本、韩国、澳大利亚、新西兰、东盟十国 RCEP	国家与国家集团	全面经济合作型的服务贸易协定
22	2021 年 1 月	中国—新西兰升级 FTA	国家与国家	自贸协定服务贸易条款

资料来源：中国自由贸易区服务网，http://fta.mofcom.gov.cn/index.shtml，再整理。

如表 2-6 所示，我国已签署的 FTA 的国家（地区）的有关服务贸易协议的类型有"自贸协定服务贸易条款"，是一开始就包含在签订 FTA 中的内容（如中韩 FTA）；"服务贸易协定"，是以双边服务贸易协定方式签订在 FTA 签订之后的补充协议（如中巴 FTA）；"全面经济合作型的服务贸易协定"，所涉及开放的服务贸易部门多且双边合作范围大（例如，中国—东盟 FTA，RCEP）。

分析我国已签订的双边 FTA 情况来看，在签署 RTAs 的内容中，呈现出以下特征。

（1）从地缘位置来看，中国已缔约 FTA 对象国家主要分布在亚太地区，并扩大到美洲、大洋洲、欧洲和非洲。中国最早涉及服务贸易内容的 FTA 是 2003 年的《内地与香港关于建立更紧密经贸关系的安排》（CEPA），而最早的第一份独立的服务贸易协议是 2007 年与东盟签署的中国—东盟全面经济合作框架协议服务贸易协议。逐步扩大到亚洲的巴基斯坦、新加坡、韩国、马尔代夫、柬埔寨等国家。签署 FTA 的地域发展到美洲和大洋洲的国家，如智利、哥斯达黎加、秘鲁、新西兰和澳大利亚，从而将区域服务贸易开放从亚洲扩大到美洲和大洋洲。随后签署 FTA 的地域也发展到欧洲国家，如冰岛、瑞士等国家。中国在中非合作论坛和"一带一路"倡议的框架下将签署 FTA 的地域延伸到非洲，发挥参与共建"一带一路"的独特区位优势，中国和毛里求斯 FTA 于 2019 年 10 月 17 日正式签署，于 2021 年 1 月 1 日正式生效。

（2）从缔约国家经济规模来看，中国已缔约 FTA 对象国家为发展中经济体和发达经济体。代表性的发展中经济体的 FTA 有中国—东盟 FTA，中国—巴基斯坦 FTA，中国—智利 FTA、中国—哥斯达黎加 FTA 等，约占全部的二分之一。同时我国已缔约 FTA 对象也有 6 个发达国家，如新西兰、韩国、澳大利亚、冰岛、瑞士、新加坡。

（3）从 FTA 结构内容来看，包含服务贸易条款的自贸协定占绝大多数。但一部分的自贸协定内容结构中呈现出明显的"先货物后服贸"特征，即先签署相应的货物贸易领域的自贸协定，再推进区域服务贸易领域的自贸协定。以中国—东盟 FTA 为例，中国与其签订的相关货物贸易自贸协议于 2004 年签署，但服务贸易自贸协定却在 2007 年才签署。而后大部分中国签署 FTA 则呈现出"货物和服务并行"特征，即货物和服务贸易领域协议的内容谈判和实施并行推进。例如：中国—新西兰 FTA、中国—韩国 FTA 均是都涵盖货物贸易和服务贸易等多领域的"一揽子式"FTA。

（4）从自贸协定中服务贸易的内容形式来看，主要分为分立式与专章两种形式。代表性的服务贸易领域分立式的自贸协定有中国与秘鲁、韩国、巴基斯坦、智利、东盟和澳大利亚等国家（地区）的自贸协定都签署了分立式的服务贸易协定。

而其他的服务贸易领域采取了专章的形式的代表性的自贸协定有中国与冰岛和中国—瑞士FTA、中国—哥斯达黎加FTA在自贸协定中设置服务贸易专章对承诺作出规定。

（5）从自贸协定升级形式来看，部分自贸协定在初次签署生效后又做了补充式第二阶段和升级。近期与中国已经实施多年的多个自贸协定FTA已进行升级版的新协定再签署。例如，2015年11月签署中国—东盟自贸区升级谈判议定书是我国在现有自贸区基础上完成的第一个升级协定。2017年11月，智利继东盟之后，成为全球第二个与中国签订自贸升级协定的国家（地区）。至今我国已签署完成了中国—新加坡FTA升级协定、中国—新西兰FTA升级协定、中国—巴基斯坦自贸区第二阶段协定和内地与港澳关于建立更紧密经贸关系的安排（CEPA）共6个为服务贸易进一步开放的升级协定。

（6）从服务贸易协定中具体承诺减让表的模式来看，大部分以正面清单模式为主，但负面清单模式是大势所趋。

到目前为止，在与我国已缔约对象国家的FTA中具体承诺大部分是以正面清单形式给出的。代表性服务贸易承诺表采用正面清单的自贸协定有中国与秘鲁、韩国、巴基斯坦、智利、东盟和冰岛等国家（地区）的自贸协定。

在与我国已缔约对象国家的FTA中，澳大利亚成为第一个与我国以负面清单模式作出服务贸易承诺的国家，中澳达成

"正（负）面"清单制，即澳方以负面清单方式对华开放服务部门，中国则以正面清单方式向澳大利亚开放服务部门。这种正负面清单的方式，符合中澳服务贸易的现状。

最新的《内地与香港／澳门 CEPA 服务贸易协议》以准入前国民待遇加负面清单方式开放服务贸易领域，但是只限于模式 3。中韩两国也承诺在协定签署后两年内将以负面清单模式继续开展服务贸易谈判。随着近期高水平服务贸易规则的发展趋势，今后我国的 FTA 中将越来越多地出现负面清单模式的服务贸易协定。

（二）代表性双边 FTA 服务贸易规则对比研究

我国签署的双边 FTA 服务贸易条款与 GATS 中规定的内容基本一致，一般包括序言、定义和范围、义务和纪律、具体承诺条款、其他条款。其中，义务和纪律部分一般包括透明度，披露机密信息，境内规制，承认，商业惯例，垄断与专营服务提供者，保障措施，支付和转移，例外条款等方面的内容，具体承诺条款一般包括市场准入、国民待遇、附加承诺、具体承诺减让表四方面的内容。具体承诺减让表是服务贸易伙伴国（地区）在横向的开放部门与纵向的部门开放程度两方面作出的具体承诺，是服务贸易条款所涉及的最细致最重要的部门，具体承诺减让表会另以附件的形式给出，承诺表中针对跨境交付、境外消费、商业存在、自然人移动四种服务提供方式在市场准入、国民待遇、附加承诺三方面作出了水平承诺与部门具体承诺，其中水平承诺包含所有服务部门，部门具体承诺指的是对各个分部门的具体承诺，而我国参与的服务贸易部门均是在 GATS 框架下承诺的部门（GNS/W/120），包括 12 大类，共 160 多个服务部门。另外，我方与大部分伙伴国（地区）承诺的形式均沿用 GATS 中的表制，均按照正面清单方式列出，但是在

2015 年刚刚签署的中国—澳大利亚 FTA 中，澳方采用了负面清单（不符合措施清单）的方式，这标志着我国在服务贸易领域更加积极地向高标准的 TISA 靠拢。

另外，对中国已签署双边 FTA 服务贸易协议文本进行研究，文章选取了三个具有代表性的双边 FTA，即中国—东盟 FTA、中国—韩国 FTA、中国—澳大利亚 FTA。中国—东盟 FTA 是中国商谈最早也是世界上涉及范围最广的双边 FTA，伙伴国多达 10 个国，并且在 2015 年 11 月完成新一轮的升级谈判，对于中国来说具有开创性意义。

中国—韩国 FTA 是我国签署的具有代表性的自由贸易区，两国之间开放范围最广，程度最高，涉及的内容全面，因此研究中国—韩国自由贸易区对我国正在谈判的中日韩 FTA 具有重要指导作用。

中国—澳大利亚 FTA 是 2015 年 6 月最新签订的双边 FTA，也是中国第一个采用负面清单形式签订的南北型双边 FTA，更是中国与主要发达经济体签订的第一个双边 FTA，同样具有历史性的研究意义。

（1）中国—东盟自贸协定的签订及服务贸易规则的内容概述。

中国—东盟自由贸易区是中国签署最早也是都由发展中国家组成的自由贸易区。自贸区涵盖了超 18 亿的人口，GDP 规模接近 6 万亿美元，贸易额达 4.5 万亿美元，是当时世界上人口最多规模最大的自由贸易区之一。中国—东盟自由贸易区（China and ASEAN Free Trade Area，CAFTA）、欧盟（European Union）和北美自由贸易区（North American Free Trade Area，NAFTA）是世界上三大区域经济合作区。

①中国—东盟自贸协定的签订。

中国—东盟自贸区第一阶段：（2000—2012 年）。

2000 年 11 月，时任国务院总理朱镕基在第四届中国—东盟领导人会议上，首次提议建立中国—东盟自由贸易区。2001 年 3 月，中国—东盟经济合作专家组在中国—东盟经济贸易合作联合委员会框架下正式成立，建议中国和东盟用 10 年时间建立自由贸易区。2002 年 11 月，在第六届中国—东盟领导人会议上，时任国务院总理朱镕基和东盟 10 国领导人签署了《中国与东盟全面经济合作框架协议》，标志着中国—东盟建立自由贸易区的进程正式启动。

2003 年 10 月，时任国务院总理温家宝在第七届东盟与中日韩（10+3）领导人会议上签署了《东南亚友好合作条约》，中国成为首个加入该条约的非东盟国家。2004 年 1 月 1 日开始，中国—东盟自由贸易区早期收获计划实施，下调农产品的关税。

2004 年 11 月，中国—东盟签署了货物贸易领域的《货物贸易协定》，其内容约定从 2005 年 7 月开始，除第一批已实施降税的早期收获清单中的产品和部分敏感产品外，双方将对其他约 7000 个税目的产品实施降税。2004 年 12 月底，《货物贸易协议》和《争端解决机制协议》签署，标志着自贸区建设进入实质性执行阶段。

2007 年 1 月，双方再签署了服务贸易领域的《服务贸易协定》，于 2007 年 7 月顺利实施。2009 年 8 月 15 日，《中国—东盟自由贸易区投资协议》签署，标志主要谈判结束。2010 年 1 月 1 日，中国—东盟自由贸易区正式建立。

中国—东盟自贸区第二阶段：（2013—2015 年）。

中国—东盟自贸区自 2010 年 1 月 1 日正式建立以来，自贸区经济规模约6万亿美元，贸易额也达4.5万亿美元，是世界上由发展中国家组成的最大自由贸易区。中方2013年提出打造中国—东盟自贸区升级版。

2014年8月26日，在第13届中国—东盟经贸部长会议上宣布中国和东盟同意开始中国—东盟自贸区升级版谈判。

2015年11月22日，《中华人民共和国与东南亚国家联盟关于修订〈中国—东盟全面经济合作框架协议〉及项下部分协议的议定书》（以下简称《议定书》）签署达成。历时近两年，中国—东盟自贸区升级协定达成，也是中国在现有自贸区基础上完成的第一个升级协定。

作为中国对外签署的第一个自贸协定，同时也是人口和经济规模最大的自贸区，中国—东盟自贸区升级《议定书》的成功签署，将有力地推动中国和东盟间的经贸合作再上一个新台阶，为双方经济发展提供新的动力，加快建设更为紧密的中国—东盟命运共同体。

中国—东盟自贸区第三阶段（2016年至今）。

《中华人民共和国与东南亚国家联盟关于修订〈中国—东盟全面经济合作框架协议〉及项下部分协议的议定书》是我国在现有自贸区基础上，完成的第一个升级协议，涵盖货物贸易、服务贸易、投资、经济技术合作等领域，体现了双方深化和拓展经贸关系的共同愿望和现实需求。

2018年11月，中国与东盟各国最终完成了FTA"升级版"的所有国内程序，正式全面生效，进一步提升了中国和东盟的经贸关系，也向国际社会释放中国和东盟国家坚定维护多边主义和自由贸易的积极信号。中国海关总署发布的数据显示，2020年东盟超过欧盟，跃升为中国最大货物贸易伙伴，这是东盟继 2019 年超过美国成为中国第二大贸易伙伴后实现的又一突破。中国则连续 12 年保持东盟第一大贸易伙伴地位。

②中国—东盟自贸协定服务贸易规则的内容概述。

2004 年 11 月，中国—东盟在签署了货物贸易领域的《货物贸易协定》后，2007 年 1 月在菲律宾签订了《服务贸易协定》。在之前的《框架协议》第 4 条及第 8 条第 3 款关于尽快完成服务贸易协议谈判，以逐步实现自由化，并取消各缔约方间，存在的实质上所有歧视，和（或）禁止针对服务贸易采取新的或增加歧视性措施，在中国与东盟各成员方根据 WTO GATS 所作承诺的基础上，继续扩展服务贸易自由化的深度与广度。

服务贸易协定正文的内容包括四个部分共分为 33 个条款：第一部分为定义和范围；第二部分为义务与纪律：根据 GATS 第 3 条，经做必要调整，纳入本协议并成为本协议的组成部分。GATS 第 3 条之二，经做必要调整，纳入本协议并成为本协议的组成部分。包括第 3 条至第 17 条的内容。

第三部分为具体承诺：涉及市场准入、国民待遇、附加承诺和具体承诺减让表等内容。包括本协定第 18 条到第 24 条。

第四部分为其他条款：涉及国家、地区与地方政府，联络点，审议，修正，争端解决，利益的拒绝给予，生效和交存等内容。包括本协定第 25 条到第 33 条。

其附件的内容包括中国与东盟 10 个成员方分别签订关于服务贸易的具体承诺表（分第一批和第二批），均是建立在 GATS 基础上以"正面清单"的方式作出承诺。在水平承诺与具体部门承诺两个方面上，基于东盟十个成员方各自的经济发展水平的参差不齐，我国与各个成员方的承诺表的内容也不尽相同。

（2）中国—韩国自贸协定的签订及服务贸易规则的内容概述。

①中国—韩国自贸协定的签订。

中韩自贸区官产学联合研究第一次会议于 2007 年 3 月 22 日至 23 日在北京举行。中韩自贸区谈判于 2012 年 5 月启动。2014 年 11 月，中韩两国元首在北京共同宣布结束实质性谈判。中韩自贸协定是我国迄今为止涉及国别贸易额最大、领域范围最为全面的自贸协定。2015 年 2 月 25 日，中韩双方完成中韩自贸协定全部文本的草签，对协定内容进行了确认。至此，中韩自贸区谈判全部完成。

2015 年 6 月 1 日在韩国首尔，中韩两国政府代表正式签署《中华人民共和国政府和大韩民国政府自由贸易协定》，并于 2015 年 12 月 20 日正式生效和第一次降税。

2017 年 12 月 14 日，中韩两国签署了《关于启动中韩自贸协定第二阶段谈判的谅解备忘录》。中韩自贸协定第二阶段谈判由习近平主席与韩国总统文在寅于 2017 年 12 月共同宣布启动，是我国首个以负面清单方式开展的服务贸易和投资自由化谈判。2018 年 3 月 22 日，中国—韩国 FTA 第二阶段谈判正式在韩国首尔举行。中国—韩国 FTA 第二阶段第二轮谈判于同年 7 月在北京举行。截至 2019 年 3 月，中国—韩国 FTA 第二阶段第四轮谈判在北京举行。双方就服务贸易和投资展开进一步磋商，推动谈判取得稳步进展。

②中国—韩国自贸协定服务贸易规则的内容概述。

中国—韩国自贸区服务贸易内容形式上与 GATS 的基本精神保持一致，内容定义（20 个条款内容）与范围（4 个条款）、义务与纪律、具体承诺、其他条款四个部分共 16 部分内容，具体承诺减让表中，中方与韩方均采取"正面清单"的模式各自对四种服务贸易模式进行了水平承诺与具体部门的承诺。其中，中方对韩方除了"健康相关及社会服务"之外在11个具体服务部门均作出了水平的承诺，包括专业服务、建筑及相关工程服务、分销服务、教育服务、环境服务、金融服务、旅游及与旅行相关的服务、娱乐，文化和体育服务、运输服务等方面的具体承诺内容；另外，韩方对中方的承诺同样包括以上11个部门的内容，双方的承诺范围都比较广。

（3）中国—澳大利亚自贸协定的签订及服务贸易规则的内容概述。

①中国—澳大利亚自贸协定的签订。

中澳自贸协定谈判于2005年4月启动，2005年8月24日下午，中国—澳大利亚自由贸易区谈判第二轮磋商在北京举行。直至2014年9月在北京举行中澳自贸协定第21轮谈判后，同年11月17日，习近平主席与澳大利亚总理阿博特在澳大利亚堪培拉举行会谈，在两国领导人见证下两国政府代表签署了实质性结束中澳FTA谈判的意向声明。2015年6月17日，在澳大利亚堪培拉两国政府代表正式签署《中华人民共和国政府和澳大利亚政府自由贸易协定》。并于2015年12月20日正式生效并第一次降税，2016年1月1日第二次降税。

2017年3月24日，两国政府代表签署了《中华人民共和国政府与澳大利亚政府关于审议中国—澳大利亚自由贸易协定有关内容的意向声明》，正式宣布两国于2017年启动中澳自贸协定服务章节、投资章节以及《关于投资便利化安排的谅解备忘录》的审议。

②中国—澳大利亚自贸协定服务贸易规则的内容概述。

中澳自贸区协定中服务贸易协议是采用负面清单形式签订的服务贸易协议，具有历史性开创意义。澳大利亚同意对中方以负面清单方式开放服务部门，成为世界上首个对我国以负面清单方式作出服务贸易承诺的国家。中方在加入世贸组织承诺基础上，以正面清单方式，向澳方承诺开放部分服务部门。

中澳服务贸易协议的内容包括正文与附件两个部门，其中正文包括定义和范围、承诺方式、其他规定三部分内容，附件包括附件一的第7条项下的包含部门与附件二的金融服务。协议中的条款内容与 GATS 相比，具有很大的不同。

在具体承诺减让表中，中方采用"正面清单"方式对澳方作出承诺，在 11 个具体服务部门均作出了高水平的承诺，澳方则采用"负面清单"列表对我国作出承诺，在所有部门、安保部门、专业服务、通信服务、研发服务、房地产与分销服务、渔业与珍珠养殖业、采矿与相关服务、其他商业服务、分销服务、健康服务、旅游与旅游相关服务、文娱服务、运输服务、金融服务方面作了关于涉及义务、政府级别、措施来源、相关描述四方面的描述。与正面清单相比，澳方采用负面清单的模式，使得协议更加清晰、开放程度更大、对配套的国内法律完善程度也要求更大。

第三章

中国已签署双边 FTA 自由化指标分析

本研究根据中国自由贸易区服务网的统计信息，分析我国已签订的 22 个 FTA，通过分析第二章表 2-6 所统计的中国已签署 FTA 服务贸易协议的特征来进行我国已签署双边 FTA 自由化指标分析。

参考 APEC 自由贸易协定数据库提供的"分部门—条款—核心要件"三级模式体系为核心的贸易协议文本分类框架。其框架的第一部分为，根据自贸协定文本内容所涉及的范围，设定所有范围区分为 17 个分部门，如"市场准入""原产地规则""海关程序"以及"环境"和"透明度"等。

第二部分为，在每一个分部门项目下，包含若干详细规定该分部门的具体内容的条款，如在"市场准入"分部门下涉及 7 个条款内容分别是"总览""消除关税""非关税措施""特别制度""其他措施""制度性条款"和"农业"等。而在不同的分部门涉及条款数目会不同，如"海关程序"分部门下涉及 14 个条款内容，"原产地规则"分部门则涉及更多的 19 个条款内容。

第三部分为，在各个分部门的每个条款下，又包含若干更加详细阐述该条款内容的核心要件。这样，通过一步一步地细化，最终使得自贸协定文本的每一行具体规定，都能在这套三级分类体系中找到位置，也为我们构建覆盖率指数、广度指数和深度指数来量化协定文本提供了理论基础。

例如，以"市场准入"分部门为例，其下包含了"总览""消除关税""非关税措施""特别制度""其他措施""制度性条款"以及"农业"7 个条款，而在"总览"条款项下，又包含了"符合关贸总协定第 24 条""范围""定义""国民待遇""遵循 GATT/WTO 对国民待遇的规定""国家和/或部门对国民待遇的例外""符合海关估价多边规则""旧货""保证措施"以及"其他一般方面"10 个核心要件。将"市场准入"的其他6 个条款的核心要件内容按此方法类推的话，在"市场准入"分部门总计有 7 个条款和 58 个核心要件，这样就构成了一个完整的分部门体系。

按照以上的 APEC"分部门—条款—核心要件"三级模式体系为核心的贸易协议文本分类框架，其他 16 个分部门也是如此。如表 3-1 所示"分部门—条款—核心要件"三级模式体系为核心的贸易协议文本分类框架具体组成如下。

表 3-1　APEC"分部门—条款—核心要件"贸易协议文本分类框架组成

	分部门名称	包含条款数	包含核心要件数
1	市场准入	7	58
2	原产地规则	19	66
3	海关程序	14	90
4	卫生与植物检疫	14	91
5	技术性贸易壁垒	13	78
6	贸易救济	31	86

续表

	分部门名称	包含条款数	包含核心要件数
7	政府采购	13	61
8	投资	25	77
9	跨境服务贸易	16	27
10	竞争政策	21	86
11	知识产权	19	133
12	劳工	3	26
13	环境	20	49
14	争端解决	18	113
15	电子商务	10	32
16	合作	7	33
17	透明度	3	24
总计		253	1130

资料来源：参考 APEC 自由贸易协定数据库及李健（2018）研究，再整理。

由表 3-1 可知，APEC 自贸协定文本分类框架包含了 17 个分部门，253 个条款和 1130 个核心要件。从分部门层次上，我们可以定义每份协定的覆盖率指数，来反映该自贸协定文本内容对于自由贸易领域所涉分部门的覆盖情况。从条款数层次上，我们可以定义每份协定的广泛度指数。其指数衡量的是协定在某一分部门上所涉及的宽泛程度，其部门下的条款清单也符合这一定义。从核心要件层次上，我们也可定义每份协定的深度指数。作为条款项的深度细分，因核心要件能够反映出每一条款具体实施规则的详细程度，而这正是由深度指数所应反映出来的。本研究通过 APEC 分类框架结构用于构建覆盖率指数、广度指数和深度指数的理论基础。任何一份贸易协定的文本，都能按照这一框架加以细分归类，从而加以量化。

一、我国签署双边 FTA 自由化指标构建

本研究在表 3-1 统计分析的基础上，利用 APEC 自贸协定"分部门—条款—核心要件"三级分类框架，分别定义了我国签署双边 FTA 自由化覆盖率指数、广度指数和深度指数来衡量贸易协定的自由度。

（一）覆盖率指数

"分部门"层次处于第一层次，是对自贸协定中分部门内容最为宽泛的概括性描述，我们在这一层次上的定义是覆盖率指数：

某个自贸协定的文本分部门内容覆盖率指数＝协定包含具体规定的分部门数量／APEC 分类框架下的全部 17 个分部门数。

覆盖率指数衡量的是自贸协定对于所有 FTA 的分部门覆盖情况。通过这个指数，我们能对自贸协定的自由度所覆盖水平有一个初步的认识。

该指数的计算也比较简单，只要自贸协定的文本中有相关文字涉及某一分部门，就视为该协定覆盖了这个分部门。

例如，中国—韩国自贸协定覆盖了 17 个分部门中的 11 个，那么该协定的覆盖率指数就是 11/17≈0.65。

（二）广度指数

"条款"的层次处于第二层次，是对自贸协定的各分部门下包含的具体的内容的详细描述。也就是说，具体条款是协定文本的内容表现形式，条款数量的多少反映了该自贸协定在某一

分部门下所涉及的具体多宽泛的面。因此，某一分部门内所涉及的条款数量占该分部门所有条款数的比例，就可体现出自贸协定在这个分部门上的广度，我们先在这一层次上定义的广度指数：

某一分部门的广度指数 = 该分部门包含具体所涉及的条款数量/该分部门全部的 253 个条款数。

在本研究对我国已签署的自贸协定的统计和分析中，只要某一条款下的核心要件的数目至少有一项，那就视为该协定包含了这个条款。例如，"市场准入"分部门中包含"总览""消除关税""非关税措施""特别制度""其他措施""制度性条款"以及"农业"7 个条款。

例如，中国—韩国自贸协定涉及了其中除"农业"以外的所有 6 个条款，那么该自贸协定在这个分部门上的广度指数为 6/7≈0.86。

如上范例所示，定义协定的广度指数：

某自贸协定的广度指数=该协定包含具体所涉及的条款数目/APEC 分类框架下全部条款数目。

例如，中国—韩国的自贸协定涉及了 107 项条款，而 APEC 分类框架下的全部条款数是 253 项，那么该协定的广度指数就是 107/253≈0.42。

通过以上的范例，我们分别算出分部门的各个条款的广度指数和自贸协定的分部门总的广度指数。

广度指数是衡量自贸协定对全部条款的覆盖情况。相比于覆盖率指数，在"条款"层次上定义的广度指数可以更加详细地描述自贸协定所涉及条款的详细程度，是更详细的深层次的指标。

（三）深度指数

以上覆盖率指数和广度指数所解释的是自贸协定相关条款和内容的"范围"而不是解释其条款和内容是否详细说明其内容"深浅"，而定义在核心要件层级的深度指数则很好地解释了相关自贸协定的"深浅"这一概念。

"核心要件"层次处于 APEC 分类框架下的最高层次，是对条款的内容详细程度的描述。

在之前的"广度指数"的定义解释中，只要其涉及内容是该条款下的核心要件数目中至少有一项，就可认为该自贸协定覆盖和涉及了该条款。

而"深度指数"正好弥补了"广度指数"定义的不足之处，其主要参考核心要件数量的多寡来衡量对指数影响的大小。

我们先在"核心要件"层次上定义深度指数：

某一条款的深度指数＝该条款下包含具体涉及的核心要件数/该条款全部核心要件总数。

例如，中国—韩国自贸协定中"市场准入"议题下的"总览"条款共包含 7 个核心要件，而这一条款的全部核心要件数是 10，那么"总览"条款的深度指数就是 7/10＝0.7。

根据以上的范例，定义分部门的深度指数：

某一分部门的深度指数＝该分部门下包含具体规定的核心要件数/该分部门覆盖的所有条款核心要件总数。

例如，中国—韩国自贸协定"市场准入"的分部门下共包含了 18 个核心要件，而这些核心要件所涉及的条款内包含的全部核心要件数是 60，那么该议题的深度指数就是 18/60＝0.3。

以上范例，再定义某一自贸协定的深度指数：

某一自贸协定的深度指数＝该协定下包含具体涉及的核心要

件数/该协定覆盖的所有条款核心要件总数。

例如，中国—新加坡自贸协定中共涉及了 17 个分部门的 236 个核心要件，这些核心要件所涉及的所有条款内包含的核心要件总数是 560，那么该协定的深度指数就是 236/560≈0.42。

需要注意的是，在相关深度指数的核算中，分部门和自贸协定指数计算中的分母所指的意义，并不是简单地指分部门下所有核心要件的总数或者 APEC 的分类框架下所有核心要件的总数，而是指其所涉及的条款内包含涉及的核心要件的总数。

其原因为这样的设定能更好地反映该分部门或自贸协定的深度，即所涉及的核心要件数和其总数的比例。其深度指数是最为详细的指标，因其核算方法最能够反映该自贸协定在条款上的"代表性比例"。

特别是有的协定涉及的各分部门核心要件虽然总数不多，但再在某一分部门的条款下涉及核心要件的比较完整，这时就会表现出自贸协定较小的广度指数和较大的分部门深度指数。

综合本节内容，本研究在参考其他研究和资料的基础上，基本构建了"覆盖率指数""广度指数""深度指数"三个比较完整的指标体系来全面地衡量自贸协定文本的自由化水平。简单地说，就是本研究构建了可执行性的覆盖率指数、广度指数和深度指数，在对于不同层次的分部门、核心条款和整体自贸协定的广度指数和深度指数，利用该套指标系统，就能直观地反映协定文本的自由化水平程度。

二、我国签署双边 FTA 自由化指标测算

本节将选取我国已签署双边 FTA 中，按地域分布最具代表性的三个自贸协定（中国—瑞士自贸区、中国—韩国自贸区、

中国—澳大利亚自贸区）为例，第一步先测算其整体协定层面的覆盖率、广度和深度指数，第二步为测算各协定以及分部门层面的广度和深度指数。第三步再测算各自贸协定的核心要件层面的指标，并对涉及的核心要件的数量与分布作出详细的分析，通过以上分析可了解我国已签署的自贸协定自由化水平状况。

（一）自贸协定整体的自由度水平比较分析

对我国已签署的3个代表性自贸协定文本（中国—瑞士自贸区、中国—韩国自贸区、中国—澳大利亚自贸区）的总体的覆盖率、广度以及深度指数如表3-2所示，从覆盖率上看，我国与韩国签署的自贸协定自由化程度最高，达到了0.88，瑞士次之，为0.76，而与澳大利亚自贸协定自由化程度最低，为0.71，但也超过了我国所有自贸协定平均覆盖率水平。

表3-2　代表性自贸协定整体自由化水平指标

	协定整体覆盖率	协定整体广度指数	协定整体深度指数
中韩自贸协定	0.88	0.50	0.35
中澳自贸协定	0.71	0.39	0.41
中瑞自贸协定	0.76	0.43	0.40
平均指数水平	0.78	0.44	0.39

资料来源：参考APEC自由贸易协定数据库及李健（2018）研究，再整理。

在APEC自由贸易协定数据库提供的"分部门—条款—核心要件"三级模式分类，包括市场准入、原产地规则、海关程序、卫生与植物检疫、技术性贸易壁垒、贸易救济、政府采购、投资、跨境服务贸易、竞争政策、知识产权、劳工、环境、争端解决、电子商务、合作以及透明度 17 个分部门。进入 21 世纪以来，新兴的国际贸易发展方式涌现出很多新的领域。但在这 17 个分部门中，比较敏感的"政府采购"和"劳工"分部门在 3 个自贸协定中均未涉及，在最终签署的文本附件中也没涉及任何关于这两个议题的具体和实质性的承诺减让内容，3 个自贸协定的覆盖率指标最高的是中韩自贸协定，0.88，中瑞自贸协定的覆盖率为 0.76，中澳自贸协定的覆盖率为 0.71。

3 个自贸协定在覆盖领域上参考 APEC 自由贸易协定数据库提供的"分部门—条款—核心要件"三级模式分类则各有缺失。例如，中韩自贸协定中缺乏在政府采购和电子商务领域的具体内容，中瑞自贸协定中则没有在电子商务和透明度相关领域达成共识。而中澳自贸协定没有涉及竞争政策、环境、合作领域的内容，是三份协定中分部门广度指数最低的协定，且低于平均水平。

参考 3 个自贸协定的整体覆盖率，从各个协定的广度和深度上的指数来看有明显不同。无论是广度还是深度指数，3 个自贸协定的指数都不高，基本在 0.4~0.5 水平上下浮动，只有中韩自贸协定的广度指数达到了 0.5 且高于平均水平，而其深度指数则为 0.35 且低于平均水平。这说明中韩自贸协定虽然在粗略的"分部门"层次上的覆盖率指数较好，但在分类更为详细的"条款"层次和所涉及最为详细的"核心要件"层次上还有很大的提升空间。双方现积极进行中韩自贸协定第二阶段谈判，将提升双边服务贸易和投资自由化、便利化水平，促进东亚地区产业链、供应链融合，特别是以负面清单模式就服务贸易和投资规则及市场开放开展进一步经贸合作。

（二）自贸协定整体的自由化广度和深度水平比较分析

以上 3 个代表性自贸协定整体自由化指标，虽然提供了宏观上整体自由化水平程度的信息，但想要深入了解各个自贸协定更详细的在各分部门的自由化水平程度，还须直接分析各自贸协定的分部门下的深度与广度指数。

表3-3展示了3个代表性自贸协定在各个分部门广度和深度上的具体表现，通过比较其分部门层次的广度指数和深度指数，可以总结以下特征：

第一，横向比较来看3个自贸协定的广度指数平均值高但广度指数在不同分部门间的差异较大。

表3-3中可以看到代表性的3个自贸协定广度平均指数为0.51，特别是某些分部门中，如"技术性贸易壁垒"这样的分部门广度指数甚至能达到0.82，但也有某些分部门如"环境"和"竞争政策"分部门的广度指数却只有0.17和0.16。这说明在分部门领域的自由化开放政策上，我国倾向于首先在自贸协议内容上，尽量先覆盖更多的分部门条款，其次在这样的基础上再考虑某些敏感的分部门只做到"点到为止"。

表3-3 代表性自贸协定各分部门的广度指数和深度指数比较

分部门	自贸协定广度指数				自贸协定深度指数			
	中韩FTA	中澳FTA	中瑞FTA	平均	中韩FTA	中澳FTA	中瑞FTA	平均
市场准入	0.86	0.57	0.86	0.76	0.26	0.48	0.32	0.35
原产地规则	0.58	0.42	0.58	0.53	0.38	0.43	0.43	0.41
海关程序	0.71	0.57	0.79	0.69	0.21	0.28	0.35	0.28
卫生与植物检疫	0.29	0.57	0.64	0.50	0.25	0.38	0.30	0.31
技术性贸易壁垒	0.85	0.85	0.77	0.82	0.33	0.25	0.42	0.33

分部门	自贸协定广度指数				自贸协定深度指数			
	中韩 FTA	中澳 FTA	中瑞 FTA	平均	中韩 FTA	中澳 FTA	中瑞 FTA	平均
贸易救济	0.35	0.29	0.26	0.30	0.47	0.58	0.63	0.56
投资	0.64	0.32	0.04	0.33	0.49	0.41	0.50	0.47
跨境服务贸易	0.75	0.75	0.88	0.79	0.56	0.71	0.80	0.69
竞争政策	0.29	0	0.19	0.16	0.47	0	0.39	0.29
知识产权	0.53	0.42	0.58	0.51	0.26	0.29	0.36	0.30
环境	0.20	0	0.30	0.17	0.50	0	0.50	0.33
争端解决	0.67	0.72	0.67	0.69	0.36	0.34	0.46	0.39
电子商务	0.80	0.80	0	0.53	0.32	0.52	0	0.28
合作	0.43	0	0.86	0.43	0.38	0	0.31	0.23
透明度	0.67	0.67	0	0.45	0.67	0.67	0	0.45
平均值	0.57	0.46	0.49	0.51	0.39	0.36	0.38	0.38

资料来源：参考 APEC 自由贸易协定数据库及李健（2018）研究，再整理。

第二，纵向比较来看，深度指数平均值低但在不同分部门上的表现不同。

表 3-3 中可以看到，具有代表性的 3 个自贸协定的深度指数平均值的平均值为 0.38，其相比广度指数而言明显偏低，且大致分布在 0.2 到 0.6 之间，只有在"跨境服务贸易"这个分部门上 3 个自贸协定的深度指数都在 0.5 以上，同时发现在广度指数较高的分部门"市场准入"和"技术性贸易壁垒"的深度指数并不是很高且低于深度指数的平均值，这说明在广度指数

高的某些分部门领域也只是"浅尝辄止"。但在"跨境服务贸易"领域的分部门发现其"广度指数"和"深度指数"都比较高，说明3个自贸区协定的缔约国都在此领域有很大的期待，积极发展合作共赢。

第三，从3个自贸协定的分部门侧重上展现出了与各自国家经贸情况特点相契合的特征。

中韩自贸协定的广度指数和深度指数平均值为0.57和0.39，是3个自贸协定中数值最高的，其广度指数在17个分部门中有9个分部门的值超过了其广度指数平均值，特别是"市场准入""技术性贸易壁垒"的广度指数超过了0.8。而深度指数中"跨境服务贸易"和"透明度"的值又超过了0.5。其原因在于中韩两国的产业体系和科技水平相当，多年来经贸往来也形成很强的互补性，且地缘相近人文相通使得双方更容易在某些领域达成统一的意见。在中韩自贸协定签订之前，中国和韩国已和其他国家签署了多个自贸协定并积累了一定的经验，对中韩自贸协定的更高自由度水平无疑能起到持续的推动作用。

瑞士作为欧洲国家中以高度发达的金融服务体系著称的国家，与我国签订的自贸协定同样达到了较高的自由度水平，17个分部门中有9项的广度指数超过了0.5，尤其在"跨境服务贸易""市场准入"和"合作"的分部门的广度指数达到0.8以上和包含金融服务的"跨境服务贸易"的深度指数也达到0.8。虽然我国金融服务业发展水平与发达国家相比还存在一定的差距，但中瑞自贸协定中在金融服务领域的自由化水平程度较高，对我国金融业发展水平的提升和推进资本市场改革等具有重要的意义。

与中韩自贸协定和中瑞自贸协定相比，自然资源丰裕的澳大利亚与我国签订的自贸协定在自由化指数上就略为逊色，其自贸协定广度指数在 0.5 以上的分部门仅有 8 个，并且集中在"市场准入""海关程序""卫生与植物检疫""技术性贸易壁垒"和"争端解决"这几个与货物流通密切相关的分部门，但其在"电子商务"和"技术性贸易壁垒"分部门上的广度指数都高达 0.8 及以上，且与中韩自贸协定的指数持平，这可能与中澳以及中韩之间相同的某些经济特征有关。总结来看，对应于不同的国家，3 个自贸协定在分部门侧重上展现出了与对应国家经贸发展特点相契合的特征。

本研究利用"广度指数"和"深度指数"这两个指标对 3 个自贸协定进行了量化测算。总体而言，我国与 3 个国家目前所签署的双边 FTA 在 17 个分部门上表现出了较好的覆盖率和广度指数，但协议的深度指数程度不高。

通过以上的分析，对于作为自贸协定的核心要件，我们还缺乏足够的了解。究竟协议文本包含了议题下的哪些内容，广度指数和深度指数对此无能为力。因此，本书将在下一章中继续深入核心要件层级，对协定文本核心要件的分布情况作出分析，以使我们对自贸区内涵和协定文本的认识更加全面和深刻。

（三）自贸协定的核心要件比较分析

自贸协定的"核心要件"层次是 APEC 自贸协定分类框架下最为详细的一个层级，其反映的是各分部门的条款下的具体可操作和执行的内容。

在上一节内容中对自贸协定整体的覆盖率、广度和深度以及议题的广度和深度进行了分析，并未用到"条款的深度指数"

这一指标。之所以如此，是因为从本质上讲，指数的计算解决的是核心要件"有没有"的问题，而无法体现核心要件"在哪儿"。因此，本节将直接展示和分析协定文本核心要件在议题和条款间的分布。通过这样的分析，一方面我们能解决现有文本核心要件"在哪儿"的问题，另一方面也能对每一议题的应有之义加以了解。

为了使分析更有条理性，将依次对 3 个代表性自贸协定共同的 15 个分部门所涉及的核心要件内容具体信息进行比较分析。

1. 市场准入

市场准入分部门所涉及的核心要件内容，参考 APEC 自贸协定分类框架相关内容分为 7 个部分："总览""消除关税""非关税措施""特别制度""其他措施""制度性条款"和"农业"。其中，"总览"是指基本贸易原则和制度的概述性内容。但整体来看，"总览""非关税措施"和"制度性条款"这 3 项条款下包含的核心要件在 3 个自贸协定中涉及内容较多，主要有适用于整个协定的术语定义、协定覆盖范围、关税的削减、相关法律的公开、委员会的设立等一般性内容，是协定得以建立的基础。有关 3 个自贸协定在市场准入分部门的核心要件分布如表 3-4 所示，其内容中"APEC 核心要件"是指该条款在 APEC 分类框架内包含的所有核心要件总数，其对应数值如表 3-4 所示。

表 3-4　代表性自贸协定市场准入分部门的核心要件比较

条款/核心要件	APEC核心要件	中韩	占比/%	中澳	占比/%	中瑞	占比/%
总览	10	3	30	5	50	6	60

条款/核心要件	APEC核心要件	中韩	占比/%	中澳	占比/%	中瑞	占比/%
消除关税	5	2	40	1	20	2	40
非关税措施	11	4	36.4	6	54.5	1	9.1
特别制度	11	3	27.3	0	0	1	9.1
其他措施	11	1	9.1	0	0	1	9.1
制度性条款	5	1	20	3	60	5	100
农业	9	0	0	0	0	0	0
总计	62	14	22.6	15	24.2	16	25.8

资料来源：参考 APEC 自由贸易协定数据库及李健（2018）研究，再整理。

从表3-4中可以看到，3个自贸协定文本都没有涉及"农业"条款的核心要件，这反映出"农业"领域谈判的敏感性和困难程度。在 APEC 分类框架下，"农业"条款下的核心要件内容有开放市场、出口补贴、农业保障措施等核心要件。其原因是担心对其他国家开放农业市场会对自身的农业造成冲击，相应也无法接受农业出口补贴这种违反自由贸易原则的行为。这导致涉及"农业"的相关领域双方都很敏感。以中韩自贸协定为例，在中韩自贸协定内容中规定所有的农产品中超敏感和敏感农产品在中韩自贸区生效20年后，关税才被取消。在这样的背景下，达成完全减税或部分减税的农产品尚且屈指可数，涉及"农业"核心要件的其他内容更是少之又少。

从整体的核心要件覆盖率占比来看，依次为中瑞自贸协定占比25.8%，中澳自贸协定占比24.2%，中韩自贸协定占比22.6%。虽3个自贸协定在"市场准入"条款上均有所覆盖，但与条款内核心要件总数相比还有所欠缺，条款深度不足是目前我国在市场准入分部门上遇到的主要问题。

2. 原产地规则

原产地规则分部门所涉及的核心要件内容，参考 APEC 自贸协定分类框架相关内容分为 19 个部分总计 66 项。

原产地规则分部门内包含的核心要件大致可以分为原产地货物的认证及贸易流程两大部分，其中的关键与核心是原产地的判定标准。3 个代表性自贸协定在原产地规则分部门上的核心要件分布如表 3-5 所示。

表 3-5　代表性自贸协定原产地规则分部门的核心要件比较

条款/核心要件	APEC核心要件	中韩	占比/%	中澳	占比/%	中瑞	占比/%
原产地证书标准	17	6	35.3	6	35.3	4	23.5
退税或免税	1	0	0	0	0	0	0
原产地累积规则	2	1	50	1	50	1	50
特定产品原产地规则	13	5	38.5	5	38.5	4	30.8
无法赋予原产地资格的操作	1	1	100	1	100	1	100
直接转运再出口	1	1	100	1	100	1	100
第三方发票	1	1	100	0	0	0	0
特殊及差别待遇	1	0	0	0	0	0	0
申报与认证	10	2	20	5	50	7	70
核查与管制	4	2	50	2	50	2	50
惩罚	7	1	14.3	0	0	1	14.3
定义	1	0	0	1	100	1	100

续表

条款/ 核心要件	APEC 核心要件	中韩	占比/ %	中澳	占比/ %	中瑞	占比/ %
一般性条款	1	1	100	0	0	1	100
公布	1	0	0	0	0	1	100
商品放行	1	0	0	0	0	0	0
信息技术应用	1	1	100	0	0	0	0
风险分析	1	0	0	0	0	0	0
快递货物	1	0	0	0	0	0	0
其他处置	1	0	0	0	0	0	0
总计	66	22	33.3	22	33.3	24	36.4

资料来源：参考 APEC 自由贸易协定数据库及李健（2018）研究，再整理。

原产地证书标准、原产地累积规则、特定产品原产地规则和无法赋予原产地资格的操作这 4 项都是关于原产地判定标准的条款，包含的核心要件数达 33 个项目，占整个分部门比例为 50%。对完全获得产品、区域价值成分、微小含量等方面作了具体规定。从整体的核心要件覆盖率占比来看，依次为中瑞自贸协定占比 36.4%，中韩自贸协定和中澳自贸协定均占比 33.3%。

3. 海关程序

海关程序分部门所涉及的核心要件内容，参考 APEC 自贸协定分类框架相关内容分为 14 个部分总计 91 项，海关程序这个分部门的主要目的就是要简化海关手续，使进出关境的货物的通行更加高效和便捷，同时营造一个公正透明的海关环境，减少冗杂的海关程序。（见表 3-6）

表3-6　代表性自贸协定海关程序分部门的核心要件比较

条款/核心要件	APEC核心要件	中韩	占比/%	中澳	占比/%	中瑞	占比/%
海关程序条款位置	1	1	100	1	100	1	100
总则	4	3	75	1	25	2	50
透明度	4	2	50	2	50	1	25
海关程序便利化	5	4	80	2	40	4	80
放行与安全	13	1	7.7	3	23.1	2	15.4
暂准进口转运储存	1	0	0	0	0	1	100
快递货物	8	1	12.5	8	100	0	0
预裁定	24	2	8.3	1	4.2	6	25
合作	15	2	13.3	0	0	7	46.7
保密	1	1	100	0	0	1	100
复审与上诉	1	0	0	0	0	1	100
惩罚	1	0	0	0	0	0	0
委员会	9	1	11.1	0	0	1	11.1
统一规定	4	0	0	0	0	0	0
总计	91	18	19.8	18	19.8	27	29.7

资料来源：参考APEC自由贸易协定数据库及李健（2018）研究，再整理。

因此，海关程序分部门是贸易协定中非常重要的一个章节。在海关程序分部门的核心要件数目最多的条款包括预裁定、合作、放行与安全，占比57.1%。

本研究的3个自贸协定的海关程序核心要件主要分布于这3

个条款。

中国是世界第一出口大国，各国对中国海关提供信息的需求非常强烈，海关间的合作是满足这一需求的一大途径。例如，在中瑞自贸协定中的核心要件"合作"方面的规定较为详细，核心要件数多达 7 个，另外中韩和中澳自贸协定则并没有表现出应有的合作愿望。

同时，对货物的税则归类、估价标准、是否具有原产地资格等特性的书面提前裁定，包含了 24 个核心要件，其中中澳自贸协定就涵盖了其中的 8 个要件。

虽然现有的 3 个自贸协定中在"海关程序便利化"方面的规定还亟待提升，其便利化条款的主要内容有海关估值、无纸化贸易、自动化和风险管理等。中瑞自贸协定和中韩自贸协定对此作了详细规定，分布涵盖了其中的 4 个。但货物的"放行与安全"在此协定条款下的相关规定内容太少。除此以外，快递货物的通关随着跨国网上购物的快速发展变得愈加重要，协定在这方面的规定有待完善。

4. 卫生与植物检疫

卫生与植物检疫分部门所涉及的核心要件内容，参考 APEC 自贸协定分类框架相关内容分为 14 个部分总计 91 项。

卫生与植物检疫措施是为保护所在国的人民健康和免受动植物疫病侵害的一类非关税绿色贸易壁垒。长期以来，卫生与植物检疫措施就是我国农产品出口的主要障碍，在面对标准严苛的发达国家时更是如此。从表 3-7 中我们可以看到，从整体的核心要件覆盖率占比来看，依次为中澳自贸协定占比 27.5%，中瑞自贸协定占比 20.9%，中韩自贸协定占比 8.8%。

目前在 3 个自贸签订的协议中，涉及卫生与植物检疫实质性条款的内容并不多，大多数的核心要件都分布较少，如目标、控制认证和批准、透明度和信息以及技术磋商委员会 4 个项目条款。

表 3-7　代表性自贸协定卫生与植物检疫分部门的核心要件比较

条款/核心要件	APEC核心要件	中韩	占比/%	中澳	占比/%	中瑞	占比/%
目标	5	2	40	4	80	3	60
范围	3	1	33.3	1	33.3	1	33.3
总则	2	0	0	0	0	1	50
国际标准	4	0	0	0	0	1	25
权利与义务	5	0	0	0	0	0	0
协调与对等	12	0	0	0	0	0	0
区域条件	9	0	0	1	11.1	1	11.1
控制认证和批准	15	0	0	3	20.0	2	13.3
透明度和信息	9	0	0	6	66.7	0	0
技术磋商委员会	22	4	18.2	7	31.8	8	36.4
技术合作	2	1	50	2	100	1	50
联络点	1	0	0	0	0	1	100
争端解决	1	0	0	1	100	0	0
执行	1	0	0	0	0	0	0
总计	91	8	8.8	25	27.5	19	20.9

资料来源：参考 APEC 自由贸易协定数据库及李健（2018）研究，再整理。

例如，"目标"条款都属于一些功能性条款，仅仅表明了签署双方的合作意向以及未来的愿景，既未形成法律约束力，又不包含实质性承诺。透明度和信息、控制认证和批准以及技术磋商委员会是卫生与植物检疫议题下的核心条款，3 个自贸协定在这些条款上也有所涉及，但中澳自贸协定包含了区域条件内的 3 个核心要件，其中"透明度和信息"项目对比 APEC 占比 66.7%，在对有害生物或疫病非疫区作了较为详细的规定，其他协定则都不具备实际可操作性。中瑞自贸协定中缺少"透明度和信息"，而中韩自贸协定中仅仅只有"技术磋商委员会"条款，因此，在卫生与植物检疫领域，我国现状与国际水平相比还有一定差距，已达成的双边自贸协定对此也有待改善之处。可以预见，在未来一段时间内，依托卫生与植物检疫的绿色贸易壁垒仍将是我国包括货物以及敏感产品在内的货物出口的一大障碍。

5. 技术性贸易壁垒

技术性贸易壁垒分部门所涉及的核心要件内容，参考 APEC 自贸协定分类框架相关内容分为 13 个部分总计 76 项。

同卫生与植物检疫一样，技术性贸易壁垒也是目前发达国家频繁使用的一类非关税贸易壁垒。发展中国家在物质资本和人力资本上的匮乏，导致其产品很难满足发达国家的高技术且带有强制性的标准。我国虽然人力资本丰富，但技术水平与发达国家还有一定差距，因此技术性贸易壁垒也成为现实中工业制成品贸易的主要障碍，同时也是自贸协定谈判的重要议题。

表 3-8 中所示的核心要件分布情况，从整体的核心要件覆盖率占比来看，依次为中澳自贸协定占比 31.6%、中瑞自贸协定占比 25%、中韩自贸协定占比 22.4%。

技术性贸易壁垒分部门和卫生与植物检疫分部门存在的问

题如出一辙，协定同样没有多少实质性的承诺，核心要件多分布在合格评定程序、目标、透明度、技术磋商委员会 4 个条款内。

表 3-8 代表性自贸协定技术性贸易壁垒分部门的核心要件比较

条款/核心要件	APEC 核心要件	中韩	占比/%	中澳	占比/%	中瑞	占比/%
技术性贸易壁垒条款位置	1	1	100	1	100	1	100
目标	1	1	100	2	200	2	200
重申权利与义务	2	1	50	1	50	1	50
范围	4	1	25	1	25	1	25
国家标准	3	1	33.3	0	0	1	33.3
贸易便利化	6	0	0	2	33.3	0	0
技术规范	12	1	8.3	1	8.3	0	0
合格评定程序	13	2	15.4	3	23.1	0	0
透明度	8	3	37.5	4	50	1	12.5
技术磋商委员会	18	4	22.2	7	38.9	8	44.4
合作	4	1	25	1	25	2	50
信息交换/询问点	3	1	33.3	1	33.3	1	33.3
部门附件	1	0	0	0	0	1	100
总计	76	17	22.4	24	31.6	19	25

资料来源：参考 APEC 自由贸易协定数据库及李健（2018）研究，再整理。

在贸易便利化、技术规范以及合格评定程序这些实质性条款内，3 个自贸协定很少有所涉及，其中贸易便利化项目只有中澳自贸协定有所涉及，但在技术磋商委员会 3 个自贸协定都有涉及。

总体来看，我国在卫生与植物检疫与技术性贸易壁垒这两类分部门所面临的问题是一样的，那就是现阶段的协议宽泛内容太多而可执行性条款太少。在复杂标准下操作性极强的卫生与植物检疫和技术领域背景下，协议很可能需要再次修订和磋商。

6. 贸易救济

贸易救济分部门所涉及的核心要件内容，参考 APEC 自贸协定分类框架相关内容分为 24 个部分总计 64 项。

在 APEC 分类框架下，贸易救济分部门下又分为反倾销、反补贴、全球保障措施、双边保障措施、纺织品和服装以及农业 6 个子部门。我国目前与发达国家所签订的协议中，均没有涉及"纺织品和服装"和"农业"两个子部门，条款内容主要分布在双边保障措施所包含的核心要件内。考虑到我们所选取的研究对象均为双边自贸协定，协定条款在核心要件上呈现这样的分布情况也在意料之中。表 3-9 中所示的核心要件分布情况，从整体的核心要件覆盖率占比来看，依次为中澳自贸协定占比 23.4%、中瑞自贸协定占比 23.4%、中韩自贸协定占比 21.9%。

表 3-9　代表性自贸协定贸易救济分部门的核心要件比较

条款/ 核心要件	APEC 核心要件	中韩	占比/%	中澳	占比/%	中瑞	占比/%
反倾销条款的 位置	1	1	100	1	100	1	100

续表

条款/核心要件	APEC核心要件	中韩	占比/%	中澳	占比/%	中瑞	占比/%
对 WTO 规则的参考	3	1	33.3	1	33.3	1	33.3
反倾销措施的运用	2	0	0	0	0	0	0
反倾销规则	3	2	66.7	0	0	1	33.3
其他条款	3	1	33.3	0	0	0	0
杂项	1	0	0	0	0	0	0
反补贴条款的位置	1	1	100	1	100	1	100
对 WTO 规则的参考	3	0	0	0	0	1	33.3
反补贴措施的运用	3	0	0	0	0	1	33.3
其他条款	2	0	0	0	0	0	0
杂项	1	1	100	0	0	0	0
补贴条款的位置	1	0	0	1	100	0	0
对 WTO 规则的参考	1	0	0	0	0	0	0
补贴：权利条件标准	3	0	0	1	33.3	0	0
农业	1	0	0	0	0	0	0
杂项	1	1	100	0	0	0	0
全球保障措施	1	1	100	1	100	0	0
对 WTO 规则的参考	6	1	16.7	1	16.7	0	0
全球保障措施的运用	4	0	0	0	0	0	0

续表

条款/核心要件	APEC核心要件	中韩	占比/%	中澳	占比/%	中瑞	占比/%
其他条款	1	0	0	0	0	0	0
杂项	2	0	0	0	0	0	0
双边保障措施	1	1	100	1	100	1	100
双边保障措施运用	9	3	33.3	7	77.8	8	88.9
其他条款	10	0	0	0	0	0	0
总计	64	14	21.9	15	23.4	15	23.4

资料来源：参考 APEC 自由贸易协定数据库及李健（2018）研究，再整理。

具体而言，3 个自贸协定大多对双边保障措施、全球保障措施等内容作了具体规定。例如，"全球保障措施"和"双边保障措施"中韩自贸协定和中澳自贸协定对 APEC 占比均为 100%，显示了双边积极完善和保证双边保障措施公平合理的运用，在对 WTO 规则的参考的基础上又适度地考虑到成员方在全球保障措施的位置，有利于形成双赢局面。

在反倾销、反补贴领域，3 个自贸协定的主要内容在对 WTO 规则的参考的基础上都有涉及。但仅仅对"反倾销条款的位置""反补贴条款的位置"和"对 WTO 规则的参考"上有所规定，相关具体内容没有深入涉及。

近年来，某些国家屡次针对我国出口产品发起"所谓"的反倾销和反补贴调查，而我国企业往往不能很好地应对这类调查，最终导致出口产品被课以重税，无法在海外市场形成足够的价格竞争力。在这样的背景下，自贸协定中贸易救济领域的谈判就显得尤为重要。

"贸易救济"问题涉及在谈判中最大化地明确启动调查程序的条件、调查遵循的具体规则以及相关企业权利义务等问题，有助于本国企业更好地应对此类调查。因此，现有协定在贸易救济领域还远远不够，有待在未来进一步的谈判中加以完善。

7. 争端解决

争端解决分部门所涉及的核心要件内容，参考 APEC 自贸协定分类框架相关内容分为 18 个部分总计 113 项。

争端解决机制在投资、跨境服务贸易和竞争政策等议题内都有涉及，但鉴于其重要性，APEC 在分类时单独将争端解决作为议题大类，以便更加系统地对争端解决机制作出规定。争端解决议题内的条款很明显地按照程序流程进行设置，从争端解决范围和机构选择开始，到磋商调停，再到仲裁庭的设立、组成以及仲裁的进行，最后落实到报告的发布与执行。清晰的逻辑顺序也给自贸谈判双方提供了便利，有利于最终协议的达成。（见表 3-10）

表 3-10 代表性自贸协定争端解决分部门的核心要件比较

条款/ 核心要件	APEC 核心要件	中韩	占比/%	中澳	占比/%	中瑞	占比/%
规定范围/ 机构选择	16	2	12.5	4	25	4	25
磋商	9	4	44.4	5	55.6	4	44.4
调停或调解	6	1	16.7	1	16.7	3	50
设立仲裁庭	5	1	20	2	40	1	20
仲裁庭的 组成	6	4	66.7	2	33.3	4	66.7
程序的中止 或终止	2	1	50	1	50	2	100

续表

条款/核心要件	APEC核心要件	中韩	占比/%	中澳	占比/%	中瑞	占比/%
仲裁庭职能	12	2	16.7	2	16.7	4	33.3
行政机构	7	0	0	0	0	0	0
中期报告	4	3	75	2	50	3	75
最终报告的提交	3	1	33.3	1	33.3	2	66.7
最终报告的执行	8	4	50	3	37.5	4	50
上诉	11	0	0	0	0	0	0
补偿	1	0	0	1	100	1	100
利益的中止	9	5	55.6	3	33.3	5	55.6
特殊补偿条款	5	0	0	0	0	0	0
补偿的审查	1	0	0	1	100	0	0
附件条款	4	1	25	1	25	0	0
机构	4	0	0	0	0	0	0
总计	113	29	25.7	29	25.7	37	32.7

资料来源：参考 APEC 自由贸易协定数据库及李健（2018）研究，再整理。

从表 3-10 中可以看出，从整体的核心要件覆盖率占比来看，依次为中瑞自贸协定占比 32.7%、中澳自贸协定占比 25.7%、中韩自贸协定占比 25.7%。

3 个自贸协定内容在各个条款上的分布基本一致，基本遵循了"规定范围""磋商""调解或调停""设立仲裁庭""补偿""利益的中止"的程序路线，虽然每个条款内覆盖到的核心要件数相较于核心要件总数而言并不多，但基本保持了仲裁流程的连贯。但某些条款内容上，如对于"行政机构""上诉""特殊补偿条款""机构"等均没有涉及。特殊是3个自贸协定在仲裁程序流程中都缺乏对上诉程序的具体规定，但这仍然不能掩盖协议整体在争端解决这一议题上的良好表现。

8. 投资

投资分部门所涉及的核心要件内容，参考APEC自贸协定分类框架相关内容分为25个部分总计75项。

从表3-11中核心要件的分布情况可以看出，中瑞自贸协定在投资分部门上并没有很多实质性的承诺，协定仅仅作了范围上的覆盖，涉及了未来双方在投资措施上的进一步谈判意向。从整体的核心要件覆盖率占比来看，依次为中韩自贸协定占比32%，中澳自贸协定占比20%，中瑞自贸协定占比2.7%。

但中韩和中澳自贸协定中则包含了一定的实际承诺，不仅包含了投资的国民待遇和最惠国待遇，还包含了对于"利益的拒绝给予""投资者—国家争端解决""投资小组委员会"的相关内容。

表3-11　代表性自贸协定投资分部门的核心要件比较

条款/核心要件	APEC核心要件	中韩	占比/%	中澳	占比/%	中瑞	占比/%
范围	4	1	25	1	25	2	50
定义	9	6	66.7	1	11.1	0	0
标准条款	4	1	25	0	0	0	0
国民待遇	4	1	25	0	0	0	0
特殊手续信息要求	3	0	0	0	0	0	0

续表

条款/核心要件	APEC核心要件	中韩	占比/%	中澳	占比/%	中瑞	占比/%
最惠国待遇	4	2	50	0	0	0	0
国内法救济	1	1	100	1	100	0	0
质量要求	4	1	25	0	0	0	0
高级管理董事会	3	0	0	0	0	0	0
保留与例外	6	0	0	0	0	0	0
征用/国有化	2	1	50	0	0	0	0
防止冲突	4	0	0	1	25	0	0
转移	3	2	66.7	0	0	0	0
临时保障措施	1	0	0	1	100	0	0
审慎措施	4	0	0	0	0	0	0
安全例外	2	1	50	0	0	0	0
利益的拒绝给予	3	1	33.3	1	33.3	0	0
代位	2	1	50	1	50	0	0
投资者—国家争端解决	2	1	50	0	0	0	0
国家—国家争端解决	2	0	0	0	0	0	0
税收措施	4	0	0	0	0	0	0
环境劳动卫生措施	1	1	100	1	100	0	0
投资小组委员会	1	2	200	7	700	0	0
透明度	1	1	100	—	—	0	—

条款/ 核心要件	APEC 核心要件	中韩	占比/%	中澳	占比/%	中瑞	占比/%
其他	1	0	0	0	0	0	0
总计	75	24	32	15	20	2	2.7

资料来源：参考 APEC 自由贸易协定数据库及李健（2018）研究，再整理。

特别是"投资者—国家争端解决"条款内容，约定外国投资者与拥有国家主权的东道国政府置于同等地位，如发生争端可对投资者权益进行保护。近年来，"投资者—国家争端解决"对东道国和投资者两者的利益都有所兼顾，有相关代位和利益的拒绝给予等内容，同时在国内法救济等作了说明。

在中韩和中澳的双边自贸协定中就体现了这种趋势，主张出现争端时优先考虑通过磋商或者谈判手段解决，对于有些必须诉诸仲裁，自贸协定也有详细的规定，保证了争端解决的公正和效率。

由于这些条款对投资者利益上有所倾斜，自贸协定无疑对我国吸收利用发达国家高质量投资起到了推动作用。另外，中韩自贸协定还对国内法救济、质量要求、征用/国有化、代位和环境劳动卫生措施等条款作了具体规定，进一步明确了双方利益的分配、应得权利和应承担义务，可以说是 3 个自贸协定中在投资分部门上自由化程度最高的协定。

9. 跨境服务贸易

跨境服务贸易分部门所涉及的核心要件内容，参考 APEC 自贸协定分类框架相关内容分为 16 个部分总计 27 项。

各个协定在跨境服务贸易分部门上的核心要件分布如表 3-12

所示，在众多分部门中，跨境服务贸易部门相较于其他的分部门而言，在深度和广度指标上最为出色，这些从核心要件的分布的指数情况可以从表 3-12 中核心要件的分布情况可以看出，3 个自贸协定在投资分部门上除了"商业存在""临时入境"上没有作出实质性的承诺，其他的 14 个条款都作了范围上的覆盖。从整体的核心要件覆盖率占比来看，依次为中瑞自贸协定占比 74.1%、中韩自贸协定占比 63.0%、中澳自贸协定占比 55.6%。

表 3-12 代表性自贸协定跨境服务贸易分部门的核心要件比较

条款/核心要件	APEC核心要件	中韩	占比/%	中澳	占比/%	中瑞	占比/%
跨境服务贸易条款位置	1	1	100	1	100	1	100
范围	4	1	25	4	100	4	100
国民待遇	1	1	100	1	100	1	100
最惠国待遇	1	1	100	1	100	1	100
市场准入/数量限制	1	0	0	1	100	1	100
商业存在	1	1	100	0	0	0	0
国内规制	1	0	0	1	100	1	100
透明度	1	1	100	1	100	1	100
承认	1	3	300	1	100	1	100
转移与支付	1	1	100	1	100	1	100
具体承诺	3	1	33.3	0	0	1	33.3
临时入境	1	0	0	0	0	0	0
利益的拒绝	3	1	33.3	1	33.3	1	33.3

条款/ 核心要件	APEC 核心要件	中韩	占比/%	中澳	占比/%	中瑞	占比/%
审议/未来 自由化	3	1	33.3	1	33.3	2	66.7
其他	3	3	100	1	33.3	3	100
定义	1	1	100	0	0	1	100
总计	27	17	63.0	15	55.6	20	74.1

资料来源：参考 APEC 自由贸易协定数据库及李健（2018）研究，再整理。

这一方面是由于 GATS 经过多年发展已经相当成熟和完善，谈判双方在 GATS 的基础上进行协商和扩展，达成共识的可能性自然很高。

另一方面是由于 3 个国家在服务业发展迅速，基本已经成为国内经济支柱的情况下，对发展中国家开放其服务业市场的需求非常强烈，尤其是像我国这样市场潜力巨大的国家。在这两方面的推动下，3 个自贸协定均达到了较高的自由度水平。

在跨境服务贸易分部门内，对缔约方给予国民待遇已成为大部分国家的共识，我国与澳大利亚和瑞士的协定还包含了有关最惠国待遇的规定。除了这两项一般性条款外，3 个自贸协定还都对"透明度""承认"以及"转移与支付"等制度性条款作了规定，使得协定具有很强的可执行性。

就具体内容而言，金融和电信是目前跨境服务贸易领域内的热点谈判问题。金融服务调控了一国资金等金融要素的配置，对一国实体经济的发展至关重要，而高效的电信服务同样是当今信息时代推动技术创新和经济增长的重要驱动力，因此这两个领域往往成为服务贸易中的重要谈判点，从我国与这 3 个国家已签订的协议中可见一斑。中韩自贸协定单独设有《金融服务》和《电信》两个章节，其他协定则都在附件中作了具体承诺。除此以外，法律、会计、医疗、教育、运输和娱乐等服务也是具体承诺清单中的重要内容。

服务业成为经济支柱产业是发达国家重要的经济特征，利用与发达国家的自贸协定推动我国服务业对外开放，能加快我国服务业的发展优化，尽早成为我国经济增长的主要源泉。因此，已有协定在跨境服务贸易议题上表现出的高自由度符合我国发展的需要，同时也为之后的协定谈判积累了成功经验，有利于我国与更多国家在服务业开放方面达成共识。

10. 竞争政策

竞争政策分部门所涉及的核心要件内容，参考 APEC 自贸协定分类框架相关内容分为 21 个部分总计 86 项。该分部门下的具体条款从内容上看可以大致分为两大部分，一部分对竞争政策的原则和主要内容作了规定，包含了反竞争行为、法律的规定与实施、强制执行机构、其他核心原则等核心条款。另一部分则涉及竞争政策的执行。后者以合作与磋商为主。

竞争政策是政府为了保护和促进竞争的一系列措施和工具，目的在于建立公平合理的市场竞争规则，限制企业各类阻碍竞争的行为，从而确保自由贸易和公平竞争，防止贸易自由化利益受损，提高经济效率和消费者福利。

从表 3-13 中可以看出，3 个自贸协定在竞争政策上的表现并不能令人满意。中澳自贸协定未能涉及竞争政策这个领域，而中韩和中瑞自贸协定虽然有所涉及，也仅仅作了象征性的规定，并无实质性承诺。从整体的核心要件覆盖率占比来看，依次为中瑞自贸协定占比 8.1%，中韩自贸协定占比 8.1%，中澳自贸协定占比 0。

表 3-13 代表性自贸协定竞争政策分部门的核心要件比较

条款/核心要件	APEC核心要件	中韩	占比/%	中澳	占比/%	中瑞	占比/%
条款的位置	1	1	100	0	0	1	100
目标	5	1	20	0	0	0	0
定义	1	0	0	0	0	0	0
总览	1	0	0	0	0	0	0
法律的规定与实施	3	2	66.7	0	0	2	66.7
强制执行机构	1	1	100	0	0	0	0
其他条款	1	1	100	0	0	0	0
反竞争行为	7	0	0	0	0	2	28.6
程序正义	5	0	0	0	0	0	0
其他核心原则	4	1	25	0	0	0	0
指定垄断	9	0	0	0	0	0	0
国有企业	13	0	0	0	0	0	0
其他情况	2	0	0	0	0	0	0
合作与磋商	7	0	0	0	0	2	28.6
执法合作	6	0	0	0	0	0	0
技术合作	3	0	0	0	0	0	0
合作的执行	2	0	0	0	0	0	0
消费者保护	5	0	0	0	0	0	0
货币判断	6	0	0	0	0	0	0
争端解决/相关事项	3	0	0	0	0	0	0

条款/ 核心要件	APEC 核心要件	中韩	占比/%	中澳	占比/%	中瑞	占比/%
委员会	1	0	0	0	0	0	0
总计	86	7	8.1	0	0	7	8.1

资料来源：参考 APEC 自由贸易协定数据库及李健（2018）研究，再整理。

以中韩自贸协定为例，其内容仅仅涉及核心要件"法律的规定与实施""强制执行机构""其他核心原则"，其结果表明，我国目前在竞争政策议题的谈判上还处于初始阶段，仅仅能在程序性事务上与发达国家达成一定的共识，未能触及国有企业和指定垄断等这样的核心条款。竞争政策议题实际上是谈判双方利益上的博弈，如何能在保证公平竞争的前提下合理保护各自国家企业的利益，是对各谈判方的一大考验。

11. 知识产权

知识产权分部门所涉及的核心要件内容，参考 APEC 自贸协定分类框架相关内容分为 19 个部分总计 133 项。知识产权分部门在 1994 年 GATS 谈判中就涉及了 TRIPs 内容，为各国在这一领域进行的谈判时，都在参照 TRIPs 的基础上进行。

从表 3-14 中可以看出，3 个自贸协定在知识产权上的核心要件涉及不多。在 3 个自贸协定未能涉及"域名""不公平竞争""争端解决"等核心要件，3 个自贸协定虽然在"基本原则""商标"有所涉及，也仅仅作了象征性的规定，并无实质性承诺。从整体的核心要件覆盖率占比来看，依次为中瑞自贸协定占比 26.3%，中韩自贸协定占比 16.5%，中澳自贸协定占比 15.0%。

表 3-14　代表性自贸协定知识产权分部门的核心要件比较

条款/ 核心要件	APEC 核心要件	中韩	占比/%	中澳	占比/%	中瑞	占比/%
条款的位置	1	1	100	1	100	1	100
基本原则	20	7	35	12	60	9	45
版权	5	1	20	0	0	4	80
相关权	5	0	0	0	0	0	0
版权和相关权 共同承担	12	3	25	1	8.3	0	0
载有加密节目 卫星信号	1	0	0	0	0	0	0
商标	17	4	23.5	2	11.8	4	23.5
地理标志	12	0	0	1	8.3	3	25
域名	1	0	0	0	0	0	0
不公平竞争	3	0	0	0	0	0	0
争端解决	1	0	0	0	0	0	0
工业设计	8	0	0	0	0	2	25
专利	16	2	12.5	0	0	2	12.5
植物品种	1	1	100	1	100	1	100
管制产品：药物	8	0	0	0	0	0	0
贸易机密	6	1	16.7	1	16.7	2	33.3
集成电路版图 设计	6	1	16.7	0	0	0	0
遗传资源传统 知识	1	1	100	1	100	1	100
执行	9	0	0	0	0	6	66.7
总计	133	22	16.5	20	15.0	35	26.3

资料来源：参考 APEC 自由贸易协定数据库及李健（2018）研究，再整理。

在 3 个自贸协定中，中澳、中韩和中瑞自贸协定都设立了专门章节用于规定知识产权问题，表现出积极的态度。在 APEC 框架中，对于知识产权议题的分类也非常详细，涉及 19 个条款中多达 133 个的核心要件，其核心要件数目为所有的分类中最多的一个，可见其重视程度。

从表 3-14 中可以看到，中澳自贸协议中的核心要件大致分布在条款的位置、基本原则、版权和相关权共同承担、商标、地理标志、专利、植物品种、贸易机密、遗传资源传统知识核心要件上。"基本原则"条款的核心要件多达 12 个，主要包括了协定目标、对 TRIPs 以及其他国际知识产权协议内权利与义务的重申、避免反竞争行为、知识产权与公众健康等核心要件。

另外在版权领域，中韩自贸协定和中瑞自贸协定均在"版权""商标""专利"方面提供并确保充分和有效的保护。除此之外，自贸协定还非常重视植物品种的保护，中韩、中瑞自贸协定中均有明确条款对植物品种育种者给予充分和有效的保护。

12. 环境

环境分部门所涉及的核心要件内容，参考 APEC 自贸协定分类框架相关内容分为 20 个部分总计 40 项。

APEC 分类框架下的环境议题架构比较特殊，在"分部门—条款—核心要件"的三级层次中，除"环境水平条款"这一条款项外，其他条款项下的核心要件均以"主协议"+"补充协议"的方式设定，因此这些条款包含的核心要件数都是 2 项。环境分部门主要包括环境合作、环境保护标准、环境保护法律执行、程序保障、执行与争端解决机制以及公众参与环境事项等内容。在核心要件这样的设定下，尽管覆盖环境分部门的协定在分布上都达到了 50%，但从核心要件分布情况来看，这一深度指数的意义不大。

在表 3-15 看来，从整体的核心要件覆盖率占比来看，依次为中瑞自贸协定占比 15%、中韩自贸协定占比 10%、中澳自贸协定占比 0。

表 3-15 代表性自贸协定环境分部门的核心要件比较

条款/核心要件	APEC核心要件	中韩	占比/%	中澳	占比/%	中瑞	占比/%
补充协议	2	0	0	0	0	0	0
前言	2	0	0	0	0	0	0
目标	2	1	50	0	0	1	50
权利	2	0	0	0	0	0	0
承诺	2	0	0	0	0	0	0
强制性承诺	2	0	0	0	0	0	0
合作	2	1	50	0	0	1	50
公众参与及公众知情权的促进	2	0	0	0	0	0	0
透明度	2	0	0	0	0	0	0
制度性安排	2	1	50	0	0	1	50
程序事宜	2	0	0	0	0	0	0
提交制度	2	0	0	0	0	0	0
磋商	2	0	0	0	0	1	50
争端解决	2	0	0	0	0	0	0
定义	2	0	0	0	0	0	0
与环境协议的关系	2	1	50	0	0	1	50
环境评估	2	0	0	0	0	0	0

续表

条款/ 核心要件	APEC 核心要件	中韩	占比/%	中澳	占比/%	中瑞	占比/%
其他提高环境 绩效机制	2	0	0	0	0	1	50
一般条款与其他	2	0	0	0	0	0	0
环境横向条款	2	0	0	0	0	0	0
总计	40	4	10	0	0	6	15

资料来源：参考 APEC 自由贸易协定数据库及李健（2018）研究，再整理。

从表 3-15 中可以看出，除未能涉及环境议题的中澳自贸协定，中韩和中瑞自贸协定的核心要件基本分布在"目标""合作""制度性安排""与环境协议的关系"4 项象征性条款内，在其他的环境保护等方面并无实际承诺，大多只是表示了双方已经认识到在环境领域进行合作的必要性，并为未来进一步的谈判做了铺垫。

因此，在环境分部门上，3 个自贸协定的自由度还处在很低的水平。环境分部门与经济可持续发展有着重要的关联，当前全球范围内的温室效应以及生态环境恶化等问题日益突出，仅仅依靠单个国家的力量很难形成有效的治理。

13. 电子商务

电子商务分部门所涉及的核心要件内容，参考 APEC 自贸协定分类框架相关内容分为 10 个部分总计 32 项。

电子商务作为国际贸易中的新方式，近年来发展异常迅速。互联网在全球范围内的普及使得买卖双方之间的包括跨境网上购物、线上交易以及电子支付等在内的各种商业贸易活动能快速准确地在网上完成，提升效率的同时促进了贸易便利化的发

展。随着这种新型商业运营模式的广泛使用，电子商务也成为自贸协定谈判中的一个重要部门。（见表 3-16）

表 3-16　代表性自贸协定电子商务分部门的核心要件比较

条款/核心要件	APEC核心要件	中韩	占比/%	中澳	占比/%	中瑞	占比/%
条款位置	1	1	100	1	100	0	0
目标	2	1	50	2	100	0	0
服务的电子化供应	2	0	0	0	0	0	0
定义	1	1	100	1	100	0	0
数字产品的处理	6	1	16.7	1	16.7	0	0
无纸化贸易	6	1	16.7	3	50	0	0
国内监管框架	5	1	20	2	40	0	0
用户保护	3	1	33.3	2	66.7	0	0
合作	1	1	100	1	100	0	0
其他	5	0	0	0	0	0	0
总计	32	8	25	13	40.6	0	0

资料来源：参考 APEC 自由贸易协定数据库及李健（2018）研究，再整理。

从表 3-16 可以看出，中瑞自贸协定不包含电子商务领域，中澳自贸协定和中韩自贸协定对"数字产品的处理""无纸化贸易""国内监管框架""用户保护"等核心条款都进行了很好的覆盖，可以说达到了较高的可执行性水平。

以中澳自贸协定为例，电子商务分部门作为协定的单独一个章节，在这个章节中阐述了目标和定义，并承诺对双方之间的电子交易商业活动不征收关税，并对数字证书和电子认证、网络消费者保护、在线数据保护、无纸化贸易以及电子商务等内容作了承诺，还强调了电子商务政策的透明度和国内监管框架，形成了一个完整的规制体系。

特别在某些具体条款上，中澳自贸协定包含的核心要件数要多于中韩自贸协定，在表 3-16 中，从整体的核心要件覆盖率占比来看，中澳自贸协定占比 40.6%，是中韩自贸协定占比的1.6 倍，其中在某些条款上体现更为明显。例如，中澳自贸协定"无纸化贸易"条款的核心要件占比为 50%，表明中澳自贸协定是电子商务分部门上目前为止我国与其他国家签订的自由化程度水平最高的自贸协定之一。

14. 合作

合作分部门所涉及的核心要件内容，参考 APEC 自贸协定分类框架相关内容可分为 7 个部分总计 33 项。合作领域和合作机制是这一议题内的核心条款。APEC 分类框架用 19 个核心要件阐述了具体的合作领域，除总览外，包括农业、文化娱乐、经济合作、教育、能源、环境、金融服务、信息科技、知识产权、劳工和雇用、海上运输、地区发展、科学技术、中小型企业、支持性产业、旅游、贸易和投资促进、贸易便利化共 18 个合计领域。（见表 3-17）

表 3-17　代表性自贸协定合作分部门的核心要件比较

条款/ 核心要件	APEC 核心要件	中韩	占比/%	中澳	占比/%	中瑞	占比/%
条款位置	1	1	100	0	0	1	100
目标	1	1	100	0	0	1	100
原则	1	0	0	0	0	0	0

条款/ 核心要件	APEC 核心要件	中韩	占比/%	中澳	占比/%	中瑞	占比/%
合作领域	19	6	31.6	0	0	4	21.1
合作机制	5	0	0	0	0	1	20
执行	3	0	0	0	0	2	66.7
其他	3	0	0	0	0	1	33.3
总计	33	8	24.2	0	0	10	30.3

资料来源：参考 APEC 自由贸易协定数据库及李健（2018）研究，再整理。

从表 3-17 可以看出，从整体的核心要件覆盖率占比来看，依次为中瑞自贸协定占比 30.3%、中韩自贸协定占比 24.2%、中澳自贸协定占比 0。除中澳自贸协定没有涉及合作领域外，中韩自贸协定和中瑞自贸协定都有专门章节论述双方的合作：中韩自贸协定覆盖了农业、文化娱乐、能源、海上运输、科学技术和旅游 6 个核心要件；中瑞自贸协定则覆盖了经济合作、知识产权、劳工和雇用、支持性产业 4 个核心要件，并且还对合作机制和合作执行作了规定，使得协议文本更加完善。

15. 透明度

透明度分部门所涉及的核心要件内容，参考 APEC 自贸协定分类框架相关内容分为 3 个部分总计 24 项。APEC 分类框架下的自然人移动条款包含了定义、目标、范围、自然人的暂准入境、信息的提供、移民措施、快速申请程序、委员会和工作组、争端解决等 12 个核心要件，除中瑞自贸协定外的其他协定对这些核心要件都有涉及且深度很高，还带有非常详细的具体承诺，达到了很高的可执行度。例外条款对协定执行过程中的例外情况作了规定，包括一般例外、安全例外、信息保密、国际收支平衡措施和税收措施等。总体而言，协定在透明度议题上既做到了很好的覆盖，又达到了一定的可执行度水平，表现出双方在这一议题事务上高度的一致性。（见表 3-18）

表 3-18　代表性自贸协定透明度分部门的核心要件比较

条款/ 核心要件	APEC 核心要件	中韩	占比/%	中澳	占比/%	中瑞	占比/%
透明度	6	4	66.7	4	66.7	0	0
自然人移动	12	8	66.7	8	66.7	0	66.7
例外	6	0	0	0	0	0	0
总计	24	12	50	12	50	0	0

资料来源：参考 APEC 自由贸易协定数据库及李健（2018）研究，再整理。

在表 3-18 中，从整体的核心要件覆盖率占比来看，中澳自贸协定占比为 50%、中韩自贸协定占比为 50%、中瑞自贸协定占比 0。

透明度分部门是近年来新加入 APEC 分类框架下的一个议题。从文本内容上讲，有关透明度的规定散布于各个议题之中，每个议题都有适用于本议题的透明度规定，而这里的透明度条款类似于一种水平承诺，适用于有关协定实施的所有事项。

透明度条款下包含 6 个核心要件，包括定义、出版，信息的通知与提供，联络点，行政程序，复议和上诉，其他，对协定执行过程中的信息沟通以及需要履行的行政程序作了规定。其中，中韩自贸协定和中澳自贸协定包含的核心要件的 APEC框架的占比为 66.7%。

中澳自贸协定和中韩自贸协定除了包含了透明度条款下的核心要件，还包含自然人移动的核心条款。与作为跨境服务贸易提供方式之一的自然人移动不同，单独成为条款项后，自然人移动的定义有所扩展。在跨境服务贸易框架下，自然人移动多与商业存在相挂钩，而在条款下，还涵盖了诸如"独立专业人士"和"履约人士"的人员流动，如外语外教、厨师和按摩师这样的职业人员。另外，该条款通常会减少对自然人移动的限制性措施，提升规则透明度，倾向于鼓励缔约国之间互相的人员流动，因此会显著提升协议的承诺水平。

综上所述，我们在核心要件水平上分析了我国与发达国家已签署自贸协定的自由度水平，了解了每一议题的内涵以及协定内容在核心要件层级的分布。

总体而言，不可否认协定在某些议题上的谈判取得了突破性的成果，但相较于庞大的核心要件数量，协定所涉及的要件内容还只占很小的一部分，并且在很多议题上核心要件分布在象征性条款内，即使广度和深度指数不为 0，协定实际上也并没有可执行性。

具体来讲，在传统议题领域，协定基本能做到议题内的实质性承诺，之所以在深度指数上表现较差，是因为涉及条款内核心要件数量太多，协定文本相较繁复的分类体系而言还显得很单薄，但这并不能削弱协定在这些领域上的可执行性：只要有实质性承诺，就具备了可执行性。在新议题领域，协定未能达到令人满意的水平。仅在跨境服务贸易一项议题上，三份协定基本覆盖了关键条款内的核心要件，达到了较高的自由度水平。而在其他的议题上，政府采购和劳工这两个重要议题完全没有协定涉及，表明我国目前在这两个议题上还处在起步和摸索阶段，国内规制尚且有待完善。至于竞争政策和环境议题，尽管有协定涉及，但都不具备任何实质性承诺，仅仅包含少数象征性的文字，在执行上也不具备约束力，因此协定在这两个议题上的广度和深度指数参考价值不大。除此以外，协定在投资、知识产权、电子商务、合作以及透明度议题上的表现尚可。一方面，文本内容在一般性条款之外涉及了部分关键要件，作出了一些实质性承诺，使协定具备了一定的可执行性。另一方面，我们也应该看到，发达国家主导下的这些议题总体呈现高标准的特点，议题内所要求的承诺水平往往高于 WTO 对应谈判框架下的水平或者直接设立全新标准。这就导致与由发达国家主导所签订的 RTAs 的承诺水平相比，我国的承诺水平还较低，除一些基础和必要的承诺外，较少能更进一步达到高标准的承诺水平。这种现象在谈判涉及法律相关内容时表现得尤为明显，政府采购、投资、竞争政策、劳工、知识产权、环境和电子商务等这样的议题内，法律规制条款都扮演着核心条款的角色，是谈判中的重点内容。由于我国对应国内法规的空缺，往往在这些条款的谈判上举步维艰，导致最终的成文协定在法律规制类型的条款上有所欠缺，协定难以真正得到落实。

第四章

中国 RTAs 区域服务贸易减让表自由化指标
分析

一、区域服务贸易减让表自由化指标构建

中国签署的自贸协定中服务贸易协议一般分为正文与附件两部分。其中，正文一般包括定义和范围、具体承诺、其他条款三方面的基本内容；附件则以双方的具体承诺减让表的方式体现。例如，在中韩自贸协定服务贸易协议中，中方的具体承诺表中针对服务贸易的四种提供方式在市场准入方面与国民待遇原则以及附加承诺三方面作出了水平承诺与部门具体承诺，其中水平承诺囊括了所有服务部门而部门具体承诺列出了对各个分部门的具体承诺，而我国参与的服务贸易部门均是在 GATS 框架下承诺的部门。本书对中国签署的自贸协定的服务贸易领域的对比研究主要集中在具体承诺的分析，包括附件中的具体承诺减让表与具体承诺条款。

在自贸协定的服务贸易领域主要覆盖在"跨境交付""境外消费""商业存在""自然人移动"4 种模式，本研究对于服务贸易协议协定文本的评估特别纳入了这两个服务部门的相

关条款和核心要件，主要以 GATS 和《美韩自贸协定》中的相关内容为依据。最终评估服务贸易协定文本中纪律规则开放程度的框架包括跨境服务贸易、投资、电子商务、知识产权、竞争政策、金融服务、电信服务七大部分，共 165 项条款，525 个核心要件（见表 4-1）。

表 4-1　相关自贸协定服务贸易协议文本评估参考来源

领域	条款数量	核心要件数量	参考资料
跨境服务贸易	23	48	GATS, APEC,《美韩自贸协定》
投资	41	110	APEC,《美韩自贸协定》
电子商务	12	35	APEC,《美韩自贸协定》
知识产权	19	133	APEC,《美韩自贸协定》
竞争政策	21	86	APEC,《美韩自贸协定》
金融服务	21	54	GATS,《美韩自贸协定》
电信服务	28	59	GATS,《美韩自贸协定》
总计	165	525	GATS, APEC,《美韩自贸协定》

资料来源：参考 APEC 自由贸易协定数据库及李健（2018）研究，再整理。

在上一节对我国签署 FTA 自由化水平化水平分析的基础上，参考 GATS、《美韩自贸协定》和 APEC 自由贸易协定数据库，并且主要参考 APEC 自由贸易协定数据库的内容结构，本节构建了针对自贸协定服务贸易领域的协议文本的"分部门—条款—核心要件"三级评估框架。并参考孙蕊（2018）和陈万灵（2020）的方法在条款层面构建规则覆盖广度指标，在核心要件层面构建规则覆盖深度指标，并评估其广度指数和深度指数（见图 4-1）。

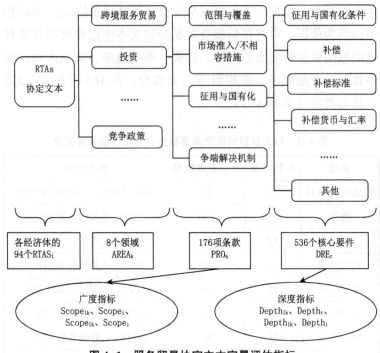

图 4-1　服务贸易协定文本定量评估指标

资料来源：参考孙蕊（2018）研究。

（一）服务贸易领域条款和核心要件的定量评估方法

本研究在参考孙蕊（2018）和陈万灵（2020）的基础上，将多边、诸边、区域、双边各类型主要服务贸易协定文本及其附件归纳为"分部门—条款—核心要件"的三级研究框架，作为定量评估的重要路径。并且借鉴果婷（2016）的指标构建方法，使用覆盖广度指标和覆盖深度指标评估自贸协定文本的规则覆盖水平。规则覆盖越全面、越细化，反映出协定与服务贸易基本规则和新规则的对接越完善，可执行性越强，越有利于服务贸易开放。

1. 在条款层面上构建覆盖广度指标

定义覆盖广度指标为协议中涉及的条款数占评估框架下总条款数的比例。

该指标只涉及某RTAs是否涵盖了相关领域的相关条款，反映出某协定或某领域对服务贸易规则的接受度。更准确地说，是在多大程度上考虑接纳服务贸易新规则，而没有考量细化程度。

该指标又可以细分为以下几个维度的测度：

（1）计算某一领域内所涉及的条款数量占该领域总条款的比重可以反映某个RTAs文本在该领域的覆盖广度，即1协定k领域的覆盖广度。

$$\text{Scope}_{lk} = \text{COUNT}（\text{PRO}_{km}）/ \sum_{m=1}^{n} \text{PRO}_{km} \qquad k = 1, 2, \cdots, 8 \qquad (4.1)$$

（2）覆盖广度指标可以横向的反映某个RTAs的总体规则覆盖广度，即1协定的覆盖广度。

$$\text{Scope}_l = \sum_{m=1}^{n} \sum_{k=1}^{8} \text{COUNT}（\text{PRO}_{km}）/ 176 \qquad (4.2)$$

（3）覆盖广度指标可以纵向的反映某个经济体在参与RTAs时于各个领域的平均覆盖广度，如投资领域或知识产权领域等，即i经济体k领域的覆盖广度。

$$\text{Scope}_{ik} = \text{Average}（\sum_{m=1}^{n} \text{COUNT}（\text{PRO}_{lkm}））\qquad k = 1, 2, \cdots, 8 \qquad (4.3)$$

（4）覆盖广度指标可以汇总某个经济体所有RTAs文本平均覆盖广度，即i经济体的覆盖广度。

$$\text{Scope}_i = \text{Average} \left(\sum_{m=1}^{n} \sum_{k=1}^{8} \text{COUNT} \left(\text{PRO}_{lkm} \right) \right) \tag{4.4}$$

2. 在核心要件层面上评估规则开放深度

定义深度指标为核心要件数量占核心要件总数的比例。核心要件清单可以明确某条款在实际执行过程中应依据的操作准则和各项实施细则，依据核心要件数量占比评估规则开放深度，能够体现协定条款各个项目的具体深入程度。深度指标数值越大，说明某协定某条款的细化程度越高，可执行性越强，这一方面的服务贸易开放更具有实际意义。

该指标又可以细分为以下几个维度的测度：

（1）计算某一领域内覆盖的核心要件数量占该领域核心要件总数的比重可以反映这个 RTAs 文本在该领域的深度，即 1 协定 k 领域的开放深度。

$$\text{Depth}_{lk} = \text{COUNT} \left(\text{PRO}_{kmr} \right) \Big/ \sum_{m=1}^{n} \text{DRE}_{kmr} \qquad k = 1, 2, \cdots, 8 \tag{4.5}$$

（2）深度指标可以横向的反映某个 RTAs 的总体规则开放深度问题，即 1 协定的开放深度。

$$\text{Depth}_l = \sum_{r,m=1}^{n} \sum_{k=1}^{8} \text{COUNT} \left(\text{DRE}_{kmr} \right) \Big/ 536 \tag{4.6}$$

（3）深度指标可以纵向的反映某个经济体在参与 RTAs 时于各个领域的总体规则开放深度，如投资领域或知识产权领域等，即 i 经济体 k 领域的总体开放深度。

$$\text{Depth}_{ik} = \text{Average} \left(\sum_{r,m,l=1}^{n} \text{COUNT} \left(\text{DRE}_{lkmr} \right) \right) \qquad k = 1, 2, \cdots, 8 \tag{4.7}$$

（4）深度指标可以汇总某个经济体在所有 RTAs 文本平均开

放深度，即 i 经济体的开放深度。

$$\text{Depth}_i = \text{Average}\left(\sum_{m,l,r=1}^{n}\sum_{k=1}^{8}\text{COUNT}\left(\text{DRE}_{lkmr}\right)\right) \qquad (4.8)$$

以上相关服务贸易领域的 8 个开放广度和开放深度的细分指标是本章定量评估、分析和比较协定文本自由度的开放水平的主要工具。

（二）服务贸易领域承诺减让表定量的评估方法

本研究参考在各个自贸协定的服务贸易领域的附件，以承诺减让表的方式展示双方服务贸易开放水平程度。其承诺减让表按照 GATS 的部门分类，把服务贸易分为 12 个类别、153 个部门和 4 种模式（跨境交付、境外消费、商业存在、自然人移动）。其中 12 个类别分别是：商务服务、通信服务、建筑及相关工程服务、分销服务、教育服务、环境服务、金融服务、健康相关及社会服务、旅游及与旅行相关的服务、娱乐文化体育服务、运输服务和其他未包含的服务。在我国已签署的自贸协定中，中方的减让表一般仅包含前 11 个部门，对于"其他未包含的服务"往往作出"不作承诺"的规定。承诺减让表包括两个部分：第一部分是水平承诺，承诺范围覆盖承诺表中的各个部门；第二部分是具体承诺，按照服务贸易的 4 种提供方式（跨境交付、境外消费、商业存在、自然人移动）对具体的部门作出限制或是减让的措施。另外，水平承诺优先于具体承诺。本研究参考孙蕊（2018）研究中反映负面清单的开放深度，以及开放服务部门和分部门数量测度的开放广度指标（见图 4-2）。

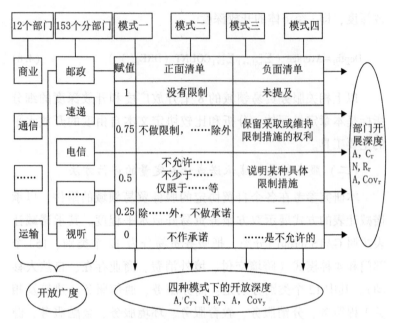

图4-2　服务贸易领域部门定量评估方法与指标

1. 承诺减让表的承诺分级赋值

本研究主要借鉴五级分类频度方法及其指标评估具体服务部门承诺减让表的开放承诺，同时为了使评估结果更加准确，采用 Hoekman 频度法对自贸协定对双方承诺减让表进行测算，对于服务贸易的四种提供方式限制情况进行不同的赋值（见表4-2）。

表4-2　承诺减让表中承诺频度、方式与提供方式的量化赋值

承诺方式	赋分	提供方式			
		跨境交付	境外消费	商业存在	自然人移动
没有限制	1	没有限制	没有限制	没有限制	没有限制

承诺方式	赋分	提供方式			
		跨境交付	境外消费	商业存在	自然人移动
没有限制的特殊情况	0.75	无限制的特殊情况	无限制的特殊情况	允许合资外商多数	没有限制下的特殊情况
明确的限制	0.5	存在明确的准入限制	存在明确准入限制	允许合资外资少数	存在明确的准入限制
不作承诺的特殊情况	0.25	水平承诺外不作承诺	水平承诺外不作承诺	允许成立代表处	水平承诺外不作承诺
不作承诺	0	不作承诺	不作承诺	不作承诺	不作承诺

资料来源：参考陈万灵（2020）和孙蕊（2018）研究，再整理。

本研究基本采用"加权平均"方法对限制程度进行量化，采用五级分类标准，对具体的内容进行赋值的内容如下：

（1）"没有限制"表示该缔约国对该服务市场作出完全开放的承诺，该种情况赋值为"1"。

（2）表述如"不作限制，……除外"表示缔约国的承诺要比具体的限制措施少一些，但又不至于对该服务市场完全开放的承诺，该种情况赋值为"0.75"。

（3）缔约国对某个服务部门或提供模式而言，存在明确的限制措施，如"不允许……""不少于……""仅限于……"，赋值为"0.5"。

（4）缔约国不太愿意对某种服务业作出开放承诺，但某些情况可以例外，这样的表述如"除……外，不作承诺"，用数字"0.25"来表示。

（5）"不作承诺"，这意味着缔约国实施完全封闭的政策，用数字 0 来表示。也可能是由于技术可行性的原因导致不作承诺，也赋值为"0"。

2. 承诺减让表的各部门广度和深度指标赋值

（1）开放广度。

本书评估的具体服务部门开放清单，包含 12 个服务部门 153 个分部门，通过统计开放部门和分部门的数量反映开放承诺的广度。统计数字越大，说明某协定开放的部门数量越多，即广度越大。

（2）开放深度。

参考孙蕊（2018）的研究中基于频度分析（Hoekman，1995）的五级分类"加权平均"方法，计算某部门承诺的平均数（A. C.）、某部门"没有限制"承诺占总活动数之比（N. R.）和某部门承诺的平均覆盖率（A. Cov.）来分别反映某一服务部门作出积极性承诺的比例、某一服务部门作出完全开放性承诺的比例和某一服务部门的平均限制程度。数字越大，代表作出承诺的限制措施越少，限制程度越小，代表所承诺的开放深度就越大。

① 某部门承诺的平均数（A. C.）：

$$\text{Average Count} \ (x) = \sum_{i=1}^{N} \sum_{j=1}^{4} \text{aij} / \ (N * 4) \tag{4.9}$$

其中，i 代表 x 部门中的服务活动，N 代表 x 部门中的服务活动总数，j 代表服务提供模式。aij 为在承诺表中该活动是否作出了承诺，即除了"不作承诺" aij = 0，其他承诺都有 aij = 1。平均承诺数粗略地反映了某一服务部门作出积极性承诺的比例，也可以纵向汇总为提供模式 j 承诺平均数。

② 某部门"没有限制"承诺占总活动数比（N. R.）：

$$\text{No Restrictions} \ (x) = \sum_{i=1}^{N} \sum_{j=1}^{4} \text{bij} / \ (N * 4) \tag{4.10}$$

当承诺为"没有限制"时，bij = 1，否则 bij = 0。这一比例越高说明某一服务部门作出完全开放性承诺的比例越高。也可以纵向汇总为提供模式 f 没有限制承诺占比。

③ 某部门承诺的平均覆盖率（A. Cov.）：

$$\text{Average Coverage} \ (x) = \sum_{i=1}^{N} \sum_{j=1}^{4} \text{cij} / \ (N * 4) \tag{4.11}$$

其中，cij ∈ {0, 0.25, 0.5, 0.75, 1}，分别代表 5 种限制程度。

也可以纵向汇总为提供模式 j 平均覆盖率。由于平均覆盖率指标在测度过程中涉及了每一条承诺的赋值，更加具体全面，因此一般认为承诺的平均覆盖率指标要比承诺平均数指标更为准确地反映一国的承诺开放水平。该指标是三个反映开放深度指标中最主要的一个。

纵观 RTAs 的承诺清单，一般来说，服务部门的"市场准入"限制措施更多，开放程度要低于"国民待遇"，也就是开放条件更严格。并且只有市场准入的限制程度下降，较为宽松的国民待遇承诺才能真正发挥作用。因此学界普遍对于市场准入下的开放水平更关注。因此，限于篇幅，本书将着重对市场准入下的开放深度进行评估。

二、服务贸易领域协定的承诺减让表自由化指标测算

本节将选取我国已签署的双边 FTA 中，按地域分布最具代

表性的 3 个自贸协定（中国—瑞士自贸区、中国—韩国自贸区、中国—新西兰自贸区）为例，第一步先测算其整体服务贸易协定层面的承诺减让表的覆盖率，第二步为测算各协定以及分部门层面的承诺减让表的广度和深度指数。第三步再测算各自贸协定的核心要件层面的指标，并对涉及的核心要件的数量与分布作出详细的分析，通过以上分析可了解我国已签署的自贸协定服务贸易领域自由化水平状况。

（一）自贸协定服务贸易领域整体的自由度水平比较分析

对我国已签署的 3 个代表性自贸协定文本（中国—瑞士自贸区、中国—韩国自贸区、中国—新西兰自贸区）的总体的服务领域覆盖率指数如表 4-3 所示，从覆盖率上看，我国与瑞士签署的服务贸易领域自由化程度最高，平均达到了 86.3%，中韩服务贸易协议次之，为 84.7%，而中新自贸服务贸易协定覆盖率程度最低，为 73.1%，但也超过了我国所有自贸协定平均覆盖率水平（见表 4-3）。

表 4-3　代表性自贸协定服务贸易领域的部门和分部门整体覆盖率

	中韩服务贸易协议		中新服务贸易协议		中瑞服务贸易协议	
	中国	韩国	中国	新西兰	中国	瑞士
部门覆盖率	83.3%	83.3%	83.3%	75%	83.3%	83.3%
分部门覆盖率	68%	103.9%	63.4%	70.6%	67.3%	111.1%
各国平均覆盖率	75.7%	93.6%	73.4%	72.8%	75.3%	97.2%
整体平均覆盖率	84.7%		73.1%		86.3%	

资料来源：参考陈万灵（2020）和孙蕊（2018）研究，再整理。

从表 4-3 可以看出，中国签署的双边 FTA 承诺减让表中部门和分部门开放总数占比覆盖率平均指数都在 63.4%~97.2%。从具体的分部门的覆盖率来看，中新 FTA 的中方减让表的部门分部门总数最少，占比仅为 63.4%，其原因是对于服务领域相关类别未作出承诺，中新 FTA 服务贸易提供方式仅包括跨境交付、境外消费和商业存在，未列入"自然人移动"方式。中国与瑞士签署的 FTA 服务贸易具体承诺表所覆盖的部门和分部门最广，平均覆盖率为 86.3%。特别是，瑞士的减让表的分部门覆盖率数值最高，其原因可能是瑞士的服务领域在全世界处于较高水平，并保持和占据了较高的优势，随着中瑞两国经贸合作的发展，为双方的服务贸易合作提供了更多的可能。其次是中韩 FTA 的平均覆盖率达到比较高的 84.7%。这是由于中韩服务贸易互补性较强，已在长期实践中日益成熟。

（二）自贸协定服务贸易领域减让表的自由化水平比较分析

根据前述方法，对我国已签署的 3 个代表性自贸协定文本（中国—瑞士自贸区、中国—韩国自贸区、中国—新西兰自贸区）的双方的减让表进行评估，包括整体部门代表的三个覆盖率指标代表的深度指数，总体的服务领域覆盖率指数如表 4-4 所示。

表 4-4　代表性自贸协定服务贸易领域的减让表整体覆盖率

	中方减让表指标			缔约国减让表指标		
	A. C.	N. R.	A. Cov.	A. C.	N. R.	A. Cov.
中韩 FTA	88.6%	33.98%	55.42%	88.21%	50.47%	62.3%
中新 FTA	83.8%	39.67%	60.61%	97.84%	84.88%	91.36%

	中方减让表指标			缔约国减让表指标		
中瑞 FTA	92.87%	39.13%	60.14%	91.62%	63.97%	72.02%
平均值	88.4%	37.6%	58.7%	92.6%	66.4%	75.2%

资料来源：参考陈万灵（2020）和孙蕊（2018）研究，再整理。

基于频度分析（Hoekman，1995）的五级分类"加权平均"方法，计算各部门承诺的平均数（A.C.）、各部门"没有限制"承诺占总活动数之比（N.R.）和各部门承诺的平均覆盖率（A.Cov.）来分别反映某一服务部门作出积极性承诺的比例、各服务部门作出完全开放性承诺的比例和某一服务部门的平均限制程度。数字越大，代表作出承诺的限制措施越少，限制程度越小，承诺所代表的开放深度就越强。

从表4-4来看，3个代表性自贸协定的服务贸易领域的中方的减让表的覆盖率数值都要比缔约国的减让表覆盖率数值低，如缔约国的A.Cov.平均值为75.2%，比中方减让表的A.Cov.平均值58.7%要高出16.5%。说明缔约国作出承诺的限制措施比中方要少，限制程度比中方要小，其指标所代表的开放深度也要比中方承诺的要好。

比较中方和缔约方减让表的具体承诺开放深度覆盖率指标（见表4-4），可以发现两个特点：第一，中方的减让表承诺开放深度指数相对比较平稳，面对不同的缔约国变化幅度基本控制在5%以内；第二，3个经济发达国家缔约方明显高于中方，特别是中新自贸协定服务贸易领域的新西兰方的减让表覆盖率数值高达91.36%，是中方和其他缔约方所承诺减让表中覆盖率数值最高的。这反映出这些国家在大部分部门的大部分提供模式下都给出了"没有限制"的承诺，使用限制措施也很少。

（三）自贸协定服务贸易领域各部门的自由化水平比较分析

根据 Hoekman（1995）的基于频度分析的五级分类"加权平均"方法，根据公式计算出减让表中各服务类别在两种基本原则下的承诺覆盖率（见表4-5），从3个自贸协定的整体减让表开放情况来看，10个分部门在市场准入和国民待遇两种限制方式下的承诺覆盖率都超过70%。其中，在市场准入和国民待遇两种限制方式下，承诺覆盖率最高的都是中瑞自贸协定，其服务贸易领域承诺减让表分别为77.6%和76.4%，这说明我国承诺在较大的服务领域对瑞士开放。服务贸易领域更广开放将使得瑞士更多的服务以及服务提供者进入中国市场，这意味着我国将有更多的机会引进技术、人才以及管理经验等，同时也给国内的服务业市场带来冲击，促使国内服务行业在市场竞争中不断创新增强竞争优势，获得进一步发展。

表4-5　代表性自贸协定服务贸易领域的分部门减让表深度指数

部门	中韩服务贸易协定		中新服务贸易协议		中瑞服务贸易协议		平均
	市场准入	国民待遇	市场准入	国民待遇	市场准入	国民待遇	
商业	81.4%	76.9%	76.9%	74.4%	94.9%	91.0%	82.6%
通信	100%	100%	95.8%	95.8%	100%	100%	98.6%
建筑	75.0%	75.0%	66.7%	66.7%	75%	75%	72.2%
分销	90.0%	90.0%	86.7%	86.7%	90%	100%	90.6%
教育	53.6%	35.7%	47.6%	23.8%	53.6%	35.7%	41.7%
环境	87.5%	87.5%	100%	100%	87.5%	87.5%	91.7%
金融	58.3%	57.3%	100%	97.6%	58.3%	58.3%	71.7%

部门	中韩服务贸易协定		中新服务贸易协议		中瑞服务贸易协议		平均
	市场准入	国民待遇	市场准入	国民待遇	市场准入	国民待遇	
旅游	100%	100%	100%	100%	100%	100%	100.0%
娱乐	62.5%	62.5%	16.7%	0	50%	50%	40.3%
运输	65.3%	63.9%	61.1%	59.3%	66.7%	66.7%	63.8%
平均	77.4%	74.9%	75.2%	70.4%	77.6%	76.4%	75.3%

资料来源：参考陈万灵（2020）和孙蕊（2018）研究，再整理。

通过表4-5的3个代表性自贸协定服务贸易分部门的比较情况，可发现以下特征：（1）旅游服务开放的承诺覆盖率高，不仅3个代表性自贸协定服务领域都将其列入承诺减让表且承诺覆盖率达到100%的水平。（2）通信、环境和分销的承诺覆盖率都较高，从3个代表性自贸协定服务领域10个分部门的承诺覆盖率来看，其旅游、通信、环境和分销的承诺覆盖率都超过了90%，比另外的分部门的承诺覆盖率要高出很多。（3）娱乐分部门在个别FTA中有管制，如中新自贸协定服务领域的减让表中，中方对娱乐服务的开放在国民待遇原则下不作承诺，因此出现承诺覆盖率为零的情况。

（四）自贸协定服务贸易领域各部门减让表提供方式的自由化水平

本研究采用"加权平均"方法对限制程度进行量化的时候，采用五级分类标准，即"没有限制"设为1，承诺要比具体的限制少为0.75，存在明确的限制措施为0.5，不对某种服务作出承诺为0.25，不作承诺为0。进一步细化分类标准可以挖掘减让表中的更多信息。

　　加权承诺覆盖率对市场准入和国民待遇两种限制下的服务贸易的四种提供方式的比较较为详细，可反映作出积极承诺的比重；而"没有限制"承诺数反映最高程度的开放水平，即完全自由化的承诺数，是赋值依据中的最高标准。

　　因此，本研究对 3 个代表性的自贸协定承诺减让表分析采用五级分类"加权平均"方法，按照服务贸易的四种提供方式（跨境交付 M1、境外消费 M2、商业存在 M3、自然人移动 M4）对各缔约国具体的部门作出比较分析。

　　1. 中韩自贸协定服务贸易中方减让表的四种提供方式比较分析

　　本研究对中韩自贸协定的服务贸易领域的减让表对市场准入和国民待遇两种限制下的服务贸易的四种提供方式的 10 个分部门详细加权赋分，如表 4-6、表 4-7、表 4-8、表 4-9、表 4-10、表 4-11、表 4-12、表 4-13、表 4-14、表 4-15 所示。

表 4-6　中韩 FTA 商业服务部门中方减让表的四种提供加权赋分

部门		市场准入				国民待遇			
		M1	M2	M3	M4	M1	M2	M3	M4
1	法律服务（CPC 861）	1	1	0.5	0.25	1	1	0.5	0.25
2	会计、审计和簿记服务（CPC 862）	1	1	0.5	0.25	1	1	0.25	0.25
3	税收部门（CPC 8630）	1	1	0.75	0.25	1	1	1	0.25
4	建筑设计服务（CPC 8671）	0.75	1	0.75	0.25	1	1	0.75	0.25
5	工程服务（CPC 8672）	0.75	1	0.5	0.25	1	1	0.5	0.25
6	集中工程服务（CPC 8673）	0.75	1	0.5	0.25	1	1	0.5	0.25
7	城市规划服务	0.75	1	0.5	0.5	1	1	0.5	0.25

	部门	市场准入				国民待遇			
		M1	M2	M3	M4	M1	M2	M3	M4
8	医疗和牙医服务	1	1	0.5	0.25	1	1	0.5	0.25
9	与计算机硬件安装有关的咨询服务	1	1	1	0.25	1	1	1	0.25
10	软件实施服务（CPC 842）	1	1	0.75	0.25	1	1	1	0.5
11	数据处理服务—输入准备服务（CPC 8431）	1	1	0.75	0.25	1	1	1	0.5
12	数据处理服务—数据处理和制表服务	1	1	1	0.25	1	1	1	0.5
13	数据处理—分时服务（CPC 8433）	1	1	1	0.25	1	1	1	0.5
14	涉及自有或租赁资产的房地产服务（CPC 821）	1	1	0.75	0.25	1	1	1	0.25
15	以收费或合同为基础的房地产服务（CPC 822）	1	1	0.75	0.25	1	1	1	0.25
16	广告服务（CPC 871）	0.5	0.5	0.75	0.25	1	1	1	0.25
17	市场调研及民意调查服务—市场调研服务（CPC 86401）	1	1	0.5	0.25	1	1	1	0.25
18	管理咨询服务（CPC 865）	1	1	0.5	0.25	1	1	1	0.25
19	与管理咨询相关的服务—除建筑外的项目管理服务（CPC 86601）	1	1	0.5	0.25	0	0	0	0.25
20	技术测试和分析服务（CPC 8676 及 CPC 749）涵盖的货物检验服务	1	1	0.5	0.25	1	1	1	0.25
21	与农业、林业、狩猎和渔业有关的服务（CPC 881，882）	1	1	0.5	0.25	1	1	1	0.25

续表

部门	市场准入				国民待遇			
	M1	M2	M3	M4	M1	M2	M3	M4
22　人员安置和提供服务（CPC 872）	0	0	0.5	0.25	0	0	0	0.25
23　相关科学技术咨询服务（CPC 8675）—近海石油服务—地下勘测服务	1	1	0.5	0.25	1	1	1	0.25
24　相关科学技术咨询服务（CPC 8675）—陆上石油服务	1	1	0.5	0.25	1	1	0.5	0.25
25　建筑物清洁服务（CPC 874）	0	1	0.5	0.25	0	1	1	0.25
26　摄影服务（CPC 875）	1	1	0.5	0.25	1	1	1	0.25
27　包装服务（CPC 876）	1	1	0.5	0.25	1	1	1	0.25
28　在费用或合同基础上包装材料印刷服务	0	0	0.5	0.25	0	0	0	0.25
29　会议服务（CPC 87909）	1	1	0.5	0.25	1	1	1	0.25
30　笔译和口译服务（CPC 87905）	1	1	0.5	0.25	1	1	1	0.5
31　维修服务（CPC 63，6112，6122）	1	1	0.5	0.25	1	1	1	0.25
32　办公机械和设备维修服务	1	1	0.5	0.25	1	1	1	0.25
33　租赁服务（CPC 831，832 除 83202）	1	1	0.5	0.25	1	1	1	0.25

资料来源：参考陈万灵（2020）和孙蕊（2018）研究，再整理。

表4-7　中韩FTA通信服务部门中方减让表的四种提供加权赋分

部门	市场准入				国民待遇			
	M1	M2	M3	M4	M1	M2	M3	M4
通信服务—速递服务（CPC 75121）	1	1	0.5	0.25	1	1	0.5	0.25
增值电信服务—电子邮件	—	1	0.5	0.25	1	1		0.25
增值电信服务—语音邮件	—	1	0.5	0.25	1	1		0.25
增值电信服务—在线信息和数据检索	—	1	0.5	0.25	1	1		0.25
增值电信服务—电子数据交换	—	1	0.5	0.25	1	1		0.25
增值电信服务—增值传真服务（包括储存和发送、储存和检索）	—	1	0.5	0.25	1	1		0.25
增值电信服务—编码和规程转换	—	1	0.5	0.25	1	1		0.25
基础电信服务—寻呼服务	—	1	0.5	0.25	1	1		0.25
基础电信服务—移动话音和数据服务—模拟/数据/蜂窝服务	—	1	0.5	0.25	1	1		0.25
基础电信服务—移动话音和数据服务—个人通信服务	—	1	0.5	0.25	1	1		0.25
国内（固话话音服务）		1	0.5	0.25	1	1		0.25
国内（固话业务—分组交换数据传输业务）	—	1	0.5	0.25	1	1		0.25
国内（固话业务—电路交换数据传输业务）	—	1	0.5	0.25	1	1		0.25
国内（固话业务—传真服务）	—	1	0.5	0.25	1	1		0.25
国内（固话业务—国内专线电路租用服）		1	0.5	0.25	1	1		0.25
国际（固话业务—话音服务）		1	0.5	0.25	1	1		0.25
国际（固话业务—全组交换数据传输业务）	—	1	0.5	0.25	1	1		0.25

部门	市场准入				国民待遇			
	M1	M2	M3	M4	M1	M2	M3	M4
国际（固话业务—电路交换数据传输业务）	—	1	0.5	0.25	1	1	1	0.25
国际（固话业务—传真服务）	—	1	0.5	0.25	1	1	1	0.25
国际（固话业务—国际闭合用户群话音和数据服务）	—	1	0.5	0.25	1	1	1	0.25
录像的分销服务	1	1	0.5	0.25	1	1	1	0.25
录音制品分销服务	1	1	0.5	0.25	1	1	1	0.25
电影院服务	1	1	0.5	0.25	1	1	1	0.25

资料来源：参考陈万灵（2020）和孙蕊（2018）研究，再整理。模式 3 *

表 4-8 中韩 FTA 建筑服务部门中方减让表的四种提供加权赋分

	部门	市场准入				国民待遇			
		M1	M2	M3	M4	M1	M2	M3	M4
1	建筑及相关工程服务（CPC 511-518）	0	1	0.5	0.25	0	1	1	0.25

资料来源：参考陈万灵（2020）和孙蕊（2018）研究，再整理。

表 4-9 中韩 FTA 分销服务部门中方减让表的四种提供加权赋分

	部门	市场准入				国民待遇			
		M1	M2	M3	M4	M1	M2	M3	M4
1	分销服务—佣金代理服务	0	1	0.5	0.25	0	1	1	0.25
2	分销服务—批发服务	0	1	0.5	0.25	0	1	1	0.25
3	分销服务—零售服务	0.25	1	0.5	0.25	0.25	1	1	0.25

部门		市场准入				国民待遇			
		M1	M2	M3	M4	M1	M2	M3	M4
4	分销服务—特许经营	1	1	1	0.25	1	1	1	0.25
5	分销服务—无固定地点的批发或零售服务	1	1	1	0.25	1	1	1	0.25

资料来源：参考陈万灵（2020）和孙蕊（2018）研究，再整理。

表 4-10　中韩 FTA 教育服务部门中方减让表的四种提供加权赋分

部门		市场准入				国民待遇			
		M1	M2	M3	M4	M1	M2	M3	M4
1	教育服务—初等教育服务（CPC 921）	0	1	0.5	0.25	0	1	0	0.5
2	教育服务—中等教育服务（CPC 922）	0	1	0.5	0.25	0	1	0	0.5
3	教育服务—高等教育服务（CPC 923）	0	1	0.5	0.25	0	1	0	0.5
4	教育服务—成人教育服务（CPC 924）	0	1	0.5	0.25	0	1	0	0.5
5	教育服务—其他教育服务（CPC 929）	0	1	0.5	0.25	0	1	0	0.5

资料来源：参考陈万灵（2020）和孙蕊（2018）研究，再整理。

表 4-11　中韩 FTA 环境服务部门中方减让表的四种提供加权赋分

部门		市场准入				国民待遇			
		M1	M2	M3	M4	M1	M2	M3	M4
1	环境服务—排污服务（CPC 9401）	0.25	1	0.5	0.25	1	1	1	0.25
2	环境服务—固体废物处理服务（CPC 9402）	0.25	1	0.5	0.25	1	1	1	0.25

	部门	市场准入				国民待遇			
		M1	M2	M3	M4	M1	M2	M3	M4
3	环境服务—卫生服务（CPC 9403）	0.25	1	0.5	0.25	1	1	1	0.25
4	环境服务—废气清理服务（CPC 9404）	0.25	1	0.5	0.25	1	1	1	0.25
5	环境服务—降低噪音服务（CPC9405）	0.25	1	0.5	0.25	1	1	1	0.25
6	环境服务—自然风景保护服务（CPC 9406）	0.25	1	0.5	0.25	1	1	1	0.25
7	环境服务—其他环境保护服务（CPC 9409）	0.25	1	0.5	0.25	1	1	1	0.25

资料来源：参考陈万灵（2020）和孙蕊（2018）研究，再整理。

表 4-12 中韩 FTA 旅游服务部门中方减让表的四种提供加权赋分

	部门	市场准入				国民待遇			
		M1	M2	M3	M4	M1	M2	M3	M4
1	旅游及与旅行相关的服务—饭店（包括公寓楼）和餐馆（CPC 641-643）	1	1	0.5	0.25	1	1	1	0.25
2	旅游及与旅行相关的服务—旅行社和旅游经营者（CPC 7471）	1	1	1	0.25	1	1	0.75	0.25

资料来源：参考陈万灵（2020）和孙蕊（2018）研究，再整理。

表 4-13 中韩 FTA 金融服务部门中方减让表的四种提供加权赋分

	部门	市场准入				国民待遇			
		M1	M2	M3	M4	M1	M2	M3	M4
1	寿险、健康险和养老金/年金险	0.25	0.75	0.5	0.25	1	1	0.75	0.25
2	非寿险	0.25	0.75	0.5	0.25	1	1	0.75	0.25
3	再保险	0.25	0.75	0.5	0.25	1	1	0.75	0.25
4	保险附属服务	0.25	0.75	0.5	0.25	1	1	0.75	0.25
5	银行服务—接收公众存款和其他应付公众资金	0.25	1	0.75	0.25	1	1	0.75	0.25
6	银行服务—所有类型的贷款,包括消费信贷、抵押信贷、商业交易的代理和融资	0.25	1	0.75	0.25	1	1	0.75	0.25
7	银行服务—金融租赁	0.25	1	0.75	0.25	1	1	0.75	0.25
8	银行服务—所有支付和汇划服务	0.25	1	0.75	0.25	1	1	0.75	0.25
9	银行服务—担保和承诺	0.25	1	0.75	0.25	1	1	0.75	0.25
10	银行服务—自行或代客外汇交易	0.25	1	0.75	0.25	1	1	0.75	0.25
11	非银行金融机构从事汽车消费信资	0.25	1	1	0.25	1	1	1	0.25
12	其他金融服务—提供和转让金融信息金融数据处理以及与其他金融服务提供者有关的软件	1	1	1	0.25	1	1	1	0.25
13	其他金融服务—银行及其他金融服务（不包括保险和证券）的咨询、中介和其他附属服务	1	1	1	0.25	1	1	1	0.25
14	金融服务—证券服务	0.25	1	0.25	0.25	1	1	1	0.25

资料来源：参考陈万灵（2020）和孙蕊（2018）研究，再整理。

表 4-14　中韩 FTA 娱乐服务部门中方减让表的四种提供加权赋分

部门	市场准入				国民待遇			
	M1	M2	M3	M4	M1	M2	M3	M4
娱乐、文化和体育服务（视听服务除外）—其他娱乐服务（仅限 CPC 96191，96192）	0	0	0.5	0.25	0	0	0	0.25
娱乐、文化和体育服务（视听服务除外）—体育和其他娱乐服务（仅限 CPC 96411，96412，96413）	0	1	1	0.25	1	1	1	0.25

资料来源：参考陈万灵（2020）和孙蕊（2018）研究，再整理。

表 4-15　中韩 FTA 运输服务部门中方减让表的四种提供加权赋分

	部门	市场准入				国民待遇			
		M1	M2	M3	M4	M1	M2	M3	M4
1	国际运输（货运和客运）	1	1	0.5	0.25	1	1	1	0.25
2	辅助服务—海运理货服务（CPC 741）	0	1	0.5	0.25	0	1	1	0.25
3	辅助服务—海运报关服务	0	1	0.5	0.25	0	1	1	0.25
4	辅助服务—海运代理服务	0	1	0.5	0.25	0	1	1	0.25
5	辅助服务—集装箱堆场服务	0	1	0.5	0.25	0	1	1	0.25
6	货运（CPC 7222）	0.5	1	0	0.25	0.5	1	0	0.25
7	航空器的维修服务（CPC 8868）	0	1	0.5	0.25	0	1	0.75	0.25
8	计算机订座系统（CRS）服务	0.5	1	0.5	0.25	1	1	0	0.25
9	铁路货运（CPC 7112）	1	1	0.5	0.25	1	1	1	0.25
10	客运（CPC 71213）	0	0	0.5	0.25	0	0	1	0.25
11	公路卡车和汽车货运（CPC 7123）	1	1	0.5	0.25	1	1	1	0.25

	部门	市场准入				国民待遇			
		M1	M2	M3	M4	M1	M2	M3	M4
12	仓储服务（CPC 742）	0	1	0.5	0.25	0	1	1	0.25
13	货物运输代理服务（CPC 748，749）	0	0	0.5	0.25	1	1	1	0.25

资料来源：参考陈万灵（2020）和孙蕊（2018）研究，再整理。

综合上述加权赋分的内容，对中韩自贸协定服务贸易中方减让表在市场准入和国民待遇下的四种提供方式进行整理比较，可以看出以下情况（见表4-16）。

表4-16 中韩自贸协定服务贸易中方减让表的四种提供方式比较

	市场准入				国民待遇			
	M1	M2	M3	M4	M1	M2	M3	M4
商业	86.76	92.65	59.56	25.74	88.24	91.18	79.41	26.68
通信	100	100	50	25	100	100	97.92	25
建筑	0	100	50	25	0	100	100	25
分销	45	100	70	25	45	100	100	25
教育	0	100	50	25	0	100	0	50
环境	25	100	50	25	100	100	100	25
金融	33.93	92.86	69.64	25	100	100	82.14	25
旅游	100	100	75	25	50	50	50	25
娱乐	0	50	75	25	50	50	50	25
运输	38.46	84.62	44.23	25	50	92.31	78.85	25
平均	42.92	92.01	59.34	25.07	58.32	88.35	73.83	27.67

在市场准入下的四种提供方式的平均覆盖率表现为：

第一，境外消费 M2 模式比其他（M1、M3、M4）模式的指数高。

如表 4-16 所示，境外消费 M2 模式在市场准入限制条件下指标数值普遍较高，其平均值为 92.01%，而分部门中除娱乐服务分部门以外，商业服务、通信服务、建筑服务、分销服务、教育服务、环境服务、金融服务、旅游服务和运输服务都是在境外消费 M2 模式下开放度很高，大部分都达到了 100%。而自然人移动 M4 模式可能涉及入境、移民等敏感问题，我国目前国际范围对于自然人移动的开放普遍采取比较审慎的态度，其在市场准入和国民待遇的两个限制条件下指标数值普遍不高，其平均值分别为 25.07% 和 27.67%，开放水平不高。且比较 M1、M2、M3 模式数值，M4 模式在部门层面依然是开放度最低的，且各个分部门水平也基本相同保持在 25% 左右。但跨境交付 M1 模式的平均覆盖率呈两极分化特征，既有达到 100% 平均覆盖率的通信和旅游分部门，也有数值为 0 的娱乐、教育和建筑分部门。这主要是由于各个服务分部门的具体服务活动情况差异较大，而 M1 模式又主要涉及跨境信息流动和支付方式等问题，因此在该模式下服务活动的实现范围和管理存在较大的差异。商业存在 M3 模式的平均覆盖率中方减让表中各部门的商业存在开放水平不尽相同，分销分部门的数值达到 70%，到运输分部门数值却只有 44.23%。这与中国特色的国内市场环境有一定关系。

第二，跨境交付 M1 模式和商业存在 M3 模式下分部门开放度较低。

如表 4-16 所示，娱乐服务、旅游服务等分部门对于发生在中国境内的商业存在 M3 模式开放度较低，反映出中国在相关服务行业的垄断和产业保护政策依然存在。例如，建筑、教育和娱乐分部门某些模式的开放度数值为 0，其中建筑分部门的跨境交付 M1 模式除"因缺乏技术可行性，不作承诺"外，还有就是中国在教育分部门跨境交付 M1 模式"不作承诺"，其内容包括在远程教育、函授教育、虚拟教育机构、教育软件等方面暂时不对韩国服务消费者开放。由于中国教育产业的主体大多为公立机构，关系到国家主权和民族文化，跨境交付 M1 模式又主要涉及信息流动，中国对于虚拟信息管理制度尚有欠缺，因此作出了收紧的承诺。还有就是出于网络信息安全的目的，如 2016 年 2 月 14 日国家新闻出版广电总局和中国工业和信息化部联合发布第 5 号令，从 2016 年 3 月 10 日起施行《网络出版服务管理规定》。其中明确规定，中外合资经营、合作经营和外资经营的单位不得从事网络出版服务。自 2016 年 3 月 10 日起，禁止外国媒体未经事前报备和审批从事网络出版服务。

第三，国民待遇下的情况和市场准入的情况基本相似。

在商业服务、通信服务、环境服务和金融服务分部门的模式下，跨境交付 M1 模式、境外消费 M2 模式、商业存在 M3 模式的平均覆盖率都很高，说明国民待遇下的限制较为宽松，特别是商业存在的开放水平有了非常显著的提高，这体现出中国正在消除内外资企业差别待遇的努力。

还有就是教育服务分部门在跨境交付 M1 模式和商业存在 M3 模式下的平均覆盖率均为 0，但在境外消费 M2 模式中该指标水平却为 100%。这反映了我国在教育服务方面的需求较大，给予高水平的国民待遇。而在跨境交付 M1 和商业存在 M3 模式下的国民待遇完全收紧，主要还是出于保护国内相关产业的目的，与中国教育产业特征和发展水平有一定的关系。

2. 中韩自贸协定服务贸易韩方减让表的四种提供方式比较分析

对中韩自贸协定服务贸易韩方减让表在市场准入和国民待遇下的四种提供方式进行比较，在市场准入和国民待遇两种限制下的服务贸易的四种提供方式的 10 个分部门详细加权赋分，如表 4-17、表 4-18、表 4-19、表 4-20、表 4-21、表 4-22、表 4-23、表 4-24、表 4-25、表 4-26 所示。

表 4-17 中韩 FTA 商业服务部门韩方减让表的四种提供加权赋分

	部门	市场准入				国民待遇			
		M1	M2	M3	M4	M1	M2	M3	M4
1	法律服务（CPC 861）	1	1	0.5	0.25	1	1	0.5	0.25
2	会计、审计和簿记服务（CPC 862）	0	0	0.5	0.25	1	1	1	0.25
3	税收部门（CPC 8630）	0	0	0.5	0.25	1	1	1	0.25
4	建筑设计服务（CPC 8671）	0.5	1	1	0.25	1	1	1	0.25
5	工程服务（CPC 8672）	1	1	1	0.25	1	1	1	0.25
6	集中工程服务（CPC 8673）	1	1	1	0.25	1	1	1	0.25
7	城市规划服务	1	1	1	0.25	1	1	1	0.25
8	医疗和牙医服务	0	1	0	0.25	0	1	0	0
9	与计算机硬件安装有关的咨询服务（CPC 841）	1	1	1	0.25	1	1	1	0.25
10	软件实施服务（CPC 842）	1	1	1	0.25	1	1	1	0.25
11	数据处理服务—输入准备服务（CPC 8431）	1	1	1	0.25	1	1	1	0.25
12	数据处理服务—数据库）	1	1	1	0.25	1	1	1	0.25
13	数据处理—分时服务（其他 CP845）	1	1	1	0.25	1	1	1	0.25

部门		市场准入				国民待遇			
		M1	M2	M3	M4	M1	M2	M3	M4
14	涉及自有或租赁资产的房地产服务（CPC 821）	0	0.5	1	0.25	0	0.5	1	0.25
15	以收费或合同为基础的房地产服务（CPC 822）	0	0.5	1	0.25	0	0.5	1	0.25
16	广告服务（CPC 871）	1	1	1	0.25	1	1	1	0.25
17	市场调研及民意调查服务—市场调研服务（CPC 86401）	1	1	1	0.25	1	1	1	0.25
18	管理咨询服务（CPC 865）	1	1	1	0.25	1	1	1	0.25
19	与管理咨询相关的服务—除建筑外的项目管理服务（CPC 86601）	1	1	1	0.25	1	1	1	0.25
20	技术测试和分析服务（CPC 8676 及 CPC 749）涵盖的货物检验服务	1	1	1	0.25	1	1	1	0.25
21	与农业、林业、狩猎和渔业有关的服务（CPC 881，882）	1	1	1	0.25	1	1	1	0.25
22	人员安置和提供服务（CPC 872）	1	1	0.5	0.25	1	1	1	0.25
23	相关科学技术咨询服务（CPC 8675）—采矿服务	1	1	1	0.25	1	1	1	0.25
24	相关科学技术咨询服务（CPC 8675）近海石油服务—地下勘测服务	1	1	1	0.25	1	1	1	0.25
25	相关科学技术咨询服务（CPC 8675）—地面测绘	0	1	1	0.25	0	1	1	0.25
26	地图绘制服务	0	1	1	0.25	0	1	1	0.25
27	摄影服务（CPC 875）	0	0	1	0.25	1	1	1	0.25

	部门	市场准入				国民待遇			
		M1	M2	M3	M4	M1	M2	M3	M4
28	包装服务（CPC 876）	1	1	1	0.25	1	1	1	0.25
29	在费用或合同基础上包装材料印刷服务	1	1	1	0.25	1	1	1	0.25
30	会议服务（CPC 87909）	1	1	1	0.25	1	1	1	0.25
31	笔译和口译服务（CPC 87905）	1	1	1	0.25	1	1	1	0.25
32	保养和维修	1	1	1	0.25	1	1	1	0.25
33	出版服务	1	1	1	0.25	1	1	0	0.25
34	其他，私人用品和用品出租	1	1	1	0.25	1	1	1	0.25
35	专业设计服务	1	1	1	0.25	1	1	1	0.25
36	速记服务	1	1	1	0.25	1	1	1	0.25
37	无经营者出租或租赁（船舶）	1	1	1	0.25	1	1	1	0.25
38	飞机租赁	0	0	0.5	0.25	1	1	0.5	0.25
39	其他交通工具租赁	1	1	1	0.25	1	1	1	0.25
40	其他机械设备租赁	1	1	1	0.25	1	1	1	0.25
41	技术检测服务	1	1	1	0.25	1	1	1	0.25
42	与林业和伐木有关服务	1	1	1	0.25	1	1	1	0.25
43	与渔业有关咨询服务	0	0	1	0.25	1	1	1	0.25
44	与制作业相关的服务	1	1	1	0.25	1	1	1	0.25
45	研发服务	1	1	0	0.25	0.5	1	0	0.25
46	社会科学研发服务	1	1	1	0.25	1	1	1	0.25
47	跨学科研发服务	1	1	0	0.25	1	1	0	0.25

资料来源：参考陈万灵（2020）和孙蕊（2018）研究，再整理。模式 3 *

表4-18 中韩 FTA 通信服务部门韩方减让表的四种提供加权赋分

部门	市场准入				国民待遇			
	M1	M2	M3	M4	M1	M2	M3	M4
通信服务—速递服务（CPC 75121）	0.5	1	0.5	0.25	0.5	1	1	0.25
增值电信服务—电子邮件	1	1	1	0.25	1	1	1	0.25
增值电信服务—语音邮件	1	1	1	0.25	1	1	1	0.25
增值电信服务—在线信息和数据检索	1	1	1	0.25	1	1	1	0.25
增值电信服务—电子数据交换	1	1	1	0.25	1	1	1	0.25
增值电信服务—增值传真服务（包括储存和发送、储存和检索）	1	1	1	0.25	1	1	1	0.25
增值电信服务—编码和规程转换	1	1	1	0.25	1	1	1	0.25
基础电信服务—其他电话服务	0.5	1	0.5	0.25	1	1	1	0.25
国内（固话话音服务）	0.5	1	0.5	0.25	1	1	1	0.25
国内（固话业务—分组交换数据传输业务）	0.5	1	0.5	0.25	1	1	1	0.25
国内（固话业务—电路交换数据传输业务）	0.5	1	0.5	0.25	1	1	1	0.25
国内（固话业务—传真服务）	0.5	1	0.5	0.25	1	1	1	0.25
国内（固话业务—私人租用电路服务）	0.5	1	0.5	0.25	1	1	1	0.25
国际（固话业务—电传）	0.5	1	0.5	0.25	1	1	1	0.25
国际（固话业务—电报）	0.5	1	0.5	0.25	1	1	1	0.25
国际（固话业务—其他在线数据库和远程计算机）	1	1	1	0.25	1	1	1	0.25
录像的分销服务	1	1	1	0.25	1	1	1	0.25
录音制品分销服务	1	1	1	0.25	1	1	1	0.25

资料来源：参考陈万灵（2020）和孙蕊（2018）研究，再整理。模式 3 *

表 4-19　中韩 FTA 建筑服务部门韩方减让表的四种提供加权赋分

	部门	市场准入				国民待遇			
		M1	M2	M3	M4	M1	M2	M3	M4
1	建筑及相关工程服务（CPC 511- 518）	0.5	1	1	0.25	0.5	1	1	0.25

资料来源：参考陈万灵（2020）和孙蕊（2018）研究，再整理。

表 4-20　中韩 FTA 分销服务部门韩方减让表的四种提供加权赋分

	部门	市场准入				国民待遇			
		M1	M2	M3	M4	M1	M2	M3	M4
1	分销服务—佣金代理服务	0.5	1	1	0.25	1	1	1	0.25
2	分销服务—批发服务	0.5	1	0.5	0.25	1	1	1	0.25
3	分销服务—零售服务	0.5	1	0.5	0.25	1	1	1	0.25
4	分销服务—特许经营	1	1	1	0.25	1	1	1	0.25

资料来源：参考陈万灵（2020）和孙蕊（2018）研究，再整理。

表 4-21　中韩 FTA 教育服务部门韩方减让表的四种提供加权赋分

	部门	市场准入				国民待遇			
		M1	M2	M3	M4	M1	M2	M3	M4
1	教育服务—高等教育服务（CPC 923）	0	0.5	0.5	0.25	0	1	0	0.25
2	教育服务—成人教育服务（CPC 924）	0.5	1	0.5	0.25	0.5	1	0	0.5

资料来源：参考陈万灵（2020）和孙蕊（2018）研究，再整理。

表 4-22　中韩 FTA 环境服务部门韩方减让表的四种提供加权赋分

	部门	市场准入				国民待遇			
		M1	M2	M3	M4	M1	M2	M3	M4
1	环境服务—排污服务（CPC 9401）	0	1	1	0.25	1	1	1	0.25
2	环境服务—固体废物处理服务（CPC 9402）	0	1	1	0.25	1	1	1	0.25
3	环境服务—降低噪音服务（CPC 9405）	1	1	1	0.25	1	1	1	0.25
4	环境服务—环境测试评估服务（CPC 9409）	1	1	1	0.25	1	1	1	0.25

资料来源：参考陈万灵（2020）和孙蕊（2018）研究，再整理。

表 4-23　中韩 FTA 旅游服务部门韩方减让表的四种提供加权赋分

	部门	市场准入				国民待遇			
		M1	M2	M3	M4	M1	M2	M3	M4
1	韩国旅游及与旅行相关的服务	0	1	1	0.25	0	1	1	0.25
2	韩国旅行社和旅游经营者	1	1	1	0.25	1	1	1	0.25
3	导游	1	1	1	0.25	1	1	1	0.25

资料来源：参考陈万灵（2020）和孙蕊（2018）研究，再整理。

表 4-24　中韩 FTA 金融服务部门韩方减让表的四种提供加权赋分

	部门	市场准入				国民待遇			
		M1	M2	M3	M4	M1	M2	M3	M4
1	寿险、健康险和养老金/年金险	0	0	0.5	0.25	0	0	1	0.25
2	非寿险	0.5	0	0.5	0.25	0	0	1	0.25
3	再保险	1	1	0.5	0.25	1	1	0.5	0.25

续表

	部门	市场准入				国民待遇			
		M1	M2	M3	M4	M1	M2	M3	M4
4	保险经纪和代理服务	0	0	0.5	0.25	0	0	1	0.25
5	代理	0	0	1	0.25	0	0	1	0.25
6	保险辅助服务	0	0	0.5	0.25	1	1	1	0.25
7	银行及其他金融服务	0	0	0.5	0.25	0	0	1	0.25
8	无论在交易所市场其他方式	0	0	0.5	0.25	0	0	1	0.25
9	参与证券服务	0	0	0.5	0.25	0	0	1	0.25
10	资产管理	0	0	0.5	0.25	0	0	1	0.25
11	信用信息服务	0	0	0.5	0.25	0	0	1	0.25
12	金融咨询中介服务	0	0	0.5	0.25	0	0	1	0.25

资料来源：参考陈万灵（2020）和孙蕊（2018）研究，再整理。

表 4-25　中韩 FTA 娱乐服务部门韩方减让表的四种提供加权赋分

部门	市场准入				国民待遇			
	M1	M2	M3	M4	M1	M2	M3	M4
娱乐、文化和体育服务（视听服务除外）—其他娱乐服务（仅限 CPC 96191，96192）	0	1	1	0.25	0	1	1	0.25

资料来源：参考陈万灵（2020）和孙蕊（2018）研究，再整理。

表 4-26　中韩 FTA 运输服务部门韩方减让表的四种提供加权赋分

	部门	市场准入				国民待遇			
		M1	M2	M3	M4	M1	M2	M3	M4
1	海运服务	0.5	1	0.5	0	1	1	1	0.25

续表

	部门	市场准入				国民待遇			
		M1	M2	M3	M4	M1	M2	M3	M4
2	辅助服务—海运理货服务（CPC 741）	0	1	1	0.25	0	1	1	0.25
3	港口储存服务	0	1	1	0.25	0	1	1	0.25
4	海运报关服务	0	1	1	0.25	0	1	1	0.25
5	海运代理服务	1	1	0.5	0.25	1	1	1	0.25
6	集装箱堆场服务	0	1	1	0.25	0	1	1	0.25
7	海运货物运输服务	1	1	0.5	0.25	1	1	1	0.25
8	海运经纪服务	1	1	0.5	0.25	1	1	1	0.25
9	铁路货运（CPC 7112）	1	1	0.5	0.25	1	1	1	0.25
10	船舶保养	0	1	0.5	0.25	0	1	1	0.25
11	带船员的船舶租赁服务	1	1	1	0.25	1	1	1	0.25
12	拖吊服务	0	1	1	0.25	0	1	1	0.25
13	理货测量和勘测服务	0	1	1	0.25	0	1	1	0.25
14	航空运输服务	1	1	1	0.25	1	1	1	0.25
15	航空运输服务的销售和市场营销	1	1	1	0.25	1	1	1	0.25
16	航空器保养和维修	0	1	1	0.25	0	1	1	0.25
17	铁路运输服务	0	1	0.5	0.25	0	1	0.5	0.25
18	管道运输	0	0	1	0.25	1	1	1	0.25
19	所有运输方式的辅助服务	0	1	1	0.25	0	1	1	0.25
20	其他运输服务	0	1	1	0.25	0	1	1	0.25

资料来源：参考陈万灵（2020）和孙蕊（2018）研究，再整理。

综上所示数据结果，可以得出以下四种提供方式的比较情况（见表 4-27）。

表 4-27 中韩自贸协定服务贸易韩方减让表的四种提供方式比较

	市场准入				国民待遇			
	M1	M2	M3	M4	M1	M2	M3	M4
商业	77.66	87.23	88.3	25	88.3	97.87	89.36	24.47
通信	76.32	100	76.32	25	97.37	100	100	25
建筑	50	100	100	25	100	100	100	25
分销	62.5	100	75	25	100	100	100	25
教育	25	75	50	25	25	100	0	37.5
环境	50	100	100	25	100	100	100	25
金融	12.5	8.33	54.17	25	16.67	16.67	95.83	25
旅游	66.67	100	100	25	66.67	100	100	25
娱乐	0	100	100	25	100	100	100	25
运输	37.5	95	82.5	23.75	50	100	97.5	25
平均	45.8	86.5	82.6	24.9	64.5	91.4	88.2	26.2

资料来源：参考陈万灵（2020）和孙蕊（2018）研究，再整理。

在市场准入下的四种提供方式的平均覆盖率表现为：

第一，境外消费 M2 模式比其他（M1、M3、M4）模式的指数高。

如表 4-27 所示，境外消费 M2 模式在市场准入限制条件下指标数值普遍较高，其平均值为 86.5%，而分部门中除金融服务分部门以外，商业服务、通信服务、建筑服务、分销服务、教育服务、环境服务、金融服务、旅游服务、娱乐服务和运输服务都是在境外消费 M2 模式下开放度很高，大部分都达到了

100%。而自然人移动 M4 模式可能涉及出入境等问题，和我国一样，韩国对于自然人移动的开放普遍采取比较审慎的态度，其在市场准入和国民待遇的两个限制条件下指标数值普遍不高，其平均值分别为 24.9% 和 26.2%，开放水平不高。且比较 M1、M2、M3 模式数值，M4 模式在部门层面依然是开放度最低的，且各个分部门水平也基本相同保持在 25% 左右。

第二，跨境交付 M1 模式的某些分部门开放度较低。

如表 4-27 所示，娱乐服务、教育服务和金融服务分部门对于跨境交付 M1 模式，其开放度较低，反映出韩国对于中国在相关分服务行业存在限制，这可能是因为对我国采取的"对等原则"政策。例如，娱乐服务分部门 M1 模式的开放度数值为 0，众所周知，韩国在影视娱乐领域，受韩流的推动，其产业竞争力很大，其主要原因应该是想保护相关行业市场。

其中，教育服务和金融服务分部门的跨境交付 M1 模式的开放度也较低，例如，教育服务分部门要求只有获得韩国教育部批准的学校法人，才能在其授权范围内设立教育机构（公司内部高校不需要设立学校法人）。另外，要求在韩国国内外其他高等教育机构获得认证的学分不得超过毕业所需总学分的一半等。除水平承诺中内容外，不作承诺。同时，金融服务分部门的开放度不高，主要是涉及的所有保险及其相关服务、保险经纪和代理服务以及代理和保险辅助服务领域不作承诺，仅仅对再保险和转分保服务不作限制。还有就是对于外国投资者必须拥有或控股一家金融服务提供者，且在其本国境内提供同个金融服务部门下的服务，才能在韩国设立或收购金融服务提供者的控股权，韩国的承诺将受到该条件的限制。

第三，国民待遇下的情况和市场准入的情况基本相似。

在商业服务、通信服务、建筑服务、分销服务、环境服务分部门的模式下，跨境交付 M1 模式、境外消费 M2 模式、商业存在 M3 模式的平均覆盖率都很高，说明国民待遇下的限制较为宽松，特别是建筑服务、分销服务、环境服务分部门的开放水平度为 100%，这说明韩国在这些领域有很大的优势。

还有就是教育服务分部门在商业存在 M3 模式下的平均覆盖率为 0，娱乐服务分部门在跨境交付 M1 模式中该指标水平也为 0。这反映了韩国在教育服务方面的限制政策也存在。而在跨境交付 M1 模式下的国民待遇的娱乐分部门，主要还是出于"对等保护"原因，与中国教育分部门"不作承诺"有一定的关系。

3. 中新自贸协定服务贸易中方减让表的四种提供方式比较分析

对中新自贸协定服务贸易中方减让表在市场准入和国民待遇下的四种提供方式进行比较，在市场准入和国民待遇两种限制下的服务贸易的四种提供方式的 10 个分部门详细加权赋分，如表 4-28、表 4-29、表 4-30、表 4-31、表 4-32、表 4-33、表 4-34、表 4-35、表 4-36、表 4-37 所示。

表 4-28　中新 FTA 商业服务部门中方减让表的四种提供加权赋分

	部门	市场准入				国民待遇			
		M1	M2	M3	M4	M1	M2	M3	M4
1	法律服务（CPC 861）	1	1	0.5	—	1	1	0.5	—
2	会计、审计和簿记服务（CPC 862）	1	1	0.5	—	1	1	1	—
3	税收部门（CPC 8630）	1	1	0.75	—	1	1	1	—
4	建筑设计服务（CPC 8671）	0.75	1	0.75	—	1	1	0.5	—

	部门	市场准入				国民待遇			
		M1	M2	M3	M4	M1	M2	M3	M4
5	工程服务（CPC 8672）	0.75	1	0.75	—	1	1	0.5	—
6	集中工程服务（CPC 8673）	0.75	1	0.75	—	1	1	0.5	—
7	城市规划服务	0.75	1	0.75	—	1	1	0.5	—
8	医疗和牙医服务	1	1	0.75	—	1	1	0.75	—
9	与计算机硬件安装有关的咨询服务	1	1	1	—	1	1	1	—
10	软件实施服务（CPC 842）	1	1	0.75	—	1	1	1	—
11	数据处理服务—输入准备服务（CPC 8431）	1	1	0.75	—	1	1	1	—
12	数据处理服务—数据处理和制表服务	1	1	1	—	1	1	1	—
13	涉及自有或租赁资产的房地产服务（CPC 821）	1	1	0.75	—	1	1	1	—
14	以收费或合同为基础的房地产服务（CPC 822）	1	1	0.75	—	1	1	1	—
15	广告服务（CPC 871）	0.5	0.5	0.75	—	1	1	1	—
16	市场调研及民意调查服务—市场调研服务（CPC 86401）	1	1	0.5	—	1	1	1	—
17	管理咨询服务（CPC 865）	1	1	0.5	—	0	0	0	—
18	与管理咨询相关的服务—除建筑外的项目管理服务（CPC 86601）	1	1	0.5	—	1	1	1	—
19	技术测试和分析服务（CPC 8676 及 CPC 749）涵盖的货物检验服务	1	1	0.75	—	1	1	1	—

	部门	市场准入				国民待遇			
		M1	M2	M3	M4	M1	M2	M3	M4
20	与农业、林业、狩猎和渔业有关的服务（CPC 881，882）	0.5	0.5	0.75	—	1	1	1	—
21	相关科学技术咨询服务（CPC 8675）—近海石油服务—地下勘测服务	1	1	0.75	—	1	1	1	—
22	相关科学技术咨询服务（CPC 8675）—陆上石油服务	1	1	0.75	—	1	1	1	—
23	建筑物清洁服务（CPC 874）	1	1	0.5	—	1	1	0.5	—
24	摄影服务（CPC 875）	1	1	0.5	—	1	1	1	—
25	包装服务（CPC 876）	1	1	0.5	—	1	1	1	—
26	在费用或合同基础上包装材料印刷服务	1	1	0.5	—	1	1	1	—
27	会议服务（CPC 87909）	1	1	0.5	—	1	1	1	—
28	笔译和口译服务（CPC 87905）	1	1	0.5	—	1	1	1	—
29	维修服务（CPC 63，6112，6122）	1	1	0.5	—	1	1	1	—

资料来源：参考陈万灵（2020）和孙蕊（2018）研究，再整理。模式 3 *

表 4-29 中新 FTA 通信服务部门中方减让表的四种提供加权赋分

	部门	市场准入				国民待遇			
		M1	M2	M3	M4	M1	M2	M3	M4
1	通信服务—速递服务（CPC 75121）	1	1	0.5	—	1	1	1	—
2	增值电信服务—电子邮件	1	1	0.5	—	1	1	1	—
3	增值电信服务—语音邮件	1	1	0.5	—	1	1	1	—

	部门	市场准入				国民待遇			
		M1	M2	M3	M4	M1	M2	M3	M4
4	增值电信服务—在线信息和数据检索	1	1	0.5	—	1	1	1	—
5	增值电信服务—电子数据交换	1	1	0.5	—	1	1	1	—
6	增值电信服务—增值传真服务（包括储存和发送、储存和检索）	1	1	0.5	—	1	1	1	—
7	增值电信服务—编码和规程转换	1	1	0.5	—	1	1	1	—
8	增值电信服务—在线信息	1	1	0.5	—	1	1	1	—
9	基础电信服务—寻呼服务	1	1	0.5	—	1	1	1	—
10	基础电信服务—移动话音和数据服务—模拟/数据/蜂窝服务	1	1	0.5	—	1	1	1	—
11	基础电信服务—移动话音和数据服务—个人通信服务	1	1	0.5	—	1	1	1	—
12	国内（固话话音服务）	1	1	0.5	—	1	1	1	—
13	国内（固话业务—分组交换数据传输业务	1	1	0.5	—	1	1	1	—
14	国内（固话业务—电路交换数据传输业务）	1	1	0.5	—	1	1	1	—
15	国内（固话业务—传真服务）	1	1	0.5	—	1	1	1	—
16	国内（固话业务—国内专线电路租用服务）	1	1	0.5	—	1	1	1	—
17	国际（固话业务—话音服务）	1	1	0.5	—	1	1	1	—
18	国际（固话业务—全组交换数据传输业务）	1	1	0.5	—	1	1	1	—

	部门	市场准入				国民待遇			
		M1	M2	M3	M4	M1	M2	M3	M4
19	国际（固话业务—电路交换数据传输业务）	1	1	0.5	—	1	1	1	—
20	国际（固话业务—传真服务）	1	1	0.5	—	1	1	1	—
21	国际（固话业务—国际闭合用户群话音和数据服务）	1	1	0.5	—	1	1	1	—
22	录像的分销服务	1	1	0.5	—	1	1	1	—
23	录音制品分销服务	1	1	0.5	—	1	1	1	—
24	电影院服务	1	1	0.5	—	1	1	1	—

资料来源：参考陈万灵（2020）和孙蕊（2018）研究，再整理。模式 3 *

表 4-30　中新 FTA 建筑服务部门中方减让表的四种提供加权赋分

	部门	市场准入				国民待遇			
		M1	M2	M3	M4	M1	M2	M3	M4
1	建筑及相关工程服务（CPC 511-518）	0	1	0.5	—	0	1	1	—

资料来源：参考陈万灵（2020）和孙蕊（2018）研究，再整理。模式 3 *

表 4-31　中新 FTA 分销服务部门中方减让表的四种提供加权赋分

	部门	市场准入				国民待遇			
		M1	M2	M3	M4	M1	M2	M3	M4
1	分销服务—佣金代理服务	0	1	0.5	—	0	1	1	—
2	分销服务—批发服务	0	1	0.5	—	0	1	1	—
3	分销服务—零售服务	0.25	1	0.5	—	0.25	1	1	—

	部门	市场准入				国民待遇			
		M1	M2	M3	M4	M1	M2	M3	M4
4	分销服务—特许经营	1	1	0.5	—	1	1	0.5	—
5	分销服务—无固定地点的批发或零售服务	1	1	0.5	—	1	1	0.5	—

资料来源：参考陈万灵（2020）和孙蕊（2018）研究，再整理。模式3*

表4-32　中新 FTA 教育服务部门中方减让表的四种提供加权赋分

	部门	市场准入				国民待遇			
		M1	M2	M3	M4	M1	M2	M3	M4
1	教育服务—初等教育服务（CPC 921）	0	1	0.5	—	0	1	0	—
2	教育服务—中等教育服务（CPC 922）	0	1	0.5	—	0	1	0	—
3	教育服务—高等教育服务（CPC 923）	0	1	0.5	—	0	1	0	—
4	教育服务—成人教育服务（CPC 924）	0	1	0.5	—	0	1	0	—
5	教育服务—其他教育服务（CPC 929）	0	1	0.5	—	0	1	0	—

资料来源：参考陈万灵（2020）和孙蕊（2018）研究，再整理。模式3*

表4-33　中新 FTA 环境服务部门中方减让表的四种提供加权赋分

	部门	市场准入				国民待遇			
		M1	M2	M3	M4	M1	M2	M3	M4
1	环境服务—与以下相关的环境服务（CPC 940）	0.25	1	0.5	—	1	1	1	—

续表

	部门	市场准入				国民待遇			
		M1	M2	M3	M4	M1	M2	M3	M4
2	环境服务—排污服务（CPC 9401）	0.25	1	0.5	—	1	1	1	—
3	环境服务—固体废物处理服务（CPC 9402）	0.25	1	0.5	—	1	1	1	—
4	环境服务—卫生服务（CPC 9403）	0.25	1	0.5	—	1	1	1	—
5	环境服务—废气清理服务（CPC 9404）	0.25	1	0.5	—	1	1	1	—
6	环境服务—降低噪音服务（CPC 9405）	0.25	1	0.5	—	1	1	1	—
7	环境服务—自然风景保护服务（CPC 9406）	0.25	1	0.5	—	1	1	1	—
8	环境服务—其他环境保护服务（CPC 9409）	0.25	1	0.5	—	1	1	1	—

资料来源：参考陈万灵（2020）和孙蕊（2018）研究，再整理。模式 3*

表 4-34　中新 FTA 金融服务部门中方减让表的四种提供加权赋分

	部门	市场准入				国民待遇			
		M1	M2	M3	M4	M1	M2	M3	M4
1	寿险、健康险和养老金/年金险	0.25	0.75	0.5	—	1	1	0.75	—
2	非寿险	0.25	0.75	0.5	—	1	1	0.75	—
3	再保险	0.25	0.75	0.5	—	1	1	0.75	—
4	保险附属服务	0.25	0.75	0.5	—	1	1	0.75	—
5	银行服务—接收公众存款和其他应付公众资金	0.25	1	0.75	—	1	1	0.75	—

	部门	市场准入				国民待遇			
		M1	M2	M3	M4	M1	M2	M3	M4
6	银行服务—所有类型的贷款，包括消费信贷抵押信贷、商业交易的代理和融资	0.25	1	0.75	—	1	1	0.75	—
7	银行服务—金融租赁	0.25	1	0.75	—	1	1	0.75	—
8	银行服务—所有支付和汇划服务	0.25	1	0.75	—	1	1	0.75	—
9	银行服务—担保和承诺	0.25	1	0.75	—	1	1	0.75	—
10	银行服务—自行或代客外汇交易	0.25	1	0.75	—	1	1	0.75	—
11	非银行金融机构从事汽车消费信资	0.25	1	1	—	0	1	1	—
12	其他金融服务—提供和转让金融信息数据处理以及与其他金融服务提供者的软件	1	1	0.75	—	1	1	1	—
13	其他金融服务—银行及其他金融服务（不包括保险和证券）的咨询中介和其他附属服务	1	1	0.75	—	1	1	1	—
14	金融服务—证券服务	0.25	1	0.25	—	0.25	1	1	—

资料来源：参考陈万灵（2020）和孙蕊（2018）研究，再整理。模式 3 *

表 4-35　中新 FTA 旅游服务部门中方减让表的四种提供加权赋分

部门	市场准入				国民待遇			
	M1	M2	M3	M4	M1	M2	M3	M4
旅游及与旅行相关的服务—饭店（包括公寓楼）和餐馆（CPC 641-643）	1	1	0.5	—	1	1	1	—

部门	市场准入				国民待遇			
	M1	M2	M3	M4	M1	M2	M3	M4
旅游及与旅行相关的服务—旅行社和旅游经营者（CPC 7471）	1	1	0.5	—	1	1	0.75	—

资料来源：参考陈万灵（2020）和孙蕊（2018）研究，再整理。模式 3 *

表 4-36 中新 FTA 娱乐服务部门中方减让表的四种提供加权赋分

	部门	市场准入				国民待遇			
		M1	M2	M3	M4	M1	M2	M3	M4
1	娱乐、文化和体育服务（视听服务除外）—其他娱乐服务（仅限 CPC 96191，96192）	0	0	0.5	—	0	0	0	—

资料来源：参考陈万灵（2020）和孙蕊（2018）研究，再整理。模式 3 *

表 4-37 中新 FTA 运输服务部门中方减让表的四种提供加权赋分

	部门	市场准入				国民待遇			
		M1	M2	M3	M4	M1	M2	M3	M4
1	海运服务（国际运输）	0.5	1	0.5	—	0.5	1	0.5	—
2	辅助服务—海运理货服务（CPC741）	0	1	0.5	—	0	1	1	—
3	港口储存服务	—	—	—	—	—	—	—	—
4	海运报关服务	0	1	0.5	—	0	1	1	—
5	海运代理服务	1	1	0.5	—	1	1	1	—
6	集装箱堆场服务	0	1	0.5	—	0	1	1	—
7	海运货物运输服务	—	—	—	—	—	—	—	—

	部门	市场准入				国民待遇			
		M1	M2	M3	M4	M1	M2	M3	M4
8	计算机预定服务	—	—	—	—	—	—	—	—
9	铁路货运（CPC 7112）	1	1	0.5	—	1	1	1	—
10	船舶保养	—	—	—	—	—	—	—	—
11	带船员的船舶租赁服务	—	—	—	—	—	—	—	—
12	拖吊服务	—	—	—	—	—	—	—	—
13	理货测量和勘测服务	—	—	—	—	—	—	—	—
14	航空运输服务	0	1	0.5	—	0	1	0.5	—
15	航空运输服务的销售和市场营销	—	—	—	—	—	—	—	—
16	航空器保养和维修	0	1	0.5	—	0	1	0.5	—
17	公路运输服务	1	1	0.5	—	1	1	1	—
18	机动车保养	1	1	0.5	—	1	1	1	—
19	所有运输方式的辅助服务	0	1	0.5	—	0	1	1	—
20	货物运输代理服务	1	1	0.5	—	1	1	1	—

资料来源：参考陈万灵（2020）和孙蕊（2018）研究，再整理。模式 3 *

综合以上数据，可以得出以下各分部门减让表加权赋分后的比例（见表 4-38）。

表 4-38　中新自贸协定服务贸易中方减让表的四种提供方式比较

	市场准入				国民待遇			
	M1	M2	M3	M4	M1	M2	M3	M4
商业	90.5	92.65	59.56	—	96.6	96.7	85.8	—

	市场准入				国民待遇			
	M1	M2	M3	M4	M1	M2	M3	M4
通信	100	100	50	—	100	100	100	—
建筑	0	100	50	—	0	100	100	
分销	45	100	50	—	45	100	80	
教育	0	100	50	—	0	100	0	
环境	25	100	50		100	100	100	
金融	35.7	92.9	66.1	—	87.5	100	82.1	—
旅游	100	100	50		100	100	87.5	
娱乐	0	0	0		0	0	0	
运输	45.8	100	50	—	45.8	1	87.5	
平均	44.2	88.6	52.6		57.5	89.7	72.3	—

在市场准入下的四种提供方式的平均覆盖率表现为：

第一，境外消费 M2 模式比其他（M1、M3）模式的指数高。

如表 4-38 所示，境外消费 M2 模式在市场准入限制条件下指标数值普遍较高，其平均值为 88.6%，而分部门中除娱乐服务分部门以外，商业服务、通信服务、建筑服务、分销服务、教育服务、环境服务、金融服务、旅游服务和运输服务都是在境外消费 M2 模式下开放度很高，大部分都达到了 100%。而自然人移动 M4 模式在中新服贸协定中没有涉及，而 M1 在市场准入和国民待遇的两个限制条件下指标数值普遍较低，其平均值分别为 44.2%、57.5%，开放水平不高。且比较 M1、M2、M3 模式数值，M1 模式在部门层面依然是开放度最低的。但跨境交付 M1 模式的平均覆盖率呈两极分化特征，既有达到 100% 平均覆盖率的通信服务和旅游服务分部门，也有数值为 0 的建筑服务、教育服务和娱乐服务分部门。这主要是由于各个服务分部门的具体服务活动情况差异较大，而模式 M1 和中韩 FTA 的服务贸易领域减让表结果差不多。商业存在 M3 模式的平均覆盖率中方减让表中各部门的商业存在开放水平不尽相同，分销分部门的平均数值达到 50%。

第二，跨境交付 M1 模式和商业存在 M3 模式下分部门开放度较低。

如表 4-38 所示，娱乐服务、旅游服务、分销服务和环境服务分部门对于发生在中国境内的商业存在 M3 模式其开放度较低，反映出中国在相关服务行业的发展水平较低与国际市场还存在一定差距。例如，建筑、教育和娱乐分部门某些模式的开放度数值为 0，建筑、教育和娱乐分部门的跨境交付 M1 模式都是"不作承诺"。

第三，国民待遇下的情况和市场准入的情况基本相似。

除娱乐分部门外，在商业服务、通信服务和金融服务、旅游服务分部门的模式下，跨境交付 M1、境外消费 M2、商业存在 M3 的平均覆盖率都较高。但在教育服务分部门，在跨境交付 M1 和商业存在 M3 模式下的平均覆盖率均为 0，在境外消费 M2 模式中该指标水平却为 100%。这反映了我国在教育服务方面的需求较大，给予高水平的国民待遇。而在跨境交付 M1 和商业存在 M3 模式下的国民待遇完全收紧，主要还是出于保护国内相关产业的目的，与中国教育产业特征和发展水平有一定的关系。

4. 中新自贸协定服务贸易新方减让表的四种提供方式比较分析

对中新自贸协定服务贸易新方减让表在市场准入和国民待

遇下的四种提供方式进行比较，在市场准入和国民待遇两种限制下的服务贸易的四种提供方式的 9 个分部门（无娱乐服务分部门）详细加权赋分，如表 4-39、表 4-40、表 4-41、表 4-42、表 4-43、表 4-44、表 4-45、表 4-46、表 4-47 所示。

表 4-39　中新 FTA 商业服务部门新方减让表的四种提供加权赋分

	部门	市场准入				国民待遇			
		M1	M2	M3	M4	M1	M2	M3	M4
1	法律服务（CPC 861）	1	1	1	—	1	1	1	—
2	会计、审计和簿记服务（CPC 862）	1	1	1	—	1	1	1	—
3	税收部门（CPC8 630）	1	1	1	—	1	1	1	—
4	建筑设计服务（CPC 8671）	1	1	1	—	1	1	1	—
5	工程服务（CPC 8672）	1	1	1	—	0.5	1	1	—
6	集中工程服务（CPC 8673）	1	1	1	—	1	1	1	—
7	城市规划服务	1	1	1	—	1	1	1	—
8	医疗和牙医服务	0	1	1	—	0	1	1	—
9	与计算机硬件安装有关的咨询服务	1	1	1	—	1	1	1	—
10	软件实施服务（CPC 842）	1	1	1	—	1	1	1	—
11	数据处理服务—输入准备服务（CPC 8431）	1	1	1	—	1	1	1	—
12	数据处理服务—数据处理和制表服务	1	1	1	—	1	1	1	—
13	数据处理—分时服务（CPC 8433）	1	1	1	—	1	1	1	—
14	涉及自有或租赁资产的房地产服务（CPC 821）	1	1	1	—	1	1	1	—

续表

部门	市场准入				国民待遇			
	M1	M2	M3	M4	M1	M2	M3	M4
15 以收费或合同为基础的房地产服务（CPC 822）	1	1	1	—	1	1	1	—
16 广告服务（CPC 871）	1	1	1	—	1	1	1	—
17 市场调研及民意调查服务—市场调研服务（CPC 86401）	1	1	1	—	1	1	1	—
18 管理咨询服务（CPC 865）	1	1	1	—	1	1	1	—
19 与管理咨询相关的服务—除建筑外的项目管理服务（CPC 86601）	1	1	1	—	1	1	1	—
20 技术测试和分析服务（CPC 8676 及 CPC 749）涵盖的货物检验服务	1	1	1	—	1	1	1	—
21 与农业、林业、狩猎和渔业有关的服务（CPC 881，882）	1	1	1	—	1	1	1	—
22 人员安置和提供服务（CPC 872）	1	1	1	—	1	1	1	—
23 相关科学技术咨询服务（CPC 8675）—近海石油服务—地下勘测服务	1	1	1	—	1	1	1	—
24 在费用或合同基础上包装材料印刷服务	1	1	1	—	1	1	1	—
25 摄影服务（CPC 875）	1	1	1	—	1	1	1	—
26 笔译和口译服务（CPC 87905）	1	1	1	—	1	1	1	—
27 租赁服务（CPC 831，832 除 83202）	1	1	1	—	1	1	1	—

资料来源：参考陈万灵（2020）和孙蕊（2018）研究，再整理。

表 4-40　中新 FTA 通信服务部门新方减让表的四种提供加权赋分

	部门	市场准入				国民待遇			
		M1	M2	M3	M4	M1	M2	M3	M4
1	通信服务—速递服务（CPC 75121）	1	1	1		1	1	0.5	
2	增值电信服务—电子邮件	1	1	1		1	1	0.5	
3	增值电信服务—语音邮件	1	1	1		1	1	0.5	
4	增值电信服务—在线信息和数据检索	1	1	1		1	1	0.5	
5	增值电信服务—电子数据交换	1	1	1		1	1	0.5	
6	增值电信服务—增值传真服务（包括储存和发送、储存和检索）	1	1	1		1	1		
7	增值电信服务—编码和规程转换	1	1	1		1	1	0.5	
8	增值电信服务—在线信息	1	1	1		1	1	0.5	
9	基础电信服务—寻呼服务	1	1	1		1	1	0.5	
10	基础电信服务—移动话音和数据服务—模拟/数据/蜂窝服务								
11	基础电信服务—移动话音和数据服务—个人通信服务								
12	国内（固话话音服务）	1	1	1		1	1	0.5	
13	国内（固话业务—分组交换数据传输业务）	1	1	1		1	1	0.5	
14	国内（固话业务—电路交换数据传输业务）	1	1	1		1	1	0.5	
15	国内（固话业务—传真服务）	1	1	1		1	1	0.5	
16	国内（固话业务—国内专线电路租用服务）	1	1	1		1	1	0.5	

	部门	市场准入				国民待遇			
		M1	M2	M3	M4	M1	M2	M3	M4
17	国际（固话业务—话音服务）	1	1	1		1	1	0.5	
18	国际（固话业务—全组交换数据传输业务）	1	1	1		1	1	0.5	
19	国际（固话业务—电路交换数据传输业务）								
20	国际（固话业务—传真服务）	1	1	1		1	1	0.5	
21	国际（固话业务—国际闭合用户群话音和数据服务）								
22	录像的分销服务	1	1	1		1	1	0.5	
23	录音制品分销服务	1	1	1		1	1	0.5	

资料来源：参考陈万灵（2020）和孙蕊（2018）研究，再整理。模式 3 *

表 4-41　中新 FTA 建筑服务部门新方减让表的四种提供加权赋分

	部门	市场准入				国民待遇			
		M1	M2	M3	M4	M1	M2	M3	M4
1	建筑及相关工程服务（CPC 511-518）	0	1	0.5		0	1	1	
2	民用相关工程服务（CPC 511-518）	0	1	1		0	1	1	
3	安装和组装	0.5	1	1		0.5	1	1	
4	建筑物装修工作	0.5	1	1		0.5	1	1	
5	其他：工地准备工作	0	1	1		0	1	1	
6	固定结果的护理和维修	0	1	1		0	1	1	

资料来源：参考陈万灵（2020）和孙蕊（2018）研究，再整理。模式 3 *

表 4-42 中新 FTA 分销服务部门新方减让表的四种提供加权赋分

	部门	市场准入				国民待遇			
		M1	M2	M3	M4	M1	M2	M3	M4
1	分销服务—佣金代理服务	1	1	1		1	1	1	
2	分销服务—批发服务	1	1	1		1	1	1	
3	分销服务—零售服务	1	1	1		1	1	1	

资料来源：参考陈万灵（2020）和孙蕊（2018）研究，再整理。模式 3 *

表 4-43 中新 FTA 教育服务部门新方减让表的四种提供加权赋分

	部门	市场准入				国民待遇			
		M1	M2	M3	M4	M1	M2	M3	M4
1	教育服务—初等教育服务（CPC 921）	1	1	1		1	1	1	
2	教育服务—中等教育服务（CPC 922）	1	1	1		1	1	1	
3	教育服务—高等教育服务（CPC 923）	1	1	1		1	1	1	
4	教育服务—成人教育服务（CPC 924）	1	1	1		1	1	1	
5	教育服务—其他教育服务（CPC 929）	1	1	1		1	1	1	

资料来源：参考陈万灵（2020）和孙蕊（2018）研究，再整理。模式 3 *

表 4-44 中新 FTA 环境服务部门新方减让表的四种提供加权赋分

	部门	市场准入				国民待遇			
		M1	M2	M3	M4	M1	M2	M3	M4
1	环境服务—与以下相关的环境服务（CPC 940）	1	1	1		1	1	1	

	部门	市场准入				国民待遇			
		M1	M2	M3	M4	M1	M2	M3	M4
2	环境服务—排污服务（CPC 9401）	1	1	1		1	1	1	
3	环境服务—固体废物处理服务（CPC 9402）	1	1	1		1	1	1	
4	环境服务—卫生服务（CPC 9403）	1	1	1		1	1	1	
5	环境服务—废气清理服务（CPC 9404）	1	1	1		1	1	1	
6	环境服务—降低噪音服务（CPC 9405）	1	1	1		1	1	1	

资料来源：参考陈万灵（2020）和孙蕊（2018）研究，再整理。模式3*

表4-45 中新FTA金融服务部门新方减让表的四种提供加权赋分

	部门	市场准入				国民待遇			
		M1	M2	M3	M4	M1	M2	M3	M4
1	寿险、健康险和养老金/年金险	*	*	1		*	*	1	
2	非寿险	*	*	1		*	*	1	
3	再保险	*	*	1		*	*	1	
4	保险附属服务	*	*	1		*	*	1	
5	银行服务—接收公众存款和其他应付公众资金	*	*	1		*	*	1	
6	银行服务—所有类型的贷款，包括消费信贷抵押信贷、商业交易的代理和融资	*	*	1		*	*	1	
7	银行服务—金融租赁	*	*	1		*	*	1	

	部门	市场准入				国民待遇			
		M1	M2	M3	M4	M1	M2	M3	M4
8	银行服务—所有支付和汇划服务	*	*	1		*	*	1	

资料来源：参考陈万灵（2020）和孙蕊（2018）研究，再整理。模式 3*

表 4-46 中新 FTA 旅游服务部门新方减让表的四种提供加权赋分

	部门	市场准入				国民待遇			
		M1	M2	M3	M4	M1	M2	M3	M4
1	旅游及与旅行相关的服务—饭店（包括公寓楼）和餐馆（CPC 641-643）	1	1	1		1	1	1	
2	旅游及与旅行相关的服务—旅行社和旅游经营者（CPC 7471）	1	1	1		1	1	1	
3	旅游及与旅行相关的服务	1	1	1		1	1	1	

资料来源：参考陈万灵（2020）和孙蕊（2018）研究，再整理。模式 3*

表 4-47 中新 FTA 运输服务部门新方减让表的四种提供加权赋分

	部门	市场准入				国民待遇			
		M1	M2	M3	M4	M1	M2	M3	M4
1	海运服务（国际运输）	1	1	0.5		1	1	0	1
2	港口储存服务	0	1	1		0	1	1	0
3	海运报关服务	1	1	1		1	1	1	
4	海运代理服务	1	1	1		1	1	1	

	部门	市场准入				国民待遇			
		M1	M2	M3	M4	M1	M2	M3	M4
5	集装箱堆场服务	1	1	1		1	1	1	1
6	海运货物运输服务	1	1	1		1	1	1	1
7	计算机预定服务	1	1	1		1	1	1	1
8	铁路货运（CPC 7112）	1	1	1		1	1	1	1
9	航空运输服务	1	1	1		1	1	1	1
10	公路运输服务	1	1	1		1	1	1	1
11	机动车保养	1	1	1		1	1	1	1

资料来源：参考陈万灵（2020）和孙蕊（2018）研究，再整理。模式3*

综合以上数据，可以得出以下各分部门减让表加权赋分后的比例（见表4-48）。

表4-48　中新自贸协定服务贸易新方减让表的四种提供方式比较

	市场准入				国民待遇			
	M1	M2	M3	M4	M1	M2	M3	M4
商业	96.3	100	100	—	94.4	100	100	—
通信	100	100	100	—	100	100	50	—
建筑	16.7	100	91.6	—	16.7	100	100	—
分销	100	100	100	—	100	100	100	—
教育	100	100	100	—	100	100	100	—
环境	100	100	100	—	100	100	100	—
金融	*	*	100		*	*	100	

	市场准入				国民待遇			
	M1	M2	M3	M4	M1	M2	M3	M4
旅游	100	100	100	—	100	100	100	—
运输	90.9	100	95.5	—	90.9	100	90.9	—
平均	87.99	100	98.57		87.75	100	93.43	—

在市场准入下的四种提供方式的平均覆盖率表现为：

第一，境外消费 M2 模式比其他（M1、M3）模式的指数高。

如表 4-48 所示，境外消费 M2 模式在市场准入限制条件下指标数值普遍较高，其平均值为 100%，而分部门中除金融分部门以外，商业服务、通信服务、建筑服务、分销服务、环境服务、旅游服务和运输服务都是在境外消费 M2 下开放度很高，都达到了 100%。比较 M1、M2、M3 模式数值，M1 模式在部门层面依然是开放度最低的，其平均值为 87.99%。

第二，跨境交付 M1 模式的某些分部门开放度较低。

如表 4-48 所示，建筑服务分部门对于跨境交付 M1 模式开放度较低，反映出新西兰对于中国在相关分服务行业的存在限制，这可能是因为对我国采取的"对等原则"政策。同时，金融服务分部门的开放度不高，主要受涉及承诺安装 M3 模式的条件的限制。

第三，国民待遇下的情况和市场准入的情况基本相似。

在商业服务、分销服务、教育服务、环境服务、旅游服务和运输服务分部门的模式跨境交付 M1 模式、境外消费 M2 模式、商业存在 M3 模式的平均覆盖率都很高，说明国民待遇下的限制较为宽松，特别是分销服务、教育服务、环境服务、旅游服务分部门的开放水平度为 100%，这说明新西兰在这些领域有很大的优势。

5. 中瑞自贸协定服务贸易中方减让表的四种提供方式比较分析

对中瑞自贸协定服务贸易中方减让表在市场准入和国民待遇下的四种提供方式进行比较，在市场准入和国民待遇两种限制下的服务贸易的四种提供方式的 10 个分部门详细加权赋分，如表 4-49、表 4-50、表 4-51、表 4-52、表 4-53、表 4-54、表 4-55、表 4-56、表 4-57、表 4-58 所示。

表 4-49　中瑞 FTA 商业服务部门中方减让表的四种提供加权赋分

	部门	市场准入				国民待遇			
		M1	M2	M3	M4	M1	M2	M3	M4
1	法律服务（CPC 861）	1	1	0.5	0.25	1	1	0.5	0.25
2	会计、审计和簿记服务（CPC 862）	1	1	0.5	0.25	1	1	1	0.25
3	税收部门（CPC 8630）	1	1	0.75	0.25	1	1	1	0.25
4	建筑设计服务（CPC 8671）	0.75	1	0.75	0.25	1	1	1	0.25
5	工程服务（CPC 8672）	0.75	1	0.75	0.25	1	1	1	0.25
6	集中工程服务（CPC 8673）	0.75	1	0.75	0.25	1	1	1	0.25
7	城市规划服务	0.75	1	0.75	0.25	1	1	1	0.25
8	医疗和牙医服务	1	1	0.5	0.25	1	1	0.75	0.25
9	与计算机硬件安装有关的咨询服务（CPC 841）	1	1	1	0.25	1	1	1	0.5
10	软件实施服务（CPC 842）	1	1	0.5	0.25	1	1	1	0.5
11	数据处理服务—输入准备服务（CPC 8431）	1	1	0.5	0.25	1	1	1	0.5
12	数据处理服务—数据处理和制表服务	1	1	1	0.25	1	1	1	0.25

	部门	市场准入				国民待遇			
		M1	M2	M3	M4	M1	M2	M3	M4
13	研发服务（中方）	0	1	0.5	0.25	0	1	1	0.25
14	涉及自有或租赁资产的房地产服务（CPC 821）	1	1	0.5	0.25	0	1	1	0.25
15	以收费或合同为基础的房地产服务（CPC 822）	1	1	0.5	0.25	1	1	1	0.25
16	市场调研（中方）	0	0	0.5	0.25	1	1	1	0.25
17	广告服务（CPC 871）	0.5	0.5	0.75	0.25	1	1	1	0.25
18	管理咨询服务（CPC 865）	1	1	0.5	0.25	1	1	1	0.25
19	与管理咨询相关的服务—除建筑外的项目管理服务（CPC 86601）	1	1	0.5	0.25	0	0	0	0.25
20	技术测试和分析服务（CPC 8676 及 CPC749）涵盖的货物检验服务	1	1	0.5	0.25	1	1	1	0.25
21	与农业、林业、狩猎和渔业有关的服务（CPC 881，882）	1	1	0.5	0.25	1	1	1	0.25
22	与采矿有关服务（中方）	0	1	0.5	0.25	0	1	1	0.25
23	相关科学技术咨询服务（CPC 872）	1	1	0.5	0.25	1	1	1	0.25
24	建筑清洁服务	0	1	0.5	0.25	0	1	1	0.25
25	摄影服务（CPC 875）	0	1	0.5	0.25	1	1	1	0.25
26	包装服务（CPC 876）	1	1	0.5	0.25	1	1	1	0.25
27	会议服务（CPC 87909）	1	1	0.5	0.25	1	1	1	0.25
28	笔译和口译服务（CPC 87905）	1	1	0.5	0.25	1	1	1	0.5

部门		市场准入				国民待遇			
		M1	M2	M3	M4	M1	M2	M3	M4
29	维修服务（CPC 63, 6112, 6122）	1	1	0.5	0.25	1	1	1	0.25
30	办公机械和设备（包括计算机）维修服务	1	1	0.5	0.25	1	1	1	0.25
31	租赁服务（CPC 831, 832, 除83202）	1	1	0.5	0.25	1	1	1	0.25

资料来源：参考陈万灵（2020）和孙蕊（2018）研究，再整理。模式3*

表 4-50　中瑞 FTA 通信服务部门中方减让表的四种提供加权赋分

部门		市场准入				国民待遇			
		M1	M2	M3	M4	M1	M2	M3	M4
1	通信服务—速递服务（CPC 75121）	1	1	0.5	0.25	1	1	1	0.25
2	增值电信服务—电子邮件	0.5	1	0.5	0.25	1	1	1	0.25
3	增值电信服务—语音邮件	0.5	1	0.5	0.25	1	1	1	0.25
4	增值电信服务—在线信息和数据检索	0.5	1	0.5	0.25	1	1	1	0.25
5	增值电信服务—电子数据交换	0.5	1	0.5	0.25	1	1	1	0.25
6	增值电信服务—增值传真服务（包括储存和发送、储存和检索）	0.5	1	0.5	0.25	1	1	1	0.25
7	增值电信服务—编码和规程转换	0.5	1	0.5	0.25	1	1	1	0.25
8	增值电信服务—在线信息	0.5	1	0.5	0.25	1	1	1	0.25
9	基础电信服务—寻呼服务	0.5	1	0.5	0.25	1	1	1	0.25

	部门	市场准入				国民待遇			
		M1	M2	M3	M4	M1	M2	M3	M4
10	基础电信服务—移动话音和数据服务—模拟/数据/蜂窝服务	0.5	1	0.5	0.25	1	1	1	0.25
11	基础电信服务—移动话音和数据服务—个人通信服务	0.5	1	0.5	0.25	1	1	1	0.25
12	国内（固话话音服务）	0.5	1	0.5	0.25	1	1	1	0.25
13	国内（固话业务—分组交换数据传输业务）	0.5	1	0.5	0.25	1	1	1	0.25
14	国内（固话业务—电路交换数据传输业务）	0.5	1	0.5	0.25	1	1	1	0.25
15	国内（固话业务—传真服务）	0.5	1	0.5	0.25	1	1	1	0.25
16	国内（固话业务—国内专线电路租用服务）	0.5	1	0.5	0.25	1	1	1	0.25
17	国际（固话业务—话音服务）	0.5	1	0.5	0.25	1	1	1	0.25
18	国际（固话业务—全组交换数据传输业务）	0.5	1	0.5	0.25	1	1	1	0.25
19	国际（固话业务—电路交换数据传输业务）	0.5	1	0.5	0.25	1	1	1	0.25
20	国际（固话业务—传真服务）	0.5	1	0.5	0.25	1	1	1	0.25
21	国际（固话业务—国际闭合用户群话音和数据服务）	0.5	1	0.5	0.25	1	1	1	0.25
22	录像的分销服务	0.5	1	0.5	0.25	1	1	1	0.25
23	录音制品分销服务	0.5	1	0.5	0.25	1	1	1	0.25
24	电影院服务	1	1	0.5	0.25	1	1	1	0.25

资料来源：参考陈万灵（2020）和孙蕊（2018）研究，再整理。模式 3 *

表 4-51 中瑞 FTA 建筑服务部门中方减让表的四种提供加权赋分

	部门	市场准入				国民待遇			
		M1	M2	M3	M4	M1	M2	M3	M4
1	建筑及相关工程服务（CPC 511-518）	0	1	0.5	0.25	0	1	1	0.25

资料来源：参考陈万灵（2020）和孙蕊（2018）研究，再整理。模式 3 *

表 4-52 中瑞 FTA 分销服务部门中方减让表的四种提供加权赋分

	部门	市场准入				国民待遇			
		M1	M2	M3	M4	M1	M2	M3	M4
1	分销服务—佣金代理服务	0	1	0.5	0.25	1	1	1	0.25
2	分销服务—批发服务	0	1	0.5	0.25	1	1	1	0.25
3	分销服务—零售服务	0.25	1	0.5	0.25	0.25	1	1	0.25
4	分销服务—特许经营	1	1	1	0.25	1	1	1	0.25
5	分销服务—无固定地点的批发或零售服务	1	1	1	0.25	1	1	1	0.25

资料来源：参考陈万灵（2020）和孙蕊（2018）研究，再整理。

表 4-53 中瑞 FTA 教育服务部门中方减让表的四种提供加权赋分

	部门	市场准入				国民待遇			
		M1	M2	M3	M4	M1	M2	M3	M4
1	教育服务—初等教育服务（CPC 921）	0	1	0.5	0.25	0	1	0	0.5
2	教育服务—中等教育服务（CPC 922）	0	1	0.5	0.25	0	1	0	0.5
3	教育服务—高等教育服务（CPC 923）	0	1	0.5	0.25	0	1	0	0.5

	部门	市场准入				国民待遇			
		M1	M2	M3	M4	M1	M2	M3	M4
4	教育服务—成人教育服务（CPC 924）	0	1	0.5	0.25	0	1	0	0.5
5	教育服务—其他教育服务（CPC 929）	0	1	0.5	0.25	0	1	0	0.5

资料来源：参考陈万灵（2020）和孙蕊（2018）研究，再整理。模式 3 *

表 4-54　中瑞 FTA 环境服务部门中方减让表的四种提供加权赋分

	部门	市场准入				国民待遇			
		M1	M2	M3	M4	M1	M2	M3	M4
1	环境服务—排污服务（CPC 9401）	0.25	1	0.5	0.25	1	1	1	0.25
2	环境服务—固体废物处理服务（CPC 9402）	0.25	1	0.5	0.25	1	1	1	0.25
3	环境服务—卫生服务（CPC 9403）	0.25	1	0.5	0.25	1	1	1	0.25
4	环境服务—废气清理服务（CPC 9404）	0.25	1	0.5	0.25	1	1	1	0.25
5	环境服务—降低噪音服务（CPC 9405）	0.25	1	0.5	0.25	1	1	1	0.25
6	环境服务—自然风景保护服务（CPC 9406）	0.25	1	0.5	0.25	1	1	1	0.25
7	环境服务—其他环境保护服务（CPC 9409）	0.25	1	0.5	0.25	1	1	1	0.25

资料来源：参考陈万灵（2020）和孙蕊（2018）研究，再整理。模式 3 *

表 4-55　中瑞 FTA 金融服务部门中方减让表的四种提供加权赋分

部门		市场准入				国民待遇			
		M1	M2	M3	M4	M1	M2	M3	M4
1	寿险、健康险和养老金/年金险	0.25	0.75	0.5	0.25	1	1	0.75	0.25
2	非寿险	0.25	0.75	0.5	0.25	1	1	0.75	0.25
3	再保险	0.25	0.75	0.5	0.25	1	1	0.75	0.25
4	保险附属服务	0.25	0.75	0.5	0.25	1	1	0.75	0.25
5	银行服务—接收公众存款和其他应付公众资金	0.25	1	0.5	0.25	1	1	0.75	0.25
6	银行服务—所有类型的贷款包括消费信贷抵押信贷商业交易代理和融资	0.25	1	0.5	0.25	1	1	0.75	0.25
7	银行服务—金融租赁	0.25	1	0.5	0.25	1	1	0.75	0.25
8	银行服务—所有支付和汇划服务	0.25	1	0.5	0.25	1	1	0.75	0.25
9	银行服务—担保和承诺	0.25	1	0.5	0.25	1	1	0.75	0.25
10	银行服务—自行或代客外汇交易	0.25	1	0.5	0.25	1	1	0.75	0.25
11	非银行金融机构从事汽车消费信资	0.25	1	1	0.25	0	1	1	0.25
12	其他金融服务—提供和转让金融信息金融数据处理以及与其他金融服务提供者有关的软件	1	1	0.75	0.25	1	1	1	0.25
13	其他金融服务—银行及其他金融服务（不包括保险和证券）咨询、中介和其他附属服务	1	1	0.75	0.25	1	1	1	0.25
14	金融服务—证券服务	0.25	1	0.25	0.25	1	1	1	0.25

资料来源：参考陈万灵（2020）和孙蕊（2018）研究，再整理。模式 3 *

表 4-56　中瑞 FTA 旅游服务部门中方减让表的四种提供加权赋分

	部门	市场准入				国民待遇			
		M1	M2	M3	M4	M1	M2	M3	M4
1	旅游及与旅行相关的服务—饭店（包括公寓楼）和餐馆（CPC 641-643）	1	1	0.5	0.25	1	1	1	0.25
2	旅游及与旅行相关的服务—旅行社和旅游经营者（CPC 7471）	1	1	1	0.25	1	1	0.75	0.25
3	瑞士旅游及与旅行相关的服务	1	1	1	0.25	1	1	1	0.25

资料来源：参考陈万灵（2020）和孙蕊（2018）研究，再整理。模式 3 *

表 4-57　中瑞 FTA 娱乐服务部门中方减让表的四种提供加权赋分

商业部门	市场准入				国民待遇			
	M1	M2	M3	M4	M1	M2	M3	M4
娱乐、文化和体育服务（视听服务除外）—其他娱乐服务（仅限 CPC 96191，96192）	1	1	1	0.25	1	1	1	0.25

资料来源：参考陈万灵（2020）和孙蕊（2018）研究，再整理。模式 3 *

表 4-58　中瑞 FTA 运输服务部门中方减让表的四种提供加权赋分

	部门	市场准入				国民待遇			
		M1	M2	M3	M4	M1	M2	M3	M4
1	海运服务（国际运输）	0.75	1	0.5	0.25	1	1	0.5	0.25
2	辅助服务—海运理货服务（CPC 741）	0	1	0.5	0.25	0	1	1	0.25

	部门	市场准入				国民待遇			
		M1	M2	M3	M4	M1	M2	M3	M4
3	港口储存服务	0	1	1	0.25	0	1	1	0.25
4	海运报关服务	0	1	0	0.25	0	1	1	0.25
5	海运代理服务	1	1	0.5	0.25	1	1	1	0.25
6	集装箱堆场服务	0	1	0.75	0.25	0	1	1	0.25
7	货运（CPC 7222）	0.5	1	0	0.25	0.5	1	0	0.25
8	带船员的船舶租赁服务（中方地面服务）	0	1	0.5	0.25	0	1	1	0.25
9	拖吊服务	—	—	—	—	—	—	—	—
10	水路运输配套服务	—	—	—	—	—	—	—	—
11	航空订座服务	0.5	1	0	0.25	1	1	0	0.25
12	航空运输服务的销售和市场营销	—	—	—	—	—	—	—	—
13	航空器保养和维修	0	1	0.5	0.25	0	1	1	0.25
14	铁路客运、货运	1	1	0.5	0.25	1	1	1	0.25
15	公路运输服务	1	1	0.5	0.25	1	1	1	0.25
16	公路保养	0	1	1	0.25	1	1	1	0.25
17	所有运输方式的辅助服务	0	1	0.5	0.25	0	1	1	0.25
18	货物运输	1	1	0.5	0.25	1	1	1	0.25

资料来源：参考陈万灵（2020）和孙蕊（2018）研究，再整理。模式 3 *

综合以上数据，可以得出以下各分部门减让表加权赋分后的比例（见表 4-59）。

表 4-59 中瑞自贸协定服务贸易中方减让表的四种提供方式比较

	市场准入				国民待遇			
	M1	M2	M3	M4	M1	M2	M3	M4
商业	79.7	95.0	57.8	25	84.4	96.7	94.5	25
通信	54.5	100	50	25	100	100	100	25
建筑	0	100	50	25	0	100	100	25
分销	45	100	70	25	85	100	100	25
教育	0	100	50	25	0	100	0	50
环境	25	100	50	25	100	100	100	25
金融	35.7	92.9	55.4	25	92.9	100	82.1	25
旅游	100	100	83.3	25	100	100	91.7	25
娱乐	100	100	100	25	100	100	100	25
运输	38.3	100	48.3	25	50	100	83.3	25
平均	47.82	98.8	61.48	25	71.23	99.67	85.16	27.5

在市场准入下的四种提供方式的平均覆盖率表现为：

第一，境外消费 M2 模式比其他（M1、M3）模式的指数高。

如表 4-59 所示，境外消费模式 M2 在市场准入限制条件下指标数值普遍较高，其平均值为 98.8%，而分部门中除商业服务、金融服务分部门以外，通信服务、建筑服务、分销服务、教育服务、环境服务、旅游服务、娱乐服务、运输服务的开放度指数都达到了 100%。而自然人移动 M4 模式在市场准入和国民待遇的两个限制条件下指标数值普遍较低，其平均值分别为 25% 和 27.5%，其开放水平不高。且比较 M1、M2、M3、M4 模式的数值，M4 模式在部门层面依然是开放度最低的，且各个分部门水平也基本相同，均保持在 25% 左右。但跨境交付 M1 模式的平均覆盖率呈两极分化特征，既有达到 100%平均覆盖率的旅游服务和娱乐服务分部门，也有数值为 0 的建筑服务、教育服务分部门。这主要是由于各个服务分部门的具体服务活动情况差异较大，而 M1 模式和中瑞 FTA 的服务贸易领域减让表结果差不多。商业存在 M3 模式的平均覆盖率中方减让表中各部门的商业存在开放水平不尽相同，分销分部门的平均数值达到 50%，其原因可能也和中国特色的国内市场环境有一定关系。

第二，跨境交付 M1 模式和自然人移动 M4 模式下分部门开放度较低。

如表 4-59 所示，通信服务、建筑服务、教育服务、环境服务和运输服务分部门对于发生在中国境内的商业存在 M3 其开放度较低，反映出中国在相关服务行业的发展水平较低，与国际市场还存在一定差距。例如，在跨境交付 M1 模式中，建筑服务、教育服务分部门的开放度数值为 0，其在承诺减让表中建筑服务和教育服务分部门的跨境交付 M1 模式都是"不作承诺"。

第三，国民待遇下的情况和市场准入的情况基本相似。

在国民待遇限制条件下，通信服务、环境服务和娱乐服务分部门的模式下，跨境交付 M1、境外消费 M2、商业存在 M3 的平均覆盖率都较高。但教育服务分部门在跨境交付 M1 和商业存在 M3 模式下的平均覆盖率均为 0，在境外消费 M2 模式中该指标水平却为 100%。这反映了我国在教育服务方面的需求较大，给予高水平的国民待遇。而在跨境交付 M1 和商业存在 M3 模式下的国民待遇完全收紧，主要还是出于保护国内相关产业的目的，与中国教育产业特征和发展水平有一定的关系。

6. 中瑞自贸协定服务贸易瑞方减让表的四种提供方式比较分析

对中瑞自贸协定服务贸易瑞方减让表在市场准入和国民待遇下的四种提供方式进行比较，在市场准入和国民待遇两种限制下的服务贸易的四种提供方式的 10 个分部门详细加权赋分，如表 4-60、表 4-61、表 4-62、表 4-63、表 4-64、表 4-65、表 4-66、表 4-67、表 4-68、表 4-69 所示。

表 4-60　中瑞 FTA 商业服务部门瑞方减让表的四种提供加权赋分

	部门	市场准入				国民待遇			
		M1	M2	M3	M4	M1	M2	M3	M4
1	法律服务（CPC 861）	1	1	1	0.25	1	1	1	0.25
2	会计、审计和簿记服务（CPC 862）	1	1	1	0.25	1	1	1	0.25
3	税收部门（CPC 8630）	1	1	1	0.25	1	1	1	0.25
4	建筑设计服务（CPC 8671）	1	1	1	0.25	1	1	1	0.25
5	工程服务（CPC 8672）	1	1	1	0.25	0.5	1	0.75	0.25
6	集中工程服务（CPC 8673）	1	1	1	0.25	1	1	1	0.25
7	城市规划服务	1	1	1	0.25	1	1	1	0.25
8	医疗和牙医服务	1	1	0	0	1	1	0.75	0.25
9	与计算机硬件安装有关的咨询服务（CPC 841）	1	1	1	0.25	1	1	1	0.25
10	软件实施服务（CPC 842）	1	1	1	0.25	1	1	1	0.25
11	数据处理服务—输入准备服务（CPC 8431）	1	1	1	0.25	1	1	1	0.25
12	数据处理服务—数据处理和制表服务	1	1	1	0.25	1	1	1	0.25

	部门	市场准入				国民待遇			
		M1	M2	M3	M4	M1	M2	M3	M4
13	其他（CPC845，数据库准备服务，客户培训）	1	1	1	0.25	1	1	1	0.25
14	研发服务（中方）	1	1	1	0.25	1	1	1	0.25
15	涉及自有或租赁资产的房地产服务（CPC 821）	1	1	1	0.25	1	1	1	0.25
16	以收费或合同为基础的房地产服务（CPC 822）	1	1	1	0.25	1	1	1	0.25
17	不配备操作人员的租赁服务（船舶航运）	0	1	0.75	0.25	0	1	0.75	0.25
18	内水道运输	0	1	0.75	0.25	0	1	0.75	0.25
19	与航空器相关	1	1	1	0.25	1	1	1	0.25
20	市场调研（中方）	1	1	1	0.25	1	1	1	0.25
21	广告服务（CPC 871）	1	1	1	0.25	1	1	1	0.25
22	管理咨询服务（CPC 865）	1	1	1	0.25	1	1	1	0.25
23	与管理咨询相关的服务—除建筑外的项目管理服务（CPC 86601）	1	1	1	0.25	1	1	1	0.25
24	技术测试和分析服务（CPC 8676及CPC749）涵盖的货物检验服务	1	1	1	0.25	1	1	1	0.25
25	与农业、林业、狩猎和渔业有关的服务（CPC 881，882）	1	1	1	0.25	1	1	1	0.25
26	与采矿有关的服务	1	1	1	0.25	1	1	1	0.25
27	与制造业有关的服务	1	1	1	0.25	1	1	1	0.25
28	与林业和狩猎有关的服务	1	1	1	0.25	1	1	1	0.25

续表

	部门	市场准入				国民待遇			
		M1	M2	M3	M4	M1	M2	M3	M4
29	相关科学技术咨询服务（CPC 872)	1	1	1	0.25	1	1	1	0.25
30	建筑清洁服务	0	1	1	0.25	0	1	1	0.25
31	摄影服务（CPC 875)	1	1	1	0.25	1	1	1	0.25
32	包装服务（CPC 876)	0	1	1	0.25	0	1	1	0.25
33	会议服务（CPC 87909)	1	1	1	0.25	1	1	1	0.25
34	笔译和口译服务（CPC 87905)	1	1	1	0.25	0.75	0.75	0.75	0.25
35	维修服务（CPC 63, 6112, 6122)	1	1	1	0.25	1	1	1	0.25
36	办公机械和设备（包括计算机）维修服务	1	1	1	0.25	1	1	1	0.25
37	租赁服务（CPC 831, 832, 除 83202)	1	1	1	0.25	1	1	1	0.25

资料来源：参考陈万灵（2020）和孙蕊（2018）研究，再整理。模式 3 *

表 4-61　中瑞 FTA 通信服务部门瑞方减让表的四种提供加权赋分

	部门	市场准入				国民待遇			
		M1	M2	M3	M4	M1	M2	M3	M4
1	通信服务—速递服务（CPC 75121)	1	1	1	0.25	1	1	1	0.25
2	增值电信服务—电子邮件	1	1	1	0.25	1	1	1	0.25
3	增值电信服务—语音邮件	1	1	1	0.25	1	1	1	0.25
4	增值电信服务—在线信息和数据检索	1	1	1	0.25	1	1	1	0.25

	部门	市场准入				国民待遇			
		M1	M2	M3	M4	M1	M2	M3	M4
5	增值电信服务—电子数据交换	1	1	1	0.25	1	1	1	0.25
6	增值电信服务—增值传真服务（包括储存和发送、储存和检索）	1	1	1	0.25	1	1	1	0.25
7	增值电信服务—编码和规程转换	1	1	1	0.25	1	1	1	0.25
8	增值电信服务—在线信息	1	1	1	0.25	1	1	1	0.25
9	基础电信服务—寻呼服务	1	1	1	0.25	1	1	1	0.25
10	国内（固话话音服务）	1	1	1	0.25	1	1	1	0.25
11	国内（固话业务—分组交换数据传输业务）	1	1	1	0.25	1	1	1	0.25
12	国内（固话业务—电路交换数据传输业务）	1	1	1	0.25	1	1	1	0.25
13	国内（固话业务—传真服务）	1	1	1	0.25	1	1	1	0.25
14	国内（固话业务—国内专线电路租用服务）	1	1	1	0.25	1	1	1	0.25
15	国际（固话业务—话音服务）	1	1	1	0.25	1	1	1	0.25
16	国际（固话业务—全组交换数据传输业务）	1	1	1	0.25	1	1	1	0.25
17	国际（固话业务—传真服务）	1	1	1	0.25	1	1	1	0.25
18	录像的分销服务	1	1	1	0.25	1	1	1	0.25
19	录音制品分销服务	1	1	1	0.25	1	1	1	0.25
20	电影院服务	1	1	1	0.25	1	1	1	0.25

资料来源：参考陈万灵（2020）和孙蕊（2018）研究，再整理。模式 3 *

表 4-62 中瑞 FTA 建筑服务部门瑞方减让表的四种提供加权赋分

	部门	市场准入				国民待遇			
		M1	M2	M3	M4	M1	M2	M3	M4
1	建筑及相关工程服务（CPC 511-518）	0	1	1	0.25	0	1	1	0.25
2	民用相关工程服务（CPC 511- 518）	0	1	1	0.25	0	1	1	0.25
3	安装和组装	0	1	1	0.25	0	1	1	0.25
4	建筑物装修工作	0	1	1	0.25	0	1	1	0.25
5	其他：工地准备工作	0	1	1	0.25	0	1	1	0.25
6	固定结果的护理和维修	0	1	1	0.25	0	1	1	0.25

资料来源：参考陈万灵（2020）和孙蕊（2018）研究，再整理。模式 3 *

表 4-63 中瑞 FTA 分销服务部门瑞方减让表的四种提供加权赋分

	部门	市场准入				国民待遇			
		M1	M2	M3	M4	M1	M2	M3	M4
1	分销服务—佣金代理服务	1	1	1	0.25	1	1	1	0.25
2	分销服务—批发服务	1	1	0.5	0.25	1	1	1	0.25
3	分销服务—零售服务	1	1	0.5	0.25	1	1	1	0.25
4	分销服务—特许经营	1	1	1	0.25	1	1	1	0.25

资料来源：参考陈万灵（2020）和孙蕊（2018）研究，再整理。

表 4-64 中瑞 FTA 教育服务部门瑞方减让表的四种提供加权赋分

	部门	市场准入				国民待遇			
		M1	M2	M3	M4	M1	M2	M3	M4
1	教育服务—初等教育服务（CPC 921）	0	0	1	0	0	0	1	0

	部门	市场准入				国民待遇			
		M1	M2	M3	M4	M1	M2	M3	M4
2	教育服务—中等教育服务（CPC 922）	0	0	1	0	0	0	1	0
3	教育服务—高等教育服务（CPC 923）	0	0	1	0	0	0	1	0
4	教育服务—成人教育服务（CPC 924）	0	0	1	0	0	0	1	0
5	教育服务—其他教育服务（CPC 929）	0	0	1	0	0	0	1	0

资料来源：参考陈万灵（2020）和孙蕊（2018）研究，再整理。模式 3 *

表 4-65　中瑞 FTA 环境服务部门瑞方减让表的四种提供加权赋分

	部门	市场准入				国民待遇			
		M1	M2	M3	M4	M1	M2	M3	M4
1	环境服务—排污服务（CPC 9401）	0	1	1	0.25	0	1	1	0.25
2	环境服务—固体废物处理服务（CPC 9402）	0	1	1	0.25	0	1	1	0.25
3	环境服务—卫生服务（CPC 9403）	1	1	1	0.25	1	1	1	0.25
4	环境服务—废气清理服务（CPC 9404）	1	1	1	0.25	1	1	1	0.25

资料来源：参考陈万灵（2020）和孙蕊（2018）研究，再整理。模式 3 *

表 4-66　中瑞 FTA 金融服务部门瑞方减让表的四种提供加权赋分

	部门	市场准入				国民待遇			
		M1	M2	M3	M4	M1	M2	M3	M4
1	寿险、健康险和养老金/年金险	0.5	*	0.5	0.25	0.5	1	0.5	0.25
2	非寿险	*	*	0.5	0.25	*	1	0.5	0.25

　　资料来源：参考陈万灵（2020）和孙蕊（2018）研究，再整理。模式 3 *

表 4-67　中瑞 FTA 旅游服务部门瑞方减让表的四种提供加权赋分

	部门	市场准入				国民待遇			
		M1	M2	M3	M4	M1	M2	M3	M4
1	旅游及与旅行相关的服务—饭店（包括公寓楼）和餐馆（CPC 641-643）	0.75	1	1	0.25	0.75	1	1	0.25
2	旅游及与旅行相关的服务—旅行社和旅游经营者（CPC 7471）	1	1	1	0.25	1	1	1	0.25
3	旅游及与旅行相关的服务	0	1	1	0.25	0	1	1	0.25

　　资料来源：参考陈万灵（2020）和孙蕊（2018）研究，再整理。模式 3 *

表 4-68　中瑞 FTA 娱乐服务部门瑞方减让表的四种提供加权赋分

部门	市场准入				国民待遇			
	M1	M2	M3	M4	M1	M2	M3	M4
娱乐、文化和体育服务	1	1	1	0.25	1	1	1	0.25
通讯社服务	1	1	1	0.25	1	1	1	0.25

　　资料来源：参考陈万灵（2020）和孙蕊（2018）研究，再整理。模式 3 *

表 4-69　中瑞 FTA 运输服务部门瑞方减让表的四种提供加权赋分

	部门	市场准入				国民待遇			
		M1	M2	M3	M4	M1	M2	M3	M4
1	海运服务（国际运输）	0.75	1	0.5	0.25	1	1	0.5	0.25
2	辅助服务—海运理货服务（CPC 741）	0	1	0.5	0.25	0	1	1	0.25
3	港口储存服务	0	1	1	0.25	0	1	1	0.25
4	海运报关服务	0	1	0	0.25	0	1	1	0.25
5	海运代理服务	1	1	0.5	0.25	1	1	0.5	0.25
6	集装箱堆场服务	0	1	0.75	0.25	0	1	1	0.25
7	海运货物运输服务	—	—	—	—	—	—	—	—
8	旅客运输	—	—	—	—	—	—	—	—
9	货运（CPC 7222）	0.5	1	0	0.25	0.5	1	0	0.25
10	船舶保养	—	—	—	—	—	—	—	—
11	带船员的船舶租赁服务（中方地面服务）	0	1	0.5	0.25	0	1	1	0.25
12	拖吊服务	—	—	—	—	—	—	—	—
13	水路运输配套服务	—	—	—	—	—	—	—	—
14	航空订座服务	0.5	1	0	0.25	1	1	0	0.25
15	航空运输服务的销售和市场营销	—	—	—	—	—	—	—	—
16	航空器保养和维修	0	1	0.5	0.25	0	1	1	0.25
17	铁路客运、货运	1	1	0.5	0.25	1	1	1	0.25
18	公路运输服务	1	1	0.5	0.25	1	1	1	0.25
19	公路保养	0	1	1	0.25	1	1	1	0.25
20	所有运输方式的辅助服务	0	1	0.5	0.25	0	1	1	0.25

	部门	市场准入				国民待遇			
		M1	M2	M3	M4	M1	M2	M3	M4
21	货物运输	1	1	0.5	0.25	1	1	1	0.25

资料来源：参考陈万灵（2020）和孙蕊（2018）研究，再整理。模式 3 *

综合以上数据，可以得出以下各分部门减让表加权赋分后的比例，对中瑞自贸协定服务贸易瑞方减让表在市场准入和国民待遇下的四种提供方式进行比较，可以得出以下数值（见表 4-70）。

表 4-70　中瑞自贸协定服务贸易瑞方减让表的四种提供方式比较

	市场准入				国民待遇			
	M1	M2	M3	M4	M1	M2	M3	M4
商业	89	100	95.9	24.3	87	99.3	97	25
通信	100	100	100	25	100	100	50	25
建筑	0	100	100	25	0	100	100	25
分销	100	100	75	25	100	100	100	25
教育	0	0	100	0	0	0	100	0
环境	100	100	100	25	100	100	100	25
金融	*	*	50	25	*	100	50	25
旅游	58	100	100	25	58	100	100	25
娱乐	100	100	100	25	1	1	1	25
运输	26	100	85.2	24.1	28.1	100	92	24
平均	63.67	88.89	90.6	22.34	52.7	80	79	22.4

资料来源：参考陈万灵（2020）和孙蕊（2018）研究，再整理。模式 3 *

在市场准入下的四种提供方式的平均覆盖率表现为：

第一，境外消费 M2 模式比其他（M1、M3）模式的指数高。

如表 4-70 所示，境外消费 M2 模式在市场准入限制条件下，除教育服务和金融服务分部门以外，商业服务、通信服务、建筑服务、分销服务、环境服务、旅游服务、娱乐服务和运输服务开放度指数都达到了 100%。比较 M1、M2、M3 模式数值，M4 模式在部门层面依然是开放度最低的，且各个分部门水平也基本相同，保持在 25% 左右。

第二，跨境交付 M1 模式的某些分部门其开放度较低。

如表 4-70 所示，除通信服务、分销服务、环境服务和娱乐服务以外，建筑服务分部门和教育服务分部门对于跨境交付 M1 其开放度较低，反映出瑞士对于中国在相关分服务行业存在限制，这可能是因为对我国采取的"对等原则"政策。同时，金融服务分部门的开放度不高，主要是受涉及的承诺安装 M3 模式的条件限制。

第三，国民待遇下的情况和市场准入的情况基本相似。

在商业服务、分销服务、环境服务分部门的模式下，跨境交付 M1、境外消费 M2、商业存在 M3 的平均覆盖率都很高，说明国民待遇下的限制较为宽松，特别是分销服务和环境服务分部门的开放水平度为 100%，这说明瑞士在这些领域有很大的优势。

第五章

结论与政策建议

一、结论

区域服务贸易自由化已经成为当今国际贸易发展的最新趋势，从"GATS→区域服务贸易自由化→服务贸易协定（TiSA）"的发展路径来看，了解我国目前已签订自贸协定服务贸易领域的成果与不足，才能深刻地认识和更好地运用这一趋势。鉴于此，本研究首先概述了现阶段我国与已签署自贸协定的服务贸易现状，参考 APEC FTA "分部门—条款—核心要件"三级分类框架和构建了包含"覆盖率指数""广度指数""深度指数"在内的 3 个指标体系，并形成在条款层面测度覆盖广度和在核心要件层面测度覆盖深度的 8 个细分指标；另一方面，完善了五级分类频度方法及其加权赋分指标用以评估部门开放清单中的部门开放深度，并补充了统计服务部门和分部门开放数量的部门开放广度指标。对我国与澳大利亚、韩国和瑞士这 3 个代表性国家签署的自贸协定服务领域承诺减让表做了量化分析，最后基于分析结论对未来我国与更多国家进行更多自贸协定谈判提出了政策建议。

（一）主要结论

在前文研究主要结论的基础上，根据对我国已签署的自贸协定内容的比较分析，得出了以下几方面的主要结论。

1. 我国已签署的自贸协定文本的规则覆盖广度和深度均不高

根据第三章的评估结果和比较分析，中国目前已签订的 22 个自贸协定中 3 个代表性自贸协定文本为例，参考 3 个自贸协定的整体覆盖率，比较各个协定的广度和深度上的指数来看有明显不同。无论是广度还是深度指数，3 个自贸协定的指数都不高，基本在 0.4~0.5 水平上下浮动，只有中韩自贸协定的广度指数达到了 0.5，且高于平均水平，深度指数则为 0.39，略高于平均水平。这说明中韩自贸协定虽然在粗略的"分部门"层次上的覆盖率指数较好，但在分类更为详细的"条款"层次和所涉及最为详细的"核心要件"层次上还有提升空间。

另外，虽然目前我国已签订自贸协定文本中都包含有跨境服务贸易、投资、自然人移动和知识产权的基本内容，但是细观其中的条款和核心要件，则不难发现其内容大量援引了 GATS 及其相关文件，只有少数地方纳入了超越 GATS 的条款和核心要件，并且表述约束力不足或只停留在意向宣告层面。具体以 3 个具有代表性的自贸协定为例，在传统市场准入、原产地规则、海关程序和卫生与植物检疫等领域，基本能做到各领域内的实质性承诺，但在深度指数上表现较差，主要因其涉及条款内核心要件数量太多，在这些领域上的可执行性实质性承诺太少。在金融、电信服务、电子商务和竞争政策比较敏感和代表服务贸易发展新趋势的领域，虽然含有相关章节和条款内容也比较简单，但其核心要件数量少，关键核心要件覆盖少，实质性承诺涉及不多。仅在跨境服务贸易这个领域上，3个代表性自贸协定基本覆盖了关键条款内的核心要件，达到了较高的自由度水平。

2. 我国已签署的自贸协定服务贸易领域开放广度和深度也不高

本研究通过基于频度分析（Hoekman，1995）的五级分类"加权平均"方法，各部门减让表清单的评估分析，结果显示中方减让表在开放广度和深度上指数不高，以3个代表性自贸协定的服务贸易领域的中方的减让表为例，其覆盖率数值都要比缔约国的减让表覆盖率数值要低得多。例如，缔约国的 A. Cov. 平均值为 75. 2%，比中方减让表的 A. Cov. 平均值 58. 7%，要高出 16. 5%。说明缔约国作出承诺的限制措施比中方要少，限制程度比中方要小得多，其指标所代表的开放深度也要比中方承诺的要好。

比较3个代表性自贸协定承诺减让表的具体承诺开放深度覆盖率指标（见表4-4），可以发现两个特点：第一，中方的减让表承诺开放深度指数相对比较平稳，面对不同的缔约国变化幅度基本控制在5%以内；第二，3个经济发达国家缔约方明显高于中方，特别是中新自贸协定服务贸易领域的新西兰方的减让表覆盖率数值高达 91. 36%，是中方和其他缔约方所承诺减让表中覆盖率数值最高的。这反映出这些国家在大部分部门的大部分提供模式下都给出了"没有限制"的承诺，使用限制措施也很少。

其中，3个代表性服务贸易协定，都呈现出国民待遇承诺大于市场准入承诺的特点。这是因为国民待遇是从实施的结果来评估的，不管其给予外国服务或服务提供商的待遇形式是否与本国同类服务和服务提供者相同，只要实施的结果相同就可以了，因此各国在国民待遇上的承诺相较于市场准入相对开放。而市场准入作为服务贸易保护的第一道门槛其决定作用更大，因此各个国家在市场准入上的承诺也更为谨慎，中国所签署的自贸协定也都存在这样的情况。但值得注意的是，在中新自贸协定中，双方都没有在自然人移动模式4都没有进行承诺。比较其他已签署的自贸协定中唯一的例外。

另外，在已签署的自贸协定服务贸易领域，中方承诺减让表对第5类"教育服务"却作出"不作承诺"的为大多数。其市场准入承诺大于国民待遇承诺，这主要是由于模式3在国民待遇承诺上均"不作承诺"，充分体现了我国对教育服务的特殊的保护政策。还有就是在3个协定的具体各分部门的赋分值的分布，可以看到，在4种限制模式的选择上，境外消费模式2是开放度最高的，也是"无限制"承诺分布最多的。

3. 我国已签署的自贸协定服务贸易体现出"GATS平行"特征

本研究通过对我国已签署的3个代表性自贸协定中服务贸易相关协定内容和双方服务贸易具体承诺减让表的分析评估，其主要结论为：3个代表性自贸协定中服务贸易相关条款体现出与GATS大体平行相似"GATS＝"的特征，这种比较典型现象，不仅反映在与已签署的3个代表性协定的比较上，也反映在和我国已签署自贸协定不同的区域服务贸易协定内容中。总体上体现出我国对服务贸易领域还比较谨慎，与当前欧美发达国家已签订的高水平高规格的服务贸易协定还有一定的差距。但我国在与个别国家和地区签署的服贸协定中包含一些服务贸易相关框架安排。例如，中澳自贸协定中首次使用"负面清单"方式以及中韩自贸协定第二阶段谈判也承诺使用"负面清单"等，对今后我国再签署相关自贸协定起到了一定的示范作用。

从市场准入和国民待遇两个方面对自贸协定中双方减让表的10多个分部门的加权赋分计算的结果显示，我国在大部分服务部门都积极地作出了承诺。对所有作出承诺的服务部门而言，境外消费模式2上所作出的承诺最多，在跨境交付模式1、商业存在模式3与自然人移动模式4作出了一定程度的限制，其中对自然人移动模式的限制最为严格。

其中中方减让表提供模式类别中，跨境交付模式1和商业存在模式3均普遍呈负向非对称性特征，跨境交付模式1的非对称性特征比商业存在模式3更为明显。特别是模式3的开放深度均已超过我国加入WTO所签署的入世议定书附件9的平均水平，是中国服务贸易开放的重点方向。但是在一些分部门领域限制措施的使用依然广泛，主要集中在对"教育服务"领域的限制。说明虽然协定中作出了一些框架性的服务开放安排，但"敏感"部门依然是限制措施使用得较为集中的领域。其目前的部门开放承诺并未达到预期水平，未来基于"负面清单"模式的服务贸易谈判值得期待。

二、政策建议

本书结合近期我国已签署的服务贸易协定的发展现状，提出以下政策建议。

（一）积极和主动对接国际最新服务贸易新规则

本书深入地分析了我国已签署的代表性自贸协定文本中，相关服务贸易领域的十几个分部门的核心要件的分布的比较情况。对于我国来说，应立足在市场准入、原产地规则和海关程序等传统规则和基本服务贸易领域的基础上，加强关注投资、知识产权、金融、电信、电子商务、竞争政策等和服务贸易密切相关的新领域。

2020 年 11 月 15 日，中国和东盟 10 国、日本、韩国、澳大利亚和新西兰等正式签署了《区域全面经济伙伴关系协定》(Regional Comprehensive Economic Partnership, RCEP)。RCEP 为我国新一轮对外开放提供了有力支撑，同时对我国服务贸易开放水平的提升有显著作用。以中国为例，在服务贸易开放方面，中方承诺达到了已签署的自贸协定中最高水平，承诺服务部门数量将在 2001 年加入 WTO 承诺的约 100 个部门的基础上，新增了一批相关研发、管理咨询、制造业相关服务、空运等新兴服务部门 22 个，并提高已有的金融、法律、建筑、海运等相关 37 个部门的承诺水平。

除市场开放及相关国际服务贸易规则外，我国在 RCEP 转卖的"服务贸易"章节的三个附件内容中，分别对金融服务、电信服务和专业服务相关领域作出了更全面和更高的水平承诺，对专业资质互认也作出了合作安排。特别是在金融领域首次引入新金融服务、自律组织、金融信息转移和处理等规则；在电信领域里现有"东盟'10+1'自贸协定"电信附件基础上，增加了相关监管方法、国际海底电缆系统、网络元素非捆绑、电杆、管线和管网的接入、国际移动漫游、技术选择的灵活性等新规则内容。其目的为积极和主动地对接类似 RECP 等在服务领域制度最新的区域自贸协定，起到良好的示范作用。我国获得比较有"保障"的开放经验之后，将会陆续复制到中国即将签署的新的自贸协定中，逐步树立中国对接全球性和区域性高质量经贸协定的自信心和竞争力。

（二）通过对已签署的自贸协定进阶谈判和升级，提升服务贸易水平

现阶段，我国通常在第一次同其他国家和地区签订自贸协定时，表现出比较拘谨和保守的态势。在目前我国已签署的22个自贸协定中，已完成进阶和升级谈判的有5个，包括中国—东盟自贸协定升级、中国—巴基斯坦第二阶段、中国—新西兰（升级）、中国—智利（升级）。同时在进行中的还有中国—韩国自贸协定第二阶段谈判和中国—秘鲁自贸协定升级谈判。

将来在和其他国家和地区新缔结自贸协定时，应注意避免这样的情况发生。具体操作时，中国应区分不同国家和地区经济体的现实情况，有侧重地进行调整。例如，对于大部分不发达地区的国家和地区经济体，逐步通过协定文本的升级谈判中增加更多的国际标准的服务贸易新机制，以缩小和发达地区间的自贸协定差距，并提高自贸协定整体的政策深度，保障协定对今后贸易交往中的实际意义。

对于发达国家和地区经济体，应考虑从我国最需要的和可操作性强的服务部门和服务提供模式开始，由点到面地逐步改善和国际服务贸易相关标准的差距。例如，积极推进基于准入前"市场准入"的负面清单模式在服务贸易领域下的实际应用，2021年8月海南跨境服务贸易负面清单正式实施，这是我国跨境服务贸易领域的首张负面清单。逐步扩大在电信、医疗、教育、养老等服务部门市场开放；有序开放银行卡清算等市场和放开外资保险经纪公司经营范围限制，以及放宽或取消银行、证券、基金管理、期货、金融资产管理公司等外资股比限制，逐步统一中外资银行市场准入标准等。2021年，中国积极推动自贸协定的谈判及若干升级谈判，处于升级谈判和研究阶段的

协定共有 18 个。中国应该在谈判和研究之初积极推进，以提高我国的服务贸易领域开放格局。

（三）增加国家间的高水平投资协定，促进服务贸易领域改革开放

根据商务部统计，我国已经与全球 130 多个国家和地区签订了投资协定，同现有已签署自贸协定国家和地区的经济体之间已基本形成投资领域的国际合作网络，同时还在积极推进更高水平双边投资协定的达成。

发达国家推动建立的自由贸易投资规则，往往标准更高，涵盖范围更广，不仅要取消或降低商品的关税，还涵盖安全标准、技术贸易壁垒、动植物卫生检疫、竞争政策、知识产权、政府采购、争端解决，以及有关劳工和环境保护的规定；而发展中国家倡导的 GATS 规则，根据国家的经济发展阶段不同，更注重降低标准和规则。

例如，中美投资协定谈判自 2008 年启动，截至目前，已进行了二十多轮谈判，美国以 2012 年双边投资协定的范本作为美国正在推进的 TPP 谈判的基石，而中国选择以准入前国民待遇和负面清单为基础的中美 BIT 谈判。美国投资协定新范本确立了目前世界上最高水平的投资规则。在投资准入、权益保障、环境、劳工、业绩要求、透明度、争端解决等条款方面，对比我国对外国政府间签署的投资协定惯常做法均有更高要求。

当前国际的第二代投资政策与服务贸易的创新开放机制高度吻合，因此高水平的投资自由化和便利化对各国在自贸协定中深化服务贸易开放有很大的促进作用，有利于我国推动服务贸易进一步开放，并带动国内市场有序竞争和相关企业规范化改革。

　　为了成功对接诸如 RCEP、CPTTP 等国际高标准的服务贸易新规则，中国应探索建立符合国际惯例的服务贸易领域投资管理新模式，对接重点服务领域的资质与认证管理国际标准，建立高标准服务贸易对接机制。同时，简化服务领域投资的行政部门审批手续和流程，培育高标准的公平竞争的国际营商环境。扩大服务贸易领域知识产权的保护，特别是加大在版权、专利和商标等知识产权的执法监管力度，完善服务贸易企事业单位的诚信和惩戒机制的体系建设。

参考文献

［1］ 舒燕．医疗服务贸易自由化的全球趋势与我国特征［J］．中国卫生经济，2021，40（02）：73-76.

［2］ 武力超，林澜，陈凤兰，邵霄宇．服务贸易开放对服务企业出口的影响研究［J］．国际经贸探索，2020，36（11）：20-34.

［3］ 朱廷珺，班元浩．生产性服务贸易自由化与制造业全球价值链的攀升［J］．经济经纬，2020，37（06）：57-65.

［4］ 王霞．增加值视角下区域服务贸易协定对全球服务贸易自由化进程的影响［J］．世界经济研究，2020（08）：42-55+136.

［5］ 汪莹．服务贸易自由化对制造业全要素生产率影响研究［D］．湘潭大学，2020.

［6］ 班元浩．生产性服务贸易自由化与制造业全球价值链攀升［D］．兰州财经大学，2020.

［7］ 陈晓彤．中国—东盟旅游服务贸易自由化法律研究［J］．辽宁经济，2020（03）：20-22.

［8］ 赵晋平．展望海南自贸港的服务贸易自由化之路［J］．今日海南，2020（03）：8-11.

［9］ 程桥．《服务贸易协定》及我国应对研究［D］．大连海事大学，2019.

［10］ 刘广威．服务业开放、制度与企业创新——来自上市公司的证据［J］．上海经济，2019（04）：58-70.

［11］ 马盈盈．服务贸易自由化与全球价值链：参与度及分工地位［J］．

国际贸易问题，2019（07）：113-127.

[12] 柯欣．竞争政策协调推动粤港澳大湾区融合的作用机理研究［D］．广东外语外贸大学，2019.

[13] 罗军．制造业服务化转型与就业技能结构变动［J］．中国人口科学，2019（03）：53-66+127.

[14] 黄伟荣．中国—东盟自由贸易区升级版研究［D］．对外经济贸易大学，2019.

[15] 程斌琪．金融科技对金融服务贸易自由化的影响研究［D］．对外经济贸易大学，2019.

[16] 柳欣卓．服务贸易自由化对中国制成品出口复杂度的影响研究［D］．东北师范大学，2019.

[17] 徐跃权．服务贸易自由化对我国服务出口技术复杂度的影响研究［D］．河南财经政法大学，2019.

[18] 李雪麟．CAFTA 与 AFTA 服务贸易自由化对比研究［D］．广西大学，2019.

[19] 王婷婷．服务贸易自由化对中国制造业出口技术复杂度的影响研究［D］．南京财经大学，2019.

[20] 迟福林．促进粤港澳大湾区建设 提升服务贸易自由化水平［J］．财经界，2019（10）：59-61.

[21] 周茂华．服务贸易自由化对我国制造业企业出口技术复杂度的影响［D］．湖南大学，2019.

[22] 陈靓．PTA 协定中服务自由化"深度"的测量及对贸易增长影响的实证［J］．世界经济研究，2019（03）：57-67+136.

[23] 孟夏，李俊．RCEP 框架下的服务贸易自由化［J］．南开学报（哲学社会科学版），2019（01）：156-166.

[24] 杨娟，陈恩．CEPA 机制下服务贸易自由化经济效应研究［J］．亚太经济，2018（06）：135-139+149.

[25] 余欣．广东推进服务贸易自由化及创新发展研究［J］．城市观察，2018（05）：67-72.

[26] 陈和，刘远．粤港澳服务贸易自由化：理论、政策与实践［J］．中国发展，2018，18（04）：26-32．

[27] 黄丽娜．中国金融服务贸易自由化对经济增长的影响研究［D］．首都经济贸易大学，2018．

[28] 李方静，张静．服务贸易自由化程度对企业出口决策的影响探析［J］．世界经济研究，2018（06）：44-57+108+136．

[29] 陈靓．从 GATS 到 TiSA［D］．上海社会科学院，2018．

[30] 林丹岚．金融服务贸易自由化对金融企业绩效的影响研究［D］．广东外语外贸大学，2018．

[31] 李宏亮，谢建国．服务贸易自由化能否促进中国企业创新［J］．中南财经政法大学学报，2018（03）：127-137+160．

[32] 蔡东方．浅谈服务贸易自由化对中国国际竞争力的影响［J］．全国流通经济，2018（13）：20-21．

[33] 曾宇龙．CAFTA 银行服务贸易壁垒研究［D］．广西大学，2018．

[34] 金雨辰．海峡两岸服务贸易竞争力比较与合作机制研究［D］．陕西师范大学，2018．

[35] 孙蕊．中国服务贸易开放政策的广度与深度研究［D］．天津财经大学，2018．

[36] 林峰，向倩兰，邓可斌．Burgess 推论成立吗——服务贸易差额扩大恶化货物贸易条件的跨国实证［J］．国际贸易问题，2018（04）：90-102．

[37] 舒杏，王佳．生产性服务贸易自由化对制造业生产率的影响机制与效果研究［J］．经济学家，2018（03）：73-81．

[38] 周小琪．我国金融服务贸易自由化对经济增长的影响分析［J］．长春金融高等专科学校学报，2018（02）：45-48．

[39] 孟翡．中间服务贸易自由化的货物出口效应——关于二者影响机制的研究综述［J］．国际经贸探索，2018，34（01）：19-32．

[40] 谢慧．中国服务贸易自由化的进展及对策［J］．现代商业，2017（34）：34-35．

［41］郑昭阳，孟猛．亚太自由贸易区的经济效应分析［J］．国际经济合作，2017（07）：28-33.

［42］赵新锋．中韩服务贸易自由化水平的测度及比较分析［D］．天津商业大学，2017.

［43］张悦，崔日明．美欧服务贸易自由化对中国经济的影响及对策［J］．理论学刊，2017（03）：80-86.

［44］张悦，李静．国际服务贸易规则演变新趋势与我国的对策［J］．经济纵横，2017（05）：123-128.

［45］曲奕盈．中国生产性服务贸易自由化路径研究［D］．辽宁大学，2017.

［46］郑晓龙．全球价值链视角下中国生产性服务贸易自由化对制造业升级影响的研究［D］．云南财经大学，2017.

［47］赵瑾．全球服务贸易壁垒：主要手段、行业特点与国家分布——基于OECD服务贸易限制指数的分析［J］．国际贸易，2017（02）：31-39.

［48］王俊，钱思义．双轨并行：中国服务贸易自由化的路径选择［J］．江苏社会科学，2017（01）：17-22.

［49］郭文慧．服务贸易自由化对产业结构变动的影响研究［D］．东华大学，2017.

［50］任靓，林桂军，赵绍全．如何应对美国推动服务贸易自由化的挑战［J］．国际贸易，2016（06）：63-66.

［51］戴翔．服务贸易自由化是否影响中国制成品出口复杂度［J］．财贸研究，2016，27（03）：1-9.

［52］谢巍．我国金融服务贸易自由化对经济增长的影响研究［D］．湘潭大学，2016.

［53］王玉冰．贸易自由化对中国服务业生产率的影响分析［D］．重庆大学，2016.

［54］张光南，黎叶子，伍俐斌．粤港澳服务贸易自由化"负面清单"管理的问题与对策［J］．港澳研究，2016（02）：60-67+95.

［55］单文宣.我国国际旅游服务贸易自由化法律研究［D］.华东政法大学，2016.

［56］郑昭阳，刘晨阳.TPP 商品和服务贸易自由化的经济效果分析［J］.亚太经济，2016（02）：51-57.

［57］李伟.粤港澳服务贸易自由化若干法律问题研究［D］.广东财经大学，2016.

［58］王迎新.法国服务贸易自由化与监管及其启示［J］.国际贸易，2016（02）：48-55.

［59］卞海丽.我国区域贸易协定中服务贸易自由化的经济效应评估［D］.东南大学，2016.

［60］邓晶，张文倩.生产性服务贸易自由化对制造业升级的影响——基于全球价值链视角［J］.云南财经大学学报，2015，31（06）：45-49.

［61］赵瑾.WTO 国内规制改革与国际服务贸易自由化发展趋势［J］.国际经济合作，2015（11）：27-33.

［62］佟欣秋.区域贸易协定演进研究［D］.大连海事大学，2015.

［63］孙玉红.中美区域服务贸易自由化机制的差异及经济利益分析［J］.宏观经济研究，2015（07）：139-149.

［64］程媛媛.中国服务贸易自由化效应研究［D］.中共中央党校，2015.

［65］曾纪斌.服务贸易自由化条件下海峡两岸服务贸易竞争力比较及服务贸易合作研究［D］.暨南大学，2015.

［66］翟立强.服务贸易自由化的新动向 TISA 谈判发展及中国的战略选择［J］.商业经济研究，2015（16）：27-29.

［67］奚艳秋.服务贸易自由化与经济增长［D］.浙江大学，2015.

［68］刘中伟.东亚区域服务贸易自由化合作发展机制研究［D］.北京科技大学，2015.

［69］夏天然.全球视角下的服务贸易自由化与产业结构的变迁［D］.上海交通大学，2015.

［70］林芬.RTAs 框架下印度服务贸易自由化分析与评估［D］.湘潭大

学，2015.

[71] 王璐．海运服务贸易自由化的经济增长效应研究［D］．中国海洋大学，2015.

[72] 李亚南．ECFA 框架下两岸服务贸易自由化的经济效应研究［D］．中央民族大学，2015.

[73] 李墨丝．区域服务贸易自由化的新趋向——基于 GATS 和 NAFTA 类型协定的比较［J］．上海对外经贸大学学报，2015，22（03）：5-16+56.

[74] 孟东梅．区域一体化背景下的中日韩服务贸易自由化研究［D］．对外经济贸易大学，2015.

[75] 王冠凤．上海自由贸易试验区金融服务贸易自由化研究［J］．经济体制改革，2015（01）：157-162.

[76] 张栖桐．国际服务贸易自由化对中国的影响及对策［J］．中国商贸，2014（33）：126-128.

[77] 李伍荣，周艳．《服务贸易协定》的发展路向［J］．国际经济评论，2014（06）：111-130+7-8.

[78] 王青青，段元萍．我国金融服务贸易自由化与经济增长的关系研究［J］．改革与开放，2014（22）：10-12.

[79] 林峰，戴磊，林珊．从国际服务贸易摩擦透视自由化谈判的利益差异——兼论中国服务贸易发展的战略选择［J］．亚太经济，2014（06）：44-48.

[80] 李强．生产性服务贸易自由化与制造业生产率提升：基于跨国数据的分析［J］．商业经济与管理，2014（11）：85-96.

[81] 孙艳新．FTA 框架下中国服务贸易自由化研究［D］．东北财经大学，2015.

[82] 宋丽丽，刘廷华，张英涛．多边服务贸易自由化促进了生产率提升吗？——基于中国工业行业数据的检验［J］．世界经济研究，2014（09）：49-55+88.

[83] 孙玉红，李芳．透视 TPP 框架下美国"高标准"的服务贸易自由化

机制 [J]．对外经贸，2014（09）：4-7．

[84] 陈昭．印度服务贸易自由化及监管政策研究 [J]．国际贸易，2014
（09）：61-66．

[85] 刘莉，黄建忠．内向型管制的壁垒效应与服务贸易自由化 [J]．国
际经贸探索，2014，30（08）：96-106．

[86] 张晔．《国际服务贸易协定》的自由化推进和多边化悬疑 [J]．亚
太经济，2014（04）：46-51．

[87] 徐美芳．服务贸易竞争力提升与上海自贸区贸易自由化探析——以
我国保险服务贸易为例 [J]．上海经济研究，2014（07）：113-121+
129．

[88] 黄壮壮．中日韩区域服务贸易自由化的制度设计 [D]．广东财经大
学，2014．

[89] 从连．中国服务贸易壁垒的测度与国际比较 [D]．南开大学，2014．

[90] 宗伟濠．CEPA框架下香港与内地服务贸易自由化研究 [D]．广东
外语外贸大学，2014．

[91] 屠新泉，莫慧萍．服务贸易自由化的新选项：TiSA谈判的现状及其
与中国的关系 [J]．国际贸易，2014（04）：41-47．

[92] 艾宏伟．中国—东盟自由贸易区服务贸易法律问题研究 [D]．安徽
大学，2014．

[93] 张志明．中国服务贸易的服务业就业效应研究 [D]．辽宁大学，2014．

[94] 李广轩．服务贸易自由化对我国制造业出口规模的影响 [D]．山西
师范大学，2014．

[95] 王冠凤．上海自贸区推进贸易自由化研究 [J]．中国流通经济，
2014，28（03）：79-84．

[96] 廖淼．金融服务贸易自由化、金融效率与经济增长 [D]．西南财经
大学，2014．

[97] 谢兰兰．粤港澳三地服务贸易自由化的优劣势分析与对策——广东
省的优势、困境与突围 [J]．广东技术师范学院学报，2014，35
（02）：82-87．

[98] 霍伟东，石力．全面加快海峡两岸服务贸易自由化进程研究［J］．山东社会科学，2014（01）：106-111.

[99] 李伍荣，冯源．《国际服务贸易协定》与《服务贸易总协定》的比较分析［J］．财贸经济，2013（12）：86-93.

[100] 陈恩，刘璟．粤港澳服务贸易自由化路径研究［J］．南方经济，2013（11）：74-84.

[101] 张艳，唐宜红，周默涵．服务贸易自由化是否提高了制造业企业生产效率［J］．世界经济，2013，36（11）：51-71.

[102] 杜鸿国．台湾宽带电信产业自由化及发展策略研究［D］．南开大学，2013.

[103] 石静霞．中国自由贸易协定中的服务贸易自由化研究（英文）［J］.China Legal Science，2013，1（04）：95-118.

[104] 谢宝剑．基于强制性制度变迁视角下的粤港服务贸易自由化发展研究［J］．亚太经济，2013（04）：136-140.

[105] 周念利，王颖然，姚远．区域服务贸易自由化发展的 GATS+特征分析［J］．经济经纬，2013（04）：60-65.

[106] 徐纪彬．论国际服务贸易的自由化及中国的对策［D］．山东大学，2013.

[107] 邹春萌．东盟区域服务贸易自由化程度的定量评析［J］．亚太经济，2013（03）：38-43.

[108] 张小琳，姚新超．服务贸易自由化的争议与中国的发展趋势［J］．国际经济合作，2013（05）：29-35.

[109] 陈远．中国—东盟商业服务贸易发展研究［D］．广西大学，2013.

[110] 杨明皓．中国—东盟通讯服务贸易发展研究［D］．广西大学，2013.

[111] 宋丽丽．多边服务贸易自由化的动态收益［D］．南开大学，2013.

[112] 李英．中国金融服务贸易自由化的经济增长效应分析［D］．辽宁大学，2013.

[113] 徐林．中国与日韩服务贸易自由化水平的测度［D］．辽宁大学，2013.

[114] 熊凤琴. 我国生产者服务贸易发展及其自由化的经济增长效应研究 [D]. 厦门大学，2013.

[115] 陈宽. 区域经济一体化下的中国服务贸易自由化研究 [D]. 苏州大学，2013.

[116] 田园，程宝栋，赵亚平. 中巴自贸区服务贸易自由化机制分析 [J]. 国际经济合作，2012（12）：45-48.

[117] 周念利，于婷婷，沈铭辉. 印度参与服务贸易自由化进程的分析与评估——兼论中印自贸区服务贸易自由化构想 [J]. 南亚研究，2012（04）：49-63.

[118] 周念利. 缔结"区域贸易安排"能否有效促进发展中经济体的服务出口 [J]. 世界经济，2012，35（11）：88-111.

[119] 樊瑛. 中国服务业开放度研究 [J]. 国际贸易，2012（10）：10-17.

[120] 张楠. 服务贸易自由化经济增长效应的产生路径——基于日本通信服务贸易引力模型的 SVM 测算 [J]. 沈阳工业大学学报（社会科学版），2013，6（01）：17-24.

[121] 邹春萌，林珊. 中国—东盟服务贸易自由化程度的评估与分析 [J]. 亚太经济，2012（04）：60-65.

[122] 夏天然，陈宪. 服务贸易壁垒的度量及其自由化的影响 [J]. 南昌大学学报（人文社会科学版），2012，43（03）：102-107.

[123] 逯宇铎，李丹. 贸易结构、分工经济与区域服务贸易自由化的福利效应 [J]. 国际经贸探索，2012，28（05）：15-24+34.

[124] 王俊. ECFA 架构下两岸服务贸易自由化的制度设计 [J]. 苏州大学学报（哲学社会科学版），2012，33（03）：88-95.

[125] 张楠，王厚双. 日本金融服务贸易自由化及其影响的实证分析 [J]. 现代日本经济，2012（03）：25-34.

[126] 王晓妍. 贸易自由化与发展中国家产业安全问题研究 [D]. 东北财经大学，2012.

[127] 王丽华. 东亚地区服务贸易合作研究 [D]. 南开大学，2012.

[128] 周念利，郭辛捷．中国参与区域服务贸易自由化机制与对策研究 [J]．国际经贸探索，2012，28（04）：52-60.

[129] 龙洁．WTO 下国际金融服务贸易的自由化与规制 [D]．华东政法大学，2012.

[130] 王瑾．自由贸易区战略对我国发展服务贸易影响的研究 [D]．辽宁大学，2012.

[131] 李丹．亚洲区域服务贸易自由化的合作问题研究 [D]．大连理工大学，2012.

[132] 冯小兵，李继峰，黄烨菁．中国外资银行服务贸易自由化的经济影响研究——基于可计算一般均衡 SIC-GE 模型的定量分析 [J]．世界经济研究，2011（11）：40-45+86+88.

[133] 唐颖峰，寇宁，朱冰冰．我国海运服务市场开放与海运服务贸易自由化 [J]．世界贸易组织动态与研究，2011，18（06）：31-36.

[134] 袁立波．中日韩区域服务贸易自由化研究 [D]．武汉大学，2011.

[135] 逯宇铎，李丹．区域服务贸易自由化合作机制的博弈分析——以中国—东盟自由贸易区为例 [J]．经济经纬，2011（05）：61-65.

[136] 张楠，崔日明．服务贸易自由化的经济增长效应研究——基于 SVM 的实证检验 [J]．财经问题研究，2011（09）：13-20.

[137] 黄建忠，袁姗．两岸服务贸易自由化评估及福建对台服务合作——基于两岸加入 WTO 与 ECFA 中服务贸易开放承诺的比较 [J]．亚太经济，2011（04）：130-136.

[138] 赵书华，王久红，荣博．中美视听服务贸易自由化与市场开放度研究 [J]．财贸经济，2011（06）：81-86.

[139] 张楠．服务贸易自由化的经济增长效应研究：日本案例 [D]．辽宁大学，2011.

[140] 王娟．中国—东盟国家服务贸易效应的实证研究 [D]．西南交通大学，2011.

[141] 陈秀莲．中国—东盟服务贸易一体化与服务贸易壁垒的研究 [D]．西南财经大学，2011.

[142] 木泉. 中国国际旅游服务贸易法律问题研究 [D]. 中国政法大学, 2011.

[143] 朱玉荣. 经济全球化背景下转轨国家贸易自由化研究 [D]. 东北财经大学, 2010.

[144] 钟娟. 环境产品和服务贸易自由化影响研究——发展中国家的视角 [J]. 河南社会科学, 2010, 18 (06): 110-113.

[145] 樊瑛. 国际服务贸易模式与服务贸易自由化研究 [J]. 财贸经济, 2010 (08): 76-82+137.

[146] 熊凤琴. 生产者服务贸易自由化对我国商品出口的影响分析 [J]. 南京财经大学学报, 2010 (04): 26-31.

[147] 姚星, 黎耕. 服务贸易自由化与经济增长的关系研究——基于吸收能力角度的实证分析 [J]. 国际贸易问题, 2010 (07): 68-74.

[148] 曾乐天. 我国金融服务贸易自由化的现状和经济效应分析 [D]. 浙江工业大学, 2010.

[149] 郑兴无. 国际航空运输服务贸易的理论、政策与实证研究 [D]. 南开大学, 2010.

[150] 韩岳峰. 美国服务贸易模式特征研究 [D]. 吉林大学, 2010.

[151] 闫凯南. 金融服务贸易自由化条件下中资银行的国际化 [D]. 吉林大学, 2010.

[152] 王磊, 徐晓岭. 引力模型的应用: 中美服务贸易自由化的测量 [J]. 统计与决策, 2010 (04): 24-26.

[153] 沈铭辉, 周念利. 亚洲区域经济合作新领域: 区域服务贸易自由化 [J]. 太平洋学报, 2010, 18 (02): 66-74.

[154] 孟夏, 于晓燕. 论中国区域服务贸易自由化的发展与特点 [J]. 国际贸易, 2009 (09): 54-58.

[155] 吴宏, 曹亮. 服务贸易自由化: 多边主义 VS 区域主义——一个新政治经济学的分析视角 [J]. 管理世界, 2009 (08): 165-166.

[156] 郑辉. 服务贸易与经济增长研究 [D]. 暨南大学, 2009.

[157] 朱勇. 金融服务贸易自由化条件下我国银行业竞争力研究 [D].

黑龙江大学，2009.

[158] 周韵奇.中国—东盟服务贸易自由化研究［D］.厦门大学，2009.

[159] 纪小围.北美自由贸易区服务贸易自由化的贸易效应研究［D］.
厦门大学，2009.

[160] 李瑞琴.服务贸易与货物贸易自由化对经济增长影响的差异性研究
［J］.财贸经济，2009（03）：96-100+137.

[161] 邹春萌.韩国—东盟服务贸易的发展与自由化［J］.南洋问题研
究，2008（03）：39-44.

[162] 邹春萌.中国—东盟服务贸易自由化与竞争力［J］.东南亚纵横，
2008（08）：49-53.

[163] 周念利.RTAs框架下的服务贸易自由化机制分析［J］.国际贸易，
2008（08）：59-62.

[164] 周念利.RTAs框架下的服务贸易自由化分析与评估［J］.世界经
济研究，2008（06）：49-54+87.

[165] 刘能华.金融服务贸易自由化与金融稳定［D］.复旦大学，2008.

[166] 周念利.区域服务贸易自由化安排的"GATS+"特征分析［J］.
国际贸易问题，2008（05）：69-74.

[167] 孔令强.金融服务贸易自由化、金融发展与经济增长［D］.厦门
大学，2008.

[168] 邹春萌.东盟区域服务贸易自由化：特点与前景［J］.东南亚研
究，2008（01）：32-36.

[169] 龚唯平.粤港区域服务贸易自由化的困境及其对策［J］.广东社
会科学，2007（06）：137-141.

[170] 施丹.金融服务贸易自由化的经济效应分析［D］.对外经济贸易
大学，2007.

[171] 尚涛，郭根龙，冯宗宪.我国服务贸易自由化与经济增长的关系研
究——基于脉冲响应函数方法的分析［J］.国际贸易问题，2007
（08）：92-98.

[172] 蔡洁，蒙英华.贸易自由化福利收益模型和我国服务贸易发展的现

实选择［J］．国际贸易问题，2007（05）：84-90．

［173］江敏．国际服务贸易自由化新趋势与中国的对策［D］．华东师范大学，2007．

［174］詹艺丹．论金融服务贸易自由化与经济增长［J］．长江大学学报（社会科学版），2007（01）：72-75．

［175］廖万红．服务贸易自由化趋势下中国教育服务贸易的开放与发展［D］．广西大学，2006．

［176］赵仁康．全球服务贸易自由化态势研判——以多哈回合服务贸易谈判为视角［J］．国际贸易问题，2006（09）：125-128．

［177］姚战琪．金融服务贸易自由化的理论及发展趋势［J］．国际贸易，2006（06）：38-44．

［178］刘振杰．服务贸易自由化与我国服务贸易发展对策［D］．天津财经大学，2006．

［179］郭根龙．金融服务贸易自由化下的金融管制研究［J］．上海经济研究，2006（03）：34-39．

［180］王玺．金融服务贸易自由化条件下的金融效率与经济增长［D］．湖南大学，2005．

［181］宋金玲．入世后我国金融服务贸易自由化效应分析以及战略选择［D］．大连理工大学，2005．

［182］苗秀杰．服务贸易自由化对我国的正负效应分析［J］．理论前沿，2005（11）：20-21．

［183］徐舫．服务贸易自由化与我国服务业开放研究［D］．山东大学，2005．

［184］王绍媛．国际服务贸易自由化研究［D］．东北财经大学，2004．

［185］鲁茉莉，余华川．从比较优势角度论服务贸易自由化与我国经济安全［J］．国际观察，2004（02）：51-57．

［186］王颖．国际金融服务贸易自由化效应分析及其对发展中国家的启示［D］．吉林大学，2004．

［187］方友林，冼国明．市场准入交换与发展中国家的金融服务贸易自由

化 [J] . 数量经济技术经济研究, 2004 (02): 83-88.

[188] 朱孟楠, 李江华. 金融服务贸易自由化与金融有效保护 [J] . 国际金融研究, 2003 (02): 18-22.

[189] 林伟航. 服务贸易自由化对中国国际竞争力的影响及对策研究 [D] . 福州大学, 2003.

[190] 赵海越. 国际服务贸易自由化对发展中国家的影响及对策 [J] . 国际贸易问题, 2002 (10): 39-42.

[191] 郑吉昌. 服务贸易自由化下中国服务业的发展 [J] . 商业研究, 2002 (18): 135-139.

[192] 盛斌. 中国加入WTO服务贸易自由化的评估与分析 [J] . 世界经济, 2002 (08): 10-18+80.

[193] 郑吉昌. 服务贸易自由化趋势下中国服务贸易的发展 [J] . 社会科学战线, 2002 (03): 11-17.

[194] 范小新. 服务贸易发展史与自由化研究 [D] . 中国社会科学院研究生院, 2002.

[195] 刘辉煌. 金融服务贸易自由化的效应分析 [J] . 国外财经, 2001 (04): 5-16.

[196] 薛伟贤, 冯宗宪, 郭根龙. GATS框架下发展中国家和转轨国家的金融服务贸易自由化研究 [J] . 世界经济, 2000 (11): 41-48.

[197] 熊春兰. 服务贸易自由化对发展中国家经济的影响 [J] . 河南师范大学学报 (哲学社会科学版), 2000 (05): 48-52.

[198] 刘辉煌. 美、日金融服务贸易自由化: 比较与借鉴 [J] . 国外财经, 2000 (03): 1-10.

[199] 刘辉煌. 金融服务贸易自由化论纲 [D] . 中国社会科学院研究生院, 2000.

[200] 祝炳奎, 刘卫江. 论WTO下的金融服务贸易自由化与中国的策略 [J] . 当代经济科学, 1999 (06): 1-8.

附　录

附录1　中韩自贸协定中方和韩方承诺减让表[1]

中国具体承诺减让表 部分内容

服务提供方式：(1) 跨境提供　(2) 境外消费　(3) 商业存在　(4) 自然人移动			
部门或分部门	市场准入限制	国民待遇限制	其他承诺
I. 水平承诺			
本减让表中包括的所有部门	(3) 在中国，外商投资企业包括外资企业（也称为外商独资企业）和合资企业，合资企业有两种类型：股权式合资企业和契约式	(3) 视听服务、空运服务和医疗服务部门中的国内服务提供者的所有现有补贴不作承诺。除中国入世作出的承诺外，对于给予国内服务提供者的所有补贴不作承诺。	

---

〔1〕　资料来源：中国自由贸易区服务网，http://fta.mofcom.gov.cn/index.shtml。就本减让表而言，对于以公司、企业、商行或者其他任何的商业存在形式参与中国市场的韩国服务提供者（无论是外商独资、外资拥有多数股权、外商投资、外资所有权、外资参股还是中国法律规定的其他任何外资参与形式），不论其来源及所有者，非中国资本总参股的限制或承诺包括但不完全包括韩国的服务提供者。外资参与的上述类型，不论集体的或者单独的都不应当超过中国加入世界贸易组织时作出的承诺，除非中国现行法律、法规和规则允许的中国—韩国自由贸易协定中有更优惠的承诺。

服务提供方式：(1) 跨境提供　(2) 境外消费　(3) 商业存在　(4) 自然人移动			
部门或分部门	市场准入限制	国民待遇限制	其他承诺
	合资企业。[1] 股权式合资企业中的外资比例不得少于该合资企业注册资本的 25%。 由于关于外国企业分支机构的法律和法规正在制定中，因此对于韩国企业在中国设立分支机构不作承诺，除非在具体分部门中另有标明。 允许在中国设立韩国企业的代表处，但代表处不得从事任何营利性活动，在 CPC 861、862、863、865 下部门具体承诺中的代表处除外。 对于各合同协议或股权协议，或设立或批准现有韩国服务提供者从事经营或提供服务的许可中所列所有权、经营和活动范围的条件，将不会使之比中国加入 WTO 之日时更具限制性。	(4) 除与市场准入栏中所指类别的自然人入境和临时居留有关的措施外，不作承诺。	

　　〔1〕依照中国法律、法规及其他措施订立的设立"契约式合资企业"的合同条款，规定诸如该合资企业经营方式和管理方式以及合资方的投资或其他参与方式等事项。契约式合资企业的参与方式根据合资企业的合同决定，并不要求所有参与方均进行资金投入。本减让表中的"外商投资企业"指根据《中外合资经营企业法》、《中外合作经营企业法》、《外资企业法》合法设立或组织的外商投资企业。

服务提供方式：(1) 跨境提供　　(2) 境外消费　　(3) 商业存在　　(4) 自然人移动			
部门或分部门	市场准入限制	国民待遇限制	其他承诺
	中国入世后新加入减让表的部门或分部门不受以上承诺的限制。中华人民共和国的土地归国家所有。企业和个人使用土地需遵守下列最长期限限制：(a) 居住目的为70年；(b) 工业目的为50年；(c) 教育、科学、文化、公共卫生和体育目的为50年；(d) 商业、旅游、娱乐目的为40年；(e) 综合利用或者其他目的为50年。(4) 除自然人移动章所做承诺外，不作承诺：		
II. 具体承诺			
A. 专业服务 (a) 法律服务 (CPC 861，不含中国法律业务)	(1) 没有限制 (2) 没有限制 (3) 韩国律师事务所仅能以代表处的形式提供法律服务。代表处可从事营利性活动。根据中国的法律、法规和规则，允许已在中国上海自由贸易试验区设立代表机构的韩国律师	(1) 没有限制 (2) 没有限制 (3) 所有代表均应每年在中国居住不少于六个月。代表处不得雇佣中国国家注册律师。(4) 除水平承诺中内容外，不作承诺。	

服务提供方式: (1) 跨境提供 (2) 境外消费 (3) 商业存在 (4) 自然人移动			
部门或分部门	市场准入限制	国民待遇限制	其他承诺
	事务所在上海自贸试验区内与中国律师事务所联营。联营期间,双方的法律地位、名称和财务保持独立,各自独立承担民事责任。联营组织的客户不限于上海。联营组织的韩国律师不得办理中国法律事务。根据中国的法律、法规和规则,允许已在中国上海自由贸易试验区设立代表机构的韩国律师事务所在上海自贸区内与中国律师事务所签订协议,以协议为基础相互派驻律师担任法律顾问。韩国代表处的业务范围仅限于以下内容: (a) 就律师事务所律师允许从事律师业务的国家/地区的法律及就国际公约和惯例向客户提供咨询; (b) 应客户或中国律师事务所的委托,处理该律师事务所律师允许从事律师业务的国家/地区的法律事务; (c) 代表外国客户,委托中国律师事务所处理中国法		

服务提供方式：（1）跨境提供　（2）境外消费　（3）商业存在　（4）自然人移动			
部门或分部门	市场准入限制	国民待遇限制	其他承诺
	律事务； （d）订立合同以保持与中国律师事务所有关法律事务的长期委托关系； （e）提供有关中国法律环境影响的信息。 按双方议定，委托允许韩国代表处直接指示受委托的中国律师事务所的律师。韩国律师事务所的代表应为执业律师，为一 WTO 成员的律师协会或律师公会的会员，且在中国境外执业不少于 2 年。首席代表应为韩国律师事务所的合伙人或相同职位人员（如一有限责任公司律师事务所的成员），且在中国境外执业不少于 3 年。 （4）除水平承诺中内容外，不作承诺。		
（a）会计、审计和簿记服务（CPC 862）	（1）没有限制 （2）没有限制 （3）合伙或有限责任会计师事务所只限于中国主管机关批准的注册会计师。 （4）除水平承诺中内容外，不作承诺。	（1）没有限制 （2）没有限制 （3）没有限制 （4）除水平承诺中内容外，不作承诺。	允许韩国会计师事务所与中国会计师事务所结成联合所，并与其在其他 WTO 成员中的联合所订立合作合同。 在对通过中国国家注册会计师资格考试的韩国人发放执

续表

服务提供方式：(1) 跨境提供　(2) 境外消费　(3) 商业存在　(4) 自然人移动			
部门或分部门	市场准入限制	国民待遇限制	其他承诺
			业许可方面，应给予国民待遇。申请人将在不迟于提出申请后 30 天以书面形式被告知结果。提供 CPC 862 中所列服务的会计师事务所可以从事税收和管理咨询服务。它们不受在 CPC 865 和 8630 中关于设立形式的要求的约束。
(c) 税收部门 (CPC 8630)	(1) 没有限制 (2) 没有限制 (3) 韩国公司将被允许设立外资独资子公司。 (4) 除水平承诺中内容外，不作承诺。	(1) 没有限制 (2) 没有限制 (3) 没有限制 (4) 除水平承诺中内容外，不作承诺。	
(d) 建筑设计服务 (CPC 8671) (e) 工程服务 (CPC 8672) (f) 集中工程服务 (CPC 8673) (g) 城市规划服务 (城市总体规划服务除外) (CPC 8674)	(1) 对于方案设计没有限制。要求与中国专业机构进行合作，方案设计除外。 (2) 没有限制 (3) 允许设立外资多股权的合资企业。允许设立外商独资企业。 (4) 除水平承诺中内容外，不作承诺。	(1) 没有限制 (2) 没有限制 (3) 韩国服务提供者应为在韩国从事建筑/工程/城市规划服务的注册建筑师/工程师或企业。 (4) 除水平承诺中内容外，不作承诺。	允许在评估韩国服务提供者（无论是否在中国）在中国设立工程设计企业的资质时，将合同履行情况作为评估的标准之一。
(h) 医疗和牙医服务 (CPC 9312)	(1) 没有限制 (2) 没有限制 (3) 允许韩国服务提供者与中国合资	(1) 没有限制 (2) 没有限制 (3) 合资医院和诊所的大多数医师和	

229

服务提供方式：（1）跨境提供 （2）境外消费 （3）商业存在 （4）自然人移动			
部门或分部门	市场准入限制	国民待遇限制	其他承诺
	伙伴一起设立合资、合作医疗机构，允许外资拥有多数股权，但中方对外资股权最高比例有一定限制。 （4）除水平承诺中内容和下列内容外，不作承诺： 允许持有韩国颁发的执业证书的韩国医师，在获得卫生计生部门的执业许可后，在中国提供短期医疗服务。服务期限为 6 个月，并可延长至 1 年。	医务人员应具有中国国籍。 （4）除水平承诺中内容外，不作承诺。	
B. 计算机及其相关服务（计算机及其相关服务不涵盖需要计算机及其相关服务作为提供手段的内容提供服务构成的经济活动） （a）与计算机硬件安装有关的咨询服务（CPC 841）	（1）没有限制 （2）没有限制 （3）没有限制 （4）除水平承诺中内容外，不作承诺。	（1）没有限制 （2）没有限制 （3）没有限制 （4）注册工程师，或具有学士（或以上）学位并在该领域有 3 年工作经验的人员。	
（b）软件实施服务（CPC 842） （c）数据处理服务（CPC 843） -输入准备服务（CPC 8431）	（1）没有限制 （2）没有限制 （3）允许设立外商独资企业。 （4）除水平承诺中内容外，不作承诺。	（1）没有限制 （2）没有限制 （3）没有限制 （4）资格如下： 注册工程师，或具有学士（或以上）学位并在该领域有 3 年工作经验的人员。	

服务提供方式：(1) 跨境提供　　(2) 境外消费　　(3) 商业存在　　(4) 自然人移动			
部门或分部门	市场准入限制	国民待遇限制	其他承诺
数据处理和制表服务 （CPC 8432） 分时服务 （CPC 8433）	(1) 没有限制 (2) 没有限制 (3) 没有限制 (4) 除水平承诺中内容外，不作承诺。	(1) 没有限制 (2) 没有限制 (3) 没有限制 (4) 资格如下：注册工程师，或具有学士（或以上）学位并在该领域有 3 年工作经验的人员。	
D. 房地产服务 （a) 涉及自有或租赁资产的房地产服务 （CPC 821） （b) 以收费或合同为基础的房地产服务 （CPC 822）	(1) 没有限制 (2) 没有限制 (3) 允许设立外商独资企业。 (4) 除水平承诺中内容外，不作承诺。	(1) 没有限制 (2) 没有限制 (3) 没有限制 (4) 除水平承诺中内容外，不作承诺。	
F. 其他商业服务 （a）广告服务 （CPC 871）	(1) 仅限于通过在中国注册的、有权提供外国广告服务的广告代理。 (2) 仅限于通过在中国注册的、有权提供外国广告服务的广告代理。 (3) 允许韩国服务提供者在中国设立广告企业。允许设立外资独资公司。 (4) 除水平承诺中内容外，不作承诺。	(1) 没有限制 (2) 没有限制 (3) 没有限制 (4) 除水平承诺中内容外，不作承诺。	
（b）市场调研服务 （CPC 86401，仅限于设计用来获取一组织产品在市场上前景和表现的信息的调查服务）	(1) 不作承诺 (2) 不作承诺 (3) 仅限于合资企业形式，允许外资拥有多数股权，需进行经济需求测试。 (4) 除水平承诺中	(1) 不作承诺 (2) 不作承诺 (3) 不作承诺 (4) 除水平承诺中内容外，不作承诺。	

服务提供方式：(1) 跨境提供　(2) 境外消费　(3) 商业存在　(4) 自然人移动			
部门或分部门	市场准入限制	国民待遇限制	其他承诺
	内容外，不作承诺。需有商业存在的要求。		
(c) 管理咨询服务 (CPC 865)	(1) 没有限制 (2) 没有限制 (3) 允许设立外资独资子公司。 (4) 除水平承诺中内容外，不作承诺。	(1) 没有限制 (2) 没有限制 (3) 没有限制 (4) 除水平承诺中内容外，不作承诺。	
(d) 与管理咨询相关的服务（仅限下列分部门） -除建筑外的项目管理服务（CPC 86601）	(1) 没有限制 (2) 没有限制 (3) 仅限于合资企业形式，允许外资拥有多数股权，需进行经济需求测试。 (4) 除水平承诺中内容外，不作承诺。需有商业存在的要求。	(1) 不作承诺 (2) 不作承诺 (3) 不作承诺 (4) 除水平承诺中内容外，不作承诺。	
(e) 技术测试和分析服务 （CPC 8676） 及 CPC 749 涵盖的货物检验服务，不包括货物检验服务中的法定检验服务	(1) 没有限制 (2) 没有限制 (3) 允许已在韩国从事检验服务 3 年以上的韩国服务提供者设立合资技术测试、分析和货物检验公司，注册资本不少于 35 万美元。允许设立外资独资子公司。 (4) 除水平承诺中内容外，不作承诺。	(1) 没有限制 (2) 没有限制 (3) 没有限制 (4) 除水平承诺中内容外，不作承诺。	
(f) 与农业、林业、狩猎和渔业有关的服务 （CPC 881, 882）	(1) 没有限制 (2) 没有限制 (3) 仅限于合资企业形式，允许外资拥有多数股权。	(1) 没有限制 (2) 没有限制 (3) 没有限制 (4) 除水平承诺中内容外，不作承诺。	

服务提供方式：(1) 跨境提供　(2) 境外消费　(3) 商业存在　(4) 自然人移动			
部门或分部门	市场准入限制	国民待遇限制	其他承诺
	(4) 除水平承诺中内容外，不作承诺。		
(k) 人员安置和提供服务 (CPC 872, 不包括 CPC 87209)	(1) 不做承诺 (2) 不做承诺 (3) 仅限于合资企业形式，允许外资拥有多数股权，需进行经济需求测试。 (4) 除水平承诺中内容外，不作承诺。	(1) 不做承诺 (2) 不做承诺 (3) 不做承诺 (4) 除水平承诺中内容外，不作承诺。	
(m) 相关科学技术咨询服务 (CPC 8675) 地质、地球物理（不包括区域重力、磁场勘探服务）和其他科学勘探服务 (CPC 86751) 地下勘测服务 (CPC 86752)	(1) 没有限制 (2) 没有限制 (3) 仅限与中国伙伴合作开采石油的方式。 (4) 除水平承诺中内容外，不作承诺。	(1) 没有限制 (2) 没有限制 (3) 没有限制 (4) 除水平承诺中内容外，不作承诺。	

其他内容省略……

韩国具体承诺减让表 部分内容

服务提供方式：(1) 跨境交付　(2) 境外消费　(3) 商业存在　(4) 自然人移动			
部门或分部门	市场准入限制	国民待遇限制	附加承诺
本减让表中包括的所有部门	(3) 中国自然人和法人收购国内现有能源和航空企业的发行股票可能有一定的限制。外国投资新私有化企业可能有一定的限制。	(3) 对于收购土地不做承诺，除了： (10) ①允许不被《外国人收购土地法》视为外国的企业收购土地；	(3) 被《金融投资服务和资本市场法》视为外国人的居民在韩国投资股票市场，给予其国民待遇。

服务提供方式:(1)跨境交付 　(2)境外消费 　(3)商业存在 　(4)自然人移动			
部门或分部门	市场准入限制	国民待遇限制	附加承诺
	(4)除根据自然人移动一章所做承诺外,不作承诺	②允许被《外国人收购土地法》视为外国的企业及外国企业分支机构收购土地需根据该法获得批准或通知,并基于以下合法商业目的: 用于正常商业活动期间的服务; 根据相关法律向企业高级职工提供住房 根据相关法律用以满足土地占有需求 根据相关法律,包括税收优惠在内的资格补贴仅限于在韩国成立的企业有所限制。 对研发补贴不作承诺 (4)土地收购不作承诺,但允许拥有土地租赁权 根据相关法律,包括税收优惠在内的资格补贴可能仅限于本国居民。	
II. 具体承诺			
1. 商业服务 2. A. 专业服务 (a)法律服务 (CPC 861*)	(1)没有限制 (2)没有限制 (3)仅允许以代表处的形式提供法	(1)没有限制 (2)没有限制 (3)外国法律顾问在韩国居住时间	①允许外国法律顾问代理国际商事仲裁案件,前提是其有资格在韩国适用

服务提供方式：(1) 跨境交付　(2) 境外消费　(3) 商业存在　(4) 自然人移动			
部门或分部门	市场准入限制	国民待遇限制	附加承诺
由取得律师资格的服务提供者提供司法管辖有关的咨询服务，与国际公法有关的服务，以下内容除外： (1) 代理法院或其它政府机关中的司法或法定程序，并为这些程序准备法律文件； (2) 委托代理公证证书的文书准备 (3) 有关劳务的咨询服务或法律案件，其目的为收购、出让或变更韩国境内相关不动产权、知识产权、采矿权或其他因在韩国政府机构注册而产生的权利； (4) 有关家庭关系或继承的法律案件，其中涉案一方是韩国国民或涉案财产地在韩国	律服务。 不允许以合作的方式或雇佣获得韩国律师执业资格或同等资格的律师。 (4) 除水平承诺中内容外，不作承诺。须要求商业存在。	每年不少于 180 天。除水平承诺中内容外，不作承诺。	相应的程序性和实体性法律提供法律服务。 ②允许使用事务所名称，但应在其名称中提及驻韩"外国法律咨询办公室"。

※ 注释
以下信息仅针对透明度要求：
(1) 在韩国从事法律顾问服务的外国律师需获得司法部长的批准，至少有 3 年的律师执业经验，并在业内拥有良好声誉。
(2) 在韩国设立代表处应获得司法部长的许可。该代表处由获得司法部长批准的一

服务提供方式：(1) 跨境交付　　(2) 境外消费　　(3) 商业存在　　(4) 自然人移动			
部门或分部门	市场准入限制	国民待遇限制	附加承诺

个或多个外国法律顾问组成，须具备一定信誉和专业知识，并有能力赔偿其给客户造成的任何损失。代表处的首席代表须至少有 7 年的从业经验，包括 3 年司法诉讼经验。

(3) 代表处可以开展经营性活动，只要其在韩国有适当的商业计划和财务基础，并遵守《外国法律顾问法》及其总统令和执行规则的规定。

(4) 出于该部门所作承诺的目的，只有根据中国法律设立或总部设在中国的律师事务所可在韩国设代表处。不允许任何形式的隶属法律实体在韩国设代表处，包括并不仅限于：分支机构、地方办公室、子公司或与除中国以外国家的律师事务所的合资公司。

(5) 韩国保留采取或维持任何措施的权利，包括但不限于：(a) 限制外国注册律师或外国律师事务所在韩国提供有关认证、审批、注册、许可、监督或其它要求的任何类型的法律服务；(b) 限制外国注册律师或外国律师事务所以合伙、商业协会、附属机构或任何其他法律实体的方式与 byeon-ri-sa（韩国注册律师）、韩国律师事务所、beop-mu-sa（韩国注册法律专家）、beop-ri-sa（韩国注册专利律师）、gong-in-hoe-gye-sa（韩国注册会计师）、se-mu-sa（韩国注册税务师）或 gwan-se-sa（韩国报关员）合作；(c) 限制外国注册律师或外国律师事务所在韩国聘请 byeon-ho-sa（韩国注册律师）、beop-mu-sa（韩国认证法律专家）、byeon-ri-sa（韩国注册专利律师）、gong-in-hoe-gye-sa（韩国注册会计师）、se-mu-sa（韩国注册税务师）或 gwan-se-sa（韩国报关员）；及 (d) 限制法人实体高管和包括董事长在内的董事提供涉外法律咨询服务。

部门或分部门	市场准入限制	国民待遇限制	附加承诺
b. 会计、审计和簿记服务（CPC 862）	(1) 审计服务不作承诺 (2) 审计服务不作承诺 (3) 仅允许根据韩国《执业会计师法》获得注册会计师执照的独资企业、审计组和会计公司（有限责任公司）。仅允许审计组和会计公司（有限责任公司）中的注册会计师提供审计服务。 (4) 除水平承诺中内容外，不作承诺。	(1) 没有限制 (2) 没有限制 (3) 没有限制 (4) 除水平承诺中内容外，不作承诺。通过注册会计师考试后，需在韩国有 2 年相关从业经验，才能获得注册会计师从业资格。	(1) (2) (3) 韩国会计师事务所或办公室可以通过支付年度会费的方式获得国际会计组织成员资格，该组织有全球范围的业务网络。韩国会计师事务所或办公室可通过成员合同获得以下服务：提供国外会计和审计标准的咨询、注册会计师培训、审计技术转让及信息交流服务。 (4) 允许获得本国

续表

服务提供方式：(1) 跨境交付　(2) 境外消费　(3) 商业存在　(4) 自然人移动			
部门或分部门	市场准入限制	国民待遇限制	附加承诺
			注册会计师资格并受雇于国际会计师事务所提供上述服务的自然人临时入境。在韩国停留时间不得超过 1 年，如有必要可以申请延长。
c. 税收服务 （CPC 863）	(1) 税务调解和税务代理服务不作承诺 (2) 税务调解和税务代理服务不作承诺 (3) 仅允许根据韩国《注册税务会计法》获得注册税务会计师资质的独资企业、税务调解小组和税务代理公司（有限责任公司）。仅允许税务对账组和税务代理公司（有限责任公司）中的税务会计师提供税务调解服务。 (4) 除水平承诺中内容外，不作承诺。	(1) 没有限制 (2) 没有限制 (3) 没有限制 (4) 除水平承诺中内容外，不作承诺。通过注册税务会计师考试且在韩国有 2 年相关从业经验，才能获得注册税务会计师执业资格。	
d. 建筑设计服务 （CPC 8671）	要求商业存在〔1〕 没有限制 没有限制 除水平承诺中内容外，不作承诺。	没有限制 没有限制 没有限制 除水平承诺中内容外，不作承诺。	(1) (2) (4) 允许与韩国法律认证的建筑师签署了共同合约的外国建筑师提供服务。 具有 5 年专业工作经验并被国土交通部视为具有与韩国建筑师同等专业地

〔1〕 商业存在不必是法人。

服务提供方式：(1) 跨境交付　(2) 境外消费　(3) 商业存在　(4) 自然人移动			
部门或分部门	市场准入限制	国民待遇限制	附加承诺
			位的外国注册/认证建筑师，有资格申请建筑师资格考试，而无需在韩国参与实习发展计划。他们可通过以下两种建筑师资格考试获得韩国建筑师资格证： 建筑设计 1 建筑设计 2
e. 工程服务 （CPC 8672）	(1) 没有限制 (2) 没有限制 (3) 没有限制 (4) 除水平承诺中内容外，不作承诺。	(1) 没有限制 (2) 没有限制 (3) 没有限制 (4) 除水平承诺中内容外，不作承诺。	
f. 集中工程服务 （CPC 8673）	(1) 没有限制 (2) 没有限制 (3) 没有限制 (4) 除水平承诺中内容外，不作承诺。	(1) 没有限制 (2) 没有限制 (3) 没有限制 (4) 除水平承诺中内容外，不作承诺。	
g. 城市规划和景观建筑服务 （CPC 8674）	(1) 没有限制 (2) 没有限制 (3) 没有限制 (4) 除水平承诺中内容外，不作承诺。	(1) 没有限制 (2) 没有限制 (3) 没有限制 (4) 除水平承诺中内容外，不作承诺。	
i. 兽医服务 （CPC 932）	(1) 不做承诺 (2) 没有限制 (3) 不作承诺 (4) 除水平承诺中内容外，不作承诺。	(1) 不作承诺 (2) 没有限制 (3) 不作承诺 (4) 不作承诺	
B. 计算机及其相关服务 a. 与计算机硬件安装有关的咨询服务 （CPC 841）	(1) 没有限制 (2) 没有限制 (3) 没有限制 (4) 除水平承诺中内容外，不作承诺。	(1) 没有限制 (2) 没有限制 (3) 没有限制 (4) 除水平承诺中内容外，不作承诺。	

服务提供方式：（1）跨境交付　　（2）境外消费　　（3）商业存在　　（4）自然人移动			
部门或分部门	市场准入限制	国民待遇限制	附加承诺
b. 软件实施服务 （CPC 842）	（1）没有限制 （2）没有限制 （3）没有限制 （4）除水平承诺中 内容外，不作承诺。	（1）没有限制 （2）没有限制 （3）没有限制 （4）除水平承诺中 内容外，不作承诺。	
c. 数据处理服务 （CPC 843）	（1）没有限制 （2）没有限制 （3）没有限制 （4）除水平承诺中 内容外，不作承诺。	（1）没有限制 （2）没有限制 （3）没有限制 （4）除水平承诺中 内容外，不作承诺。	
d. 数据库服务 （CPC 844）	（1）没有限制 （2）没有限制 （3）没有限制 （4）除水平承诺中 内容外，不作承诺。	（1）没有限制 （2）没有限制 （3）没有限制 （4）除水平承诺中 内容外，不作承诺。	
e. 其他 （CPC 845，849）	（1）没有限制 （2）没有限制 （3）没有限制 （4）除水平承诺中 内容外，不作承诺。	（1）没有限制 （2）没有限制 （3）没有限制 （4）除水平承诺中 内容外不作承诺	
C. 研发服务 a. 自然科学研发服 务 （CPC 851）	（1）没有限制 （2）没有限制 （3）不作承诺 （4）除水平承诺中 内容外，不作承诺。	（1）对于海洋科学 研究，外国自然人、 外国政府或由外国 自然人拥有或控制 的韩国企业计划在 韩国领海或专属经 济区进行海洋科学 研究，需事先获得 海洋和渔业部的核 准和同意。 （2）没有限制 （3）不作承诺 （4）除水平承诺中 内容外不作承诺	

服务提供方式：(1) 跨境交付　(2) 境外消费　(3) 商业存在　(4) 自然人移动			
部门或分部门	市场准入限制	国民待遇限制	附加承诺
b. 社会科学研发服务（CPC 852）	(6) 没有限制 (7) 没有限制 (8) 没有限制 (9) 除水平承诺中内容外不作承诺	(10) 没有限制 (11) 没有限制 (12) 没有限制 (13) 除水平承诺中内容外，不作承诺。	
c. 跨学科研发服务（CPC 853）	(5) 没有限制 (6) 没有限制 (7) 不作承诺 (8) 除水平承诺中内容外不作承诺	(9) 没有限制 (10) 没有限制 (11) 不作承诺 (12) 除水平承诺中内容外，不作承诺。	
(13) D. 房地产服务经纪服务 (14) （CPC 82203＊，82204＊，82205＊，8220 (15) 6＊）	(16) 不作承诺 (17) 对海外不动产没有限制 (18) 没有限制 (19) 除水平承诺中内容外，不作承诺。	(21) 不作承诺 (22) 对海外不动产没有限制 (23) 没有限制 (24) 除水平承诺中内容外，不作承诺。	
(27) 评估服务 (28) （CPC 82201＊，82202＊） (29) 不包括诸如土地估价和没收补偿在内的与政府行为相关的评估服务	(30) 不作承诺 (31) 对海外不动产没有限制 (32) 没有限制 (33) 除水平承诺中内容外，不作承诺。	(34) 不作承诺 (35) 对海外不动产没有限制 (36) 没有限制 (37) 除水平承诺中内容外，不作承诺。	
(39) E. 无经营者出租或租赁服务 (40) a. 船舶租赁（CPC 83103）	(41) 没有限制 (42) 没有限制 (43) 没有限制 (44) 除水平承诺中内容外，不作承诺。	(45) 没有限制 (46) 没有限制 (47) 没有限制 (48) 除水平承诺中内容外，不作承诺。	
(50) b. 飞机租赁（CPC 83104）	(51) 不做承诺 (52) 不做承诺 (53) 允许合资企业，其中外资股份应低于50% (54) 除水平承诺中	(55) 没有限制 (56) 没有限制 (57) 合资企业法人代表必须是韩国公民 (58) 除水平承诺中	

服务提供方式：(1) 跨境交付　(2) 境外消费　(3) 商业存在　(4) 自然人移动			
部门或分部门	市场准入限制	国民待遇限制	附加承诺
	内容外，不作承诺。	内容外，不作承诺。	
(60) c. 其它交通工具租赁 (61)（CPC 83101, 83105 * ）〔1〕	(62) 没有限制 (63) 没有限制 (64) 没有限制 (65) 除水平承诺中内容外，不作承诺。	(66) 没有限制 (67) 没有限制 (68) 没有限制 (69) 除水平承诺中内容外，不作承诺。	
d. 其它机械设备租赁（CPC 83106 – 83109）	(1) 没有限制 (2) 没有限制 (3) 没有限制 (4) 除水平承诺中内容外，不作承诺。	(1) 没有限制 (2) 没有限制 (3) 没有限制 (4) 除水平承诺中内容外，不作承诺。	
e. 其它私人用品或家庭用品出租服务（CPC 832）	(1) 没有限制 (2) 没有限制 (3) 没有限制 (4) 除水平承诺中内容外，不作承诺。	(1) 没有限制 (2) 没有限制 (3) 没有限制 (4) 除水平承诺中内容外，不作承诺。	
f. 其他商业服务 a. 广告服务（CPC 871）	(1) 没有限制 (2) 没有限制 (3) 没有限制 (4) 除水平承诺中内容外，不作承诺。	(1) 没有限制 (2) 没有限制 (3) 没有限制 (4) 除水平承诺中内容外，不作承诺。	
b. 市场调研和民意调查服务（CPC 864）	(1) 没有限制 (2) 没有限制 (3) 没有限制 (4) 除水平承诺中内容外，不作承诺。	(1) 没有限制 (2) 没有限制 (3) 没有限制 (4) 除水平承诺中内容外，不作承诺。	
c. 管理咨询服务（CPC 865）	(1) 没有限制 (2) 没有限制 (3) 没有限制 (4) 除水平承诺中内容外，不作承诺。	(1) 没有限制 (2) 没有限制 (3) 没有限制 (4) 除水平承诺中内容外，不作承诺。	

〔1〕　83105 * ：仅适用于 CPC 83105 下载客量 15 人以下的客运车辆。

服务提供方式：(1) 跨境交付　　(2) 境外消费　　(3) 商业存在　　(4) 自然人移动			
部门或分部门	市场准入限制	国民待遇限制	附加承诺
d. 项目管理服务 （CPC 86601）	没有限制 没有限制 没有限制 除水平承诺中内容外，不作承诺。	没有限制 没有限制 没有限制 除水平承诺中内容外，不作承诺。	
e. 成分和纯度技术测试和分析服务 （CPC 86761＊）〔1〕	(1) 没有限制 (2) 没有限制 (3) 商业存在需进行经济测试。 主要标准：国内现有提供者的数量及其对国内现有提供者的影响、公众健康、安全及环境 (4) 除水平承诺中内容外，不作承诺。	(1) 没有限制 (2) 没有限制 (3) 没有限制 (4) 除水平承诺中内容外，不作承诺。	
e. 技术检测服务 （CPC 86764）	(1) 没有限制 (2) 没有限制 (3) 没有限制 (4) 除水平承诺中内容外，不作承诺。	(1) 没有限制 (2) 没有限制 (3) 没有限制 (4) 除水平承诺中内容外，不作承诺。	
f. 与农业和畜牧业有关的服务 （CPC 8811＊，8812＊）	(1) 没有限制 (2) 没有限制 (3) 没有限制 (4) 除水平承诺中内容外，不作承诺。	(1) 没有限制 (2) 没有限制 (3) 没有限制 (4) 除水平承诺中内容外，不作承诺。	

其他内容省略……

---

〔1〕 86761：只适用于 CPC86761 下对空气、水、噪音和振动进行检查、测试和分析。

附录2　中新自贸协定中方和新方承诺减让表[1]

中国具体承诺减让表 部分内容

服务提供方式：(1) 跨境交付　　(2) 境外消费　　(3) 商业存在			
部门或分部门	市场准入限制	国民待遇限制	其他承诺
一、水平承诺			
本减让表中包括的所有部门	(3) 在中国，外商投资企业包括外资企业（也称为外资独资企业）和合资企业，合资企业有两种类型：股权式合资企业和契约式合资企业。[2] 股权式合资企业中的外资比例不得少于该合资企业注册资本的25%。由于关于外国企业	(3) 对于给予视听服务、空运服务和医疗服务部门中的国内服务提供者的所有现有补贴不做承诺。	

---

〔1〕 资料来源：中国自由贸易服务网，http://fta.mofcom.gov.cn/index.shtml。

〔2〕 依照中国法律、法规及其他措施订立的设立"契约式合资企业"的合同条款，规定诸如该合资企业经营方式和管理方式以及合资方的投资或其他参与方式等事项。契约式合资企业的参与方式根据合资企业的合同决定，并不要求所有参与方均进行资金投入。本减让表中的"外商投资企业"指根据《中外合资经营企业法》、《中外合作经营企业法》、《外资企业法》合法设立的外商投资企业。

续表

服务提供方式：（1）跨境交付　（2）境外消费　（3）商业存在			
部门或分部门	市场准入限制	国民待遇限制	其他承诺
	分支机构的法律和法规正在制定中，因此对于外国企业在中国设立分支机构不做承诺，除非在具体分部门中另有标明。 允许在中国设立外国企业的代表处，但代表处不得从事任何营利性活动，在 CPC 861、862、863、865 下部门具体承诺中的代表处除外。 中华人民共和国的土地归国家所有。企业和个人使用土地需遵守下列最长期限制： （一）居住目的为 70 年； （二）工业目的为 50 年； （三）教育、科学、文化、公共卫生和体育目的为 50 年； （四）商业、旅游、娱乐目的为 40 年； （五）综合利用或其他目的为 50 年。		
二、具体承诺			
A. 专业服务 a. 法律服务 （CPC 861，不含中国法律业务）	（1）没有限制 （2）没有限制 （3）外国律师事务所只能在北京、上海、广州、深圳、海口、大连、青岛、宁波、烟台、天津、苏	（1）没有限制 （2）没有限制 （3）所有代表在华居留时间每年不得少于 6 个月。代表处不得雇佣中国国家注册律师。	

服务提供方式: (1) 跨境交付　(2) 境外消费　(3) 商业存在			
部门或分部门	市场准入限制	国民待遇限制	其他承诺
	州、厦门、珠海、杭州、福州、武汉、成都、沈阳和昆明以代表处的形式提供法律服务。 代表处可从事营利性活动; 驻华代表处的数量不得少于截止中国加入之日已设立的数量。一外国律师事务所只能设立一个驻华代表处。上述地域限制和数量限制将在中国加入WTO后1年内取消。 外国代表处的业务范围仅限于下列内容: (a) 就该律师事务所律师允许从事律师业务的国家/地区的法律及就国际公约和惯例向客户提供咨询; (b) 应客户或中国法律事务所的委托,处理该律师事务所律师允许从事律师业务的国家/地区的法律事务; (c) 代表外国客户,委托中国律师事务所处理中国法律事务; (d) 订立合同以保持与中国律师事务所有关法律事务的长期委托关系; (e) 提供有关中国法律环境影响的信息。		

服务提供方式：(1) 跨境交付　(2) 境外消费　(3) 商业存在			
部门或分部门	市场准入限制	国民待遇限制	其他承诺
	按双方议定，委托允许外国代表处直接指示受委托的中国律师事务所的律师。外国律师事务所的代表应为执业律师，为一WTO成员的律师协会或律师公会的会员，且在中国境外执业不少于2年。首席代表应为一WTO成员的律师事务所的合伙人或相同职位人员（如一有限责任公司律师事务所的成员），且在中国境外执业不少于3年。		
b. 会计、审计和簿记服务（CPC 862）	(1) 没有限制 (2) 没有限制 (3) 合伙或有限责任会计师事务所只限于中国主管机关批准的注册会计师。	(1) 没有限制 (2) 没有限制 (3) 没有限制	一允许外国会计师事务所与中国会计师事务所结成联合所，并与其在其他WTO成员中的联合所订立合作合同。 一自加入WTO时起，在对通过中国国家注册会计师资格考试的外国人发放执业许可方面，应给予国民待遇。 一申请人将在不迟于提出申请后30天以

服务提供方式：(1) 跨境交付　　(2) 境外消费　　(3) 商业存在			
部门或分部门	市场准入限制	国民待遇限制	其他承诺
			书面形式被告知结果。 —现有中外合作会计师事务所不仅限于中国主管机关批准的注册会计师。 —提供 CPC862 中所列服务的会计师事务所可以从事税收和管理咨询服务。它们不受在 CPC865 和 8630 中关于设立形式的要求的约束。
c. 税收服务 (CPC 8630)	(1) 没有限制 (2) 没有限制 (3) 仅限于合资企业形式，允许外资拥有多数股权。 中国加入后 6 年内，取消限制，外国公司将被允许设立外资独资子公司。	(1) 没有限制 (2) 没有限制 (3) 没有限制	
d. 建筑设计服务 (CPC 8671) e. 工程服务 (CPC 8672) f. 集中工程服务 (CPC 8673) g. 城市规划服务（城市总体规划服务除外） (CPC 8674)	(1) 对于方案设计没有限制 要求与中国专业机构进行合作，方案设计除外。 (2) 没有限制。 (3) 仅限于合资企业形式，允许外资拥有多数股权。	(1) 没有限制 (2) 没有限制 (3) 外国服务提供者应为在其本国从事建筑/工程/城市规划服务的注册建筑师/工程师或企业。	

服务提供方式：（1）跨境交付 （2）境外消费 （3）商业存在			
部门或分部门	市场准入限制	国民待遇限制	其他承诺
	中国加入 WTO 后 5 年内，允许设立外商独资企业。		
h. 医疗和牙医服务（CPC 9312）	（1）没有限制 （2）没有限制 （3）允许外国服务提供者与中国合资伙伴一起设立合资医院或诊所，设有数量限制，以符合中国的需要，允许外资拥有多数股权。	（1）没有限制 （2）没有限制 （3）合资医院和诊所的大多数医生和医务人员应具有中国国籍。	
B. 计算机及其相关服务（服务条款中要求计算机及相关服务作为提供手段的经济活动除外） a. 与计算机硬件安装有关的咨询服务（CPC 841）	（1）没有限制 （2）没有限制 （3）没有限制	（1）没有限制 （2）没有限制 （3）没有限制	
b. 软件实施服务（CPC 842） c. 数据处理服务（CPC 843） —输入准备服务（CPC 8431）	（1）没有限制 （2）没有限制 （3）允许设立外资独资公司	（1）没有限制 （2）没有限制 （3）没有限制	
—数据处理和制表服务（CPC 8432） —分时服务（CPC 8433）	（1）没有限制 （2）没有限制 （3）没有限制	（1）没有限制 （2）没有限制 （3）没有限制	
D. 房地产服务 a. 涉及自有或租赁资产的房地产服务（CPC 821）	（1）没有限制 （2）没有限制 （3）除下列内容外，没有限制：	（1）没有限制 （2）没有限制 （3）没有限制	

服务提供方式：（1）跨境交付　　（2）境外消费　　（3）商业存在			
部门或分部门	市场准入限制	国民待遇限制	其他承诺
	对于高标准房地产项目〔1〕，如公寓和写字楼，不允许设立外商独资企业，但不包括豪华饭店。		
b. 以收费或合同为基础的房地产服务（CPC 822）	（1）没有限制 （2）没有限制 （3）仅限于合资企业形式，允许外资拥有多数股权。	（1）没有限制 （2）没有限制 （3）没有限制	
F. 其他商业服务 a. 广告服务 （CPC 871）	（1）仅限于通过在中国注册的、有权提供外国广告服务的广告代理。 （2）仅限于通过在中国注册的、有权提供外国广告服务的广告代理。 （3）允许外国服务提供者仅限于以合资企业形式，在中国设立广告企业，外资不超过49%。 中国加入后2年内，将允许外资拥有多数股权。中国加入后4年内，将允许设立外资独资子公司。	（1）没有限制 （2）没有限制 （3）没有限制	
c. 管理咨询服务 （CPC 865）	（1）没有限制 （2）没有限制 （3）仅限于合资企业形式，允许外资拥有	（1）没有限制 （2）没有限制 （3）没有限制	

〔1〕　高标准房地产项目指单位建设成本高出同一城市平均单位建设成本2倍的房地产项目。

服务提供方式：（1）跨境交付　（2）境外消费　（3）商业存在			
部门或分部门	市场准入限制	国民待遇限制	其他承诺
	多数股权。 中国加入后 6 年内，取消限制，允许外国公司设立外资独资子公司。		
d. 与管理咨询相关的服务 （仅限下列分部门） —除建筑外的项目管理服务 （CPC 86601）	（1）没有限制 （2）没有限制 （3）仅限于合资企业形式，允许外资拥有多数股权，需进行经济需求测试。	（1）不做承诺 （2）不做承诺 （3）不做承诺	
e. 技术测试和分析服务 （CPC 8676） 及 CPC 749 涵盖的货物检验服务，不包括货物检验服务中的法定检验服务	（1）没有限制 （2）没有限制 （3）允许已在本国从事检验服务 3 年以上的外国服务提供者设立合资技术测试、分析和货物检验公司，注册资本不少于 35 万美元。 中国加入后 2 年内，将允许外资拥有多数股权。中国加入后 4 年内，将允许设立外资独资子公司。	（1）没有限制 （2）没有限制 （3）没有限制	
f. 与农业、林业、狩猎和渔业有关的服务 （CPC 881、882） m. 相关科学技术咨询服务 （CPC 8675）	（1）没有限制 （2）没有限制 （3）仅限于合资企业形式，允许外资拥有多数股权。	（1）没有限制 （2）没有限制 （3）没有限制	
—近海石油服务 地质、地球物理和其他科学勘探服务 （CPC86751） 地下勘测服务（CPC 86752）	（1）没有限制 （2）没有限制 （3）仅限于与中国合资伙伴合作开采石油的方式。	（1）没有限制 （2）没有限制 （3）没有限制	

服务提供方式：(1) 跨境交付　(2) 境外消费　(3) 商业存在			
部门或分部门	市场准入限制	国民待遇限制	其他承诺
—陆上石油服务	(1) 没有限制 (2) 没有限制 (3) 仅限于以与中国石油天然气总公司(CNPC) 合作在经中国政府批准的指定区域内开采石油的方式。为执行石油合同，外国服务提供者应在中华人民共和国领土内设立一分公司、子公司或代表处，并依法完成注册手续。所述机构的设立地点应通过与中国石油天然气总公司协商确定。外国服务提供者应在经中国政府批准在中国领土内从事外汇业务的银行开设银行账户。	(1) 没有限制 (2) 没有限制 (3) 外国服务提供者应准确并迅速地向中国石油天然气总公司提供关于石油经营的报告，并应向中国石油天然气总公司提交与石油经营有关的所有数据和样品以及各种技术、经济、会计和管理报告。中国石油天然气总公司应对在实施石油经营过程中获得的数据记录、样品、凭证及其他原始信息拥有所有权。外国服务提供者的投资应以美元或其他硬通货支付。	

其他内容省略……

新方具体承诺减让表部分内容

部门或分部门	市场准入限制	国民待遇限制	其他承诺
一、水平承诺			
本减让表中包括的所有部门		3) 根据依《1973 年海外投资法》颁布的《1985 年海外投资条例》，由"海外人士"〔1〕进行的下列投资需要海外投资委员会的批	

---

〔1〕　见附件 A.2。

部门或分部门	市场准入限制	国民待遇限制	其他承诺
		准： 收购或控制的公司股份，或掌握的表决权达到或超过 25%，且该公司资产或转移的资金超过一千万新西兰元； 在新西兰设立新公司，且总开支超过一千万新西兰元； 支付或应付的资产总额超过一千万新西兰元的公司资产收购行为； 因发行或配发股份造成股权已经或即将超过 25%，且支付或应付的总额超过一千万新西兰元的股份发行或配发行为。 收购农业用地，不管投资额大小都须得到海外投资委员会批准。依据《促进土地定居和获得法》，某些类别的土地购买也须得到批准。 对现有的国有企业不做承诺。 1)、2)、3) 对国家和地方政府给予毛利人或组织更加优惠待遇相关的收购、设立或经营工商企事业的现有和将来的措施不做承诺。	
二、具体承诺			
1. 商务服务			
A. 专业服务 (a) 与下列法律领域相关的法律服务：			

部门或分部门	市场准入限制	国民待遇限制	其他承诺
从事新西兰法律业务（CPC 861）	（1）没有限制 （2）没有限制 （3）没有限制	（1）没有限制 （2）没有限制 （3）没有限制	
提供国际法咨询（CPC 861）	（1）没有限制 （2）没有限制 （3）没有限制	（1）没有限制 （2）没有限制 （3）没有限制	
（b）会计、审计和簿记服务（CPC 862）	（1）没有限制 （2）没有限制 （3）没有限制	（1）没有限制 （2）没有限制 （3）没有限制	
（c）税收服务 税务编制服务（CPC 86302, CPC 86303）	（1）没有限制 （2）没有限制 （3）没有限制	（1）没有限制 （2）没有限制 （3）没有限制	
（d）建筑设计服务（CPC 8671）	（1）没有限制 （2）没有限制 （3）没有限制	（1）没有限制 （2）没有限制 （3）没有限制	
（e）工程服务（CPC 8672）	1）没有限制 2）没有限制 3）没有限制	1）、3）某些与健康和安全有关的认证服务仅限于注册工程师，获得注册必须是新西兰普通居民。 2）没有限制	
（i）兽医服务（CPC 9320）	1）不做承诺* 2）没有限制 3）没有限制	1）不做承诺* 2）没有限制 3）没有限制	
B. 计算机及相关服务			
（a）与计算机硬件安装有关的咨询服务（CPC 841）	（1）没有限制 （2）没有限制 （3）没有限制	（1）没有限制 （2）没有限制 （3）没有限制	
（b）软件执行服务（CPC 842）	（1）没有限制 （2）没有限制 （3）没有限制	（1）没有限制 （2）没有限制 （3）没有限制	

* 由于技术上缺乏可行性，不做承诺。

续表

部门或分部门	市场准入限制	国民待遇限制	其他承诺
(c) 数据处理服务 （CPC 843）	(1) 没有限制 (2) 没有限制 (3) 没有限制	(1) 没有限制 (2) 没有限制 (3) 没有限制	
(d) 数据库服务 （CPC 844）	1) 没有限制 2) 没有限制 3) 没有限制	1) 没有限制 2) 没有限制 3) 没有限制	
包括计算机在内的办公机器和设备的维修和保养服务（CPC 845）	1) 没有限制 2) 没有限制 3) 没有限制	1) 没有限制 2) 没有限制 3) 没有限制	
(e) 其他计算机服务（CPC 849）	1) 没有限制 2) 没有限制 3) 没有限制	1) 没有限制 2) 没有限制 3) 没有限制	
D. 房地产服务 (a) 涉及自有或租赁房地产的服务（CPC 821）	1) 没有限制 2) 没有限制 3) 没有限制	1) 没有限制 2) 没有限制 3) 没有限制	
(b) 基于收费或合同的房地产服务（CPC 822）	1) 没有限制 2) 没有限制 3) 没有限制	1) 没有限制 2) 没有限制 3) 没有限制	
E. 不配备操作人员的设备租赁服务 运输和非运输设备租赁服务（CPC 8310）	1) 没有限制 2) 没有限制 3) 没有限制	1) 没有限制 2) 没有限制 3) 没有限制	
F. 其他商业服务 (a) 广告服务（CPC 871）	1) 没有限制 2) 没有限制 3) 没有限制	1) 没有限制 2) 没有限制 3) 没有限制	
(f) 与农业、狩猎和林业有关的服务	1) 没有限制 2) 没有限制 3) 没有限制	1) 没有限制 2) 没有限制 3) 没有限制	
与农业有关的服务（CPC 8811）	1) 没有限制 2) 没有限制 3) 没有限制	1) 没有限制 2) 没有限制 3) 没有限制	

部门或分部门	市场准入限制	国民待遇限制	其他承诺
与畜牧业有关的服务（CPC8812）	1）没有限制 2）没有限制 3）《1961 年乳品局法》下的《畜群检测条例》规定，提供畜群检测服务应由新西兰乳品局许可。特许执照数量可以限制。	1）没有限制 2）没有限制 3）没有限制	
与狩猎有关的服务（CPC 8813）	1）没有限制 2）没有限制 3）没有限制	1）没有限制 2）没有限制 3）没有限制	
与林业和采伐有关的服务（CPC 8814）	1）没有限制 2）没有限制 3）没有限制	1）没有限制 2）没有限制 3）没有限制	
（o）建筑物清洁服务（CPC 874）	不做承诺〔1〕 没有限制 没有限制	不做承诺 * 没有限制 没有限制	
（p）摄影服务（CPC 875）	1）没有限制 2）没有限制 3）没有限制	1）没有限制 2）没有限制 3）没有限制	
（t）翻译服务（CPC 87905 **）	1）没有限制 2）没有限制 3）没有限制	1）没有限制 2）没有限制 3）没有限制	
（t）复制服务（CPC 87904）	1）没有限制 2）没有限制 3）没有限制	1）没有限制 2）没有限制 3）没有限制	
2. 通信服务			
C. 电信服务 （a）语音电话服务（CPC 7521） （b）分组交换数据传输服务（CPC 7523 **） （c）电路交换数据传输服务	（1）没有限制 （2）没有限制 （3）没有限制	1）没有限制 2）没有限制 3）除以下情况外，没有限制：新西兰电信公司章程条款规定，单一外国实体不得拥有超过 49.9%的股权。董事会成员至少有	所附《参考文件》确定的原则纳入本减让表，并且对于按照《服

〔1〕 由于技术上缺乏可行性，不做承诺。

部门或分部门	市场准入限制	国民待遇限制	其他承诺
（CPC 7523＊＊） 电传服务（CPC 7523＊＊） 电报服务（CPC 7522） 传真服务（CPC 7521＊＊、CPC 7529＊＊） 专用电路租用服务 （CPC 7522＊＊、CPC 7523＊＊） （o）其他 寻呼服务（CPC 75291）电话会议（CPC 75292） 个人通信服务（CPC 75213＊） 蜂窝服务（CPC 75213＊） 集群无线电系统服务（CPC 7523＊＊、CPC 75213＊） 移动数据服务（CPC 7523＊＊）		半数为新西兰公民。	务贸易总协定》第16条、第17条已在此做出的电信服务承诺，这些原则将补充《服务贸易总协定》第一部分、第二部分，第28条以及《关于电信服务的附件》规定的义务。
（h）电子邮件服务 （CPC 7523＊＊） （i）语音邮件服务 （CPC 7523＊＊） （j）在线信息和数据库检索服务 （CPC 7523＊＊） （k）电子数据交换服务（EDI）	（1）没有限制 （2）没有限制 （3）没有限制	（1）没有限制 （2）没有限制 （3）新西兰电信公司章程条款规定，单一外国实体不得拥有超过49.9%的股权。董事会董事至少有半数为新西兰公民。	

部门或分部门	市场准入限制	国民待遇限制	其他承诺
（CPC 7523 ＊＊） （l）增值传真服务 （CPC 7523 ＊＊） （m）编码和规程转换服务 （n）在线信息和/或数据处理 （CPC 843 ＊＊）			

其他内容省略……

257

附录3　中瑞自贸协定中方和瑞方承诺减让表[1]

中国具体承诺减让表 部分内容

服务提供方式：(1) 跨境交付　　(2) 境外消费　　(3) 商业存在　　(4) 自然人移动			
部门或分部门	市场准入限制	国民待遇限制	附加承诺
I. 水平承诺			
本减让表中包括的所有部门	(3) 在中国，外商投资企业包括外资企业（也称为外商独资企业）和合资企业，合资企业有两种类型：股权式合资企业和契	(3) 除中国入世后作出的承诺外，对于给予国内服务提供者的所有补贴不作承诺。	

---

[1]　资料来源：中国自由贸易服务网，http://fta.mofcom.gov.cn/index.shtml。就本减让表而言，对于以公司、企业、商行或者其他任何的商业存在形式参与中国市场的瑞士服务提供者（无论是外商独资、外资拥有多数股权、外商投资、外资所有权、外资参股还是中国法律规定的其他任何外资参与形式），不论其来源及所有者，非中国资本总参股的限制或承诺包括但不完全包括瑞士的服务提供者。外资参与的上述类型，不论集体地或者单独地都不应当超过中国加入世界贸易组织时作出的承诺，除非中国现行法律、法规和规则允许的中国—瑞士自由贸易协定中更优惠的承诺。

服务提供方式：(1) 跨境交付　(2) 境外消费　(3) 商业存在　(4) 自然人移动			
部门或分部门	市场准入限制	国民待遇限制	附加承诺
	约式合资企业。[1] 股权式合资企业中的外资比例不得少于该合资企业注册资本的25%。由于关于外国企业分支机构的法律和法规正在制定中，因此对于外国企业在中国设立分支机构不作承诺，除非在具体分部门中另有标明。允许在中国设立外国企业的代表处，但代表处不得从事任何营利性活动，在 CPC861、862、863、865 下部门具体承诺中的代表处除外。		
中华人民共和国的土地归国家所有。企业和个人使用土地需遵守下列最长期限限制：(a) 居住目的为70年；(b) 工业目的为50年；			

［1］ 依照中国法律、法规及其他措施订立的设立"契约式合资企业"的合同条款，规定诸如该合资企业经营方式和管理方式以及合资方的投资或其他参与方式等事项。契约式合资企业的参与方式根据合资企业的合同决定，并不要求所有参与方均进行资金投入。本减让表中的"外商投资企业"指根据《中外合资经营企业法》、《中外合作经营企业法》、《外资企业法》合法设立的外商投资企业。

服务提供方式：(1) 跨境交付　　(2) 境外消费　　(3) 商业存在　　(4) 自然人移动			
部门或分部门	市场准入限制	国民待遇限制	附加承诺
	(c) 教育、科学、文化、公共卫生和体育目的为 50 年； (d) 商业、旅游、娱乐目的为 40 年； (e) 综合利用或者奇特目的为 5 年。 (4) 除与属下列类别的自然人的入境和临时居留有关的措施外，不作承诺〔1〕：	(4) 除与市场准入栏中所指类别的自然人入境和临时居留有关的措施外，不作承诺。	
	(a) 商务访问者应允许入境最多 6 个月； (b) 瑞士公司的经理、高级管理人员和专家等高级雇员，作为公司内部的调任人员临时调动，应允许其入境首期停留 3 年； (c) 合同服务提供者，根据有关合同条款规定应被授予居留许可，或首期居留不超过 1 年； 合同服务提供者提供的服务仅限于以下部门： (1) 医疗和牙医服务； (2) 建筑设计服务； (3) 工程服务；		

〔1〕 对自然人类别的定义详见附件六的第 5 条 (a) 款。

服务提供方式：(1) 跨境交付　(2) 境外消费　(3) 商业存在　(4) 自然人移动			
部门或分部门	市场准入限制	国民待遇限制	附加承诺
	(4) 城市规划服务（城市总体规划服务除外）； (5) 计算机及其相关服务； (6) 建筑及相关工程服务； (7) 教育服务：合同服务提供者应具有学士或以上学位；有相应的专业职称或证书，且具有两年专业工作经验；与其雇主签订合同的中方合同主体应为具有教育服务职能的法人机构； (8) 旅游服务。 (d) 维修和安装人员： 维修和安装人员入境停留时间以合同规定期限为准，但最长不得超过 6 个月。		
II. 具体承诺			
1. 商业服务 2. A. 专业服务 (a) 法律服务 (CPC 861，不含中国法律业务)	(1) 没有限制 (2) 没有限制 (3) 瑞士律师事务所仅能以代表处的形式提供法律服务。代表处可从事营利性活动。 瑞士代表处的业务范围仅限于以下内容： (a) 就律师事务所律师允许从事律师	(1) 没有限制 (2) 没有限制 (3) 所有代表均应每年在中国居住不少于六个月。代表处不得雇佣中国国家注册律师。	

服务提供方式：(1) 跨境交付　(2) 境外消费　(3) 商业存在　(4) 自然人移动			
部门或分部门	市场准入限制	国民待遇限制	附加承诺
	业务的国家/地区的法律及就国际公约和惯例向客户提供咨询； (b) 应客户或中国律师事务所的委托，处理该律师事务所律师允许从事律师业务的国家/地区的法律事务； (c) 代表外国客户，委托中国律师事务所处理中国法律事务； (d) 订立合同以保持与中国律师事务所有关法律事务的长期委托关系； (e) 提供有关中国法律环境影响的信息。 按双方议定，委托允许瑞士代表处直接指示受委托的中国律师事务所的律师。 瑞士律师事务所的代表应为执业律师，为一WTO成员的律师协会或律师公会的会员，且在中国境外执业不少于2年。首席代表应为瑞士律师事务所的合伙人或相同职位人员（如一有限责任公司律师事务所的成员），且在中国境外执业不少于3年。		

服务提供方式：(1) 跨境交付　　(2) 境外消费　　(3) 商业存在　　(4) 自然人移动			
部门或分部门	市场准入限制	国民待遇限制	附加承诺
	(4) 除水平承诺中内容外，不作承诺。	(4) 除水平承诺中内容外，不作承诺。	
(b) 会计、审计和簿记服务（CPC 862）	(1) 没有限制 (2) 没有限制 (3) 合伙或有限责任会计师事务所只限于中国主管机关批准的注册会计师。 (4) 除水平承诺中内容外，不作承诺。	(1) 没有限制 (2) 没有限制 (3) 没有限制 (4) 除水平承诺中内容外，不作承诺。	—允许瑞士会计师事务所与中国会计师事务所结成联合所，并与其在其他WTO 成员中的联合所订立合作合同。 —在对通过中国国家注册会计师资格考试的外国人发放执业许可方面，应给予国民待遇。 —申请人将在不迟于提出申请后 30 天以书面形式被告知结果。 —提供 CPC 862 中所列服务的会计师事务所可以从事税收和管理咨询服务。它们不受在 CPC 865 和 8630 中关于设立形式的要求的约束。
(c) 税收部门（CPC 8630）	(1) 没有限制 (2) 没有限制 (3) 瑞士公司将被允许设立外资独资子公司。 (4) 除水平承诺中内容外，不作承诺。	(1) 没有限制 (2) 没有限制 (3) 没有限制 (4) 除水平承诺中内容外，不作承诺。	
(d) 建筑设计服务（CPC 8671） (e) 工程服务（CPC 8672）	(1) 对于方案设计没有限制。要求与中国专业机构进行合作，方案设计除外。	(1) 没有限制 (2) 没有限制 (3) 瑞士服务提供者应为在瑞士从事建筑/工程/城市规	

服务提供方式：(1) 跨境交付　(2) 境外消费　(3) 商业存在　(4) 自然人移动			
部门或分部门	市场准入限制	国民待遇限制	附加承诺
(f) 集中工程服务 (CPC 8673) (g) 城市规划服务 (城市总体规划服务除外) (CPC 8674)	(2) 没有限制 (3) 允许外商控股型合资。允许设立外商独资企业。 (4) 除水平承诺中内容外，不作承诺。	划服务的注册建筑师/工程师或企业。 (4) 除水平承诺中内容外，不作承诺。	
(h) 医疗和牙医服务 (CPC 9312)	(1) 没有限制 (2) 没有限制 (3) 允许瑞士服务提供者与中国合资伙伴一起设立合资医院或诊所，没有数量限制，以符合中国的需要，允许外资拥有多数股权。 (4) 除水平承诺中内容和下列内容外，不作承诺： 允许持有瑞士颁发的专业证书的外国医师，在获得国家卫生计生委的许可后，在中国提供短期医疗服务。服务期限为 6 个月，并可延长至 1 年。	(1) 没有限制 (2) 没有限制 (3) 合资医院和诊所的大多数医师和医务人员应具有中国国籍。 (4) 除水平承诺中内容外，不作承诺。	
B. 计算机及其相关服务（计算机及其相关服务不涵盖需要计算机及其相关服务作为提供手段的内容提供服务构成的经济活动） (a) 与计算机硬件安装有关的咨询服务 (CPC 841)	(1) 没有限制 (2) 没有限制 (3) 没有限制 (4) 除水平承诺中内容外，不作承诺。	(1) 没有限制 (2) 没有限制 (3) 没有限制 (4) 注册工程师，或具有学士（或以上）学位并在该领域有 3 年工作经验的人员。	

服务提供方式：(1) 跨境交付　(2) 境外消费　(3) 商业存在　(4) 自然人移动			
部门或分部门	市场准入限制	国民待遇限制	附加承诺
(b) 软件实施服务 (CPC 842) (c) 数据处理服务 (CPC 843) -输入准备服务 (CPC 8431)	(1) 没有限制 (2) 没有限制 (3) 允许设立外商独资企业。 (4) 除水平承诺中内容外，不作承诺。	(1) 没有限制 (2) 没有限制 (3) 没有限制 (4) 资格如下： 注册工程师，或具有学士（或以上）学位并在该领域有3年工作经验的人员。	
-数据处理和制表服务 (CPC 8432) -分时服务 (CPC 8433)	(1) 没有限制 (2) 没有限制 (3) 没有限制 (4) 除水平承诺中内容外，不作承诺。	(1) 没有限制 (2) 没有限制 (3) 没有限制 (4) 资格如下： 注册工程师，或具有学士（或以上）学位并在该领域有3年工作经验的人员。	
C. 研发服务 自然科学和工程学的研究和实验开发服务（CPC 8510） (不包括中国政府发布的《外商投资产业指导目录》中禁止外商投资的产业)	(1) 不作承诺 (2) 没有限制 (3) 允许设立外商独资企业。 (4) 除水平承诺中内容外，不作承诺。	(1) 不作承诺 (2) 没有限制 (3) 没有限制 (4) 除水平承诺中内容外，不作承诺。	
D. 房地产服务 涉及自有或租赁资产的房地产服务 (CPC 821) 以收费或合同为基础的房地产服务 (CPC 822)	(1) 没有限制 (2) 没有限制 (3) 允许设立外商独资企业。 (4) 除水平承诺中内容外，不作承诺。	(1) 不作承诺 (2) 没有限制 (3) 没有限制 (4) 除水平承诺中内容外，不作承诺。	
F. 其他商业服务 (a) 广告服务 (CPC 871)	(1) 仅限于通过在中国注册的、有权提供外国广告服务的广告代理。	(1) 没有限制	

服务提供方式：（1）跨境交付　（2）境外消费　（3）商业存在　（4）自然人移动			
部门或分部门	市场准入限制	国民待遇限制	附加承诺
	（2）仅限于通过在中国注册的、有权提供外国广告服务的广告代理。 （3）允许瑞士服务提供者在中国设立广告企业。允许设立外资独资公司。 （4）除水平承诺中内容外，不作承诺。	（2）没有限制 （3）没有限制 （4）除水平承诺中内容外，不作承诺。	
（b）市场调研服务（CPC 86401，仅限于设计用来获取一组织产品在市场上前景和表现的信息的调查服务）	（1）不作承诺 （2）不作承诺 （3）仅限于合资企业形式，允许外资拥有多数股权，需进行经济需求测试。 （4）除水平承诺中内容外，不作承诺。需有商业存在的要求。	（1）不作承诺 （2）不作承诺 （3）不作承诺 （4）除水平承诺中内容外，不作承诺。	
（c）管理咨询服务（CPC 865）	（1）没有限制 （2）没有限制 （3）允许设立外资独资子公司。 （4）除水平承诺中内容外，不作承诺。	（1）没有限制 （2）没有限制 （3）没有限制 （4）除水平承诺中内容外，不作承诺。	
（d）与管理咨询相关的服务（仅限下列分部门） -除建筑外的项目管理服务（CPC 86601）	（1）没有限制 （2）没有限制 （3）仅限于合资企业形式，允许外资拥有多数股权，需进行经济需求测试。 （4）除水平承诺中内容外，不作承诺。需有商业存在的要求。	（1）不作承诺 （2）不作承诺 （3）不作承诺 （4）除水平承诺中内容外，不作承诺。	

服务提供方式：(1) 跨境交付　　(2) 境外消费　　(3) 商业存在　　(4) 自然人移动			
部门或分部门	市场准入限制	国民待遇限制	附加承诺
(e) 技术测试和分析服务 （CPC8676） 及 CPC 749 涵盖的货物检验服务，不包括货物检验服务中的法定检验服务	(1) 没有限制 (2) 没有限制 (3) 允许已在瑞士从事检验服务 3 年以上的瑞士服务提供者设立合资技术测试、分析和货物检验公司，注册资本不少于 35 万美元。允许设立外资独资子公司。 (4) 除水平承诺中内容外，不作承诺。	(1) 没有限制 (2) 没有限制 (3) 没有限制 (4) 除水平承诺中内容外，不作承诺。	
(f) 与农业、林业、狩猎和渔业有关的服务 （CPC 881, 882）	(1) 没有限制 (2) 没有限制 (3) 仅限于合资企业形式，允许外资拥有多数股权。 (4) 除水平承诺中内容外，不作承诺。	(1) 没有限制 (2) 没有限制 (3) 没有限制 (4) 除水平承诺中内容外，不作承诺。	
(h) 与采矿相关的服务 （CPC 883, 只包括石油和天然气）	(1) 不做承诺 (2) 没有限制 (3) 仅允许与中国合资伙伴合作开采石油和天然气的形式。 (4) 除水平承诺中内容外，不作承诺。	(1) 不作承诺 (2) 没有限制 (3) 没有限制 (4) 除水平承诺中内容外，不作承诺。	
相关科学技术咨询服务 －铁、铜、锰的现场维护和支持服务地质、地球物理和其他科学勘探服务 （CPC 86751 的部分） 地下勘测服务 （CPC 86752 的部分）	(1) 没有限制 (2) 没有限制 (3) 仅限于以与中国合资伙伴合作勘探、勘测铁、铜、锰的方式。 (4) 除水平承诺中内容外，不作承诺。	(1) 没有限制 (2) 没有限制 (3) 没有限制 (4) 除水平承诺中内容外，不作承诺。	

服务提供方式：(1) 跨境交付　(2) 境外消费　(3) 商业存在　(4) 自然人移动			
部门或分部门	市场准入限制	国民待遇限制	附加承诺
(m) 相关科学技术咨询服务 (CPC 8675) -近海石油服务 地质、地球物理和其他科学勘探服务 (CPC 86751) 地下勘测服务 (CPC 86752)	(1) 没有限制 (2) 没有限制 (3) 仅限于以与中国合资伙伴合作开采石油的方式。 (4) 除水平承诺中内容外，不作承诺。	(1) 没有限制 (2) 没有限制 (3) 没有限制 (4) 除水平承诺中内容外，不作承诺。	

其他内容省略……

瑞士具体承诺减让表 部分内容

服务提供方式：(1) 跨境交付　(2) 境外消费　(3) 商业存在　(4) 自然人移动			
部门和分部门	市场准入限制	国民待遇限制	附加承诺
-特定服务部门的承诺水平不得超过该特定服务的实现所需的或存在其他联系的其他服务部门的承诺水平。 -括号内注明的 CPC 数字是指联合国临时主要产品分类号（联合国国际经济和社会事务部统计司统计文件 M 系列第 77 号《联合国临时主要产品分类目录》，纽约，1991 年出版）。 -除非另有说明，承诺所涉及的居所、住所、商业存在等均指在瑞士境内的承诺。 -本减让表附件 I、II 和 III 是本表不可或缺的组成部分。			
I. 水平承诺			
本部分列出的承诺适用于所有列出的服务部门中的服务贸易，除非另有规定。第 II 部分则列出适用于具体服务部门中的关于贸易的承诺。			
本减让表包括的所有部门	1) 没有限制 2) 没有限制 3) 没有限制	1) 没有限制，除补贴、税收鼓励和税收抵免外不作承诺 2) 没有限制，除补贴、税收鼓励和税收抵免外不作承诺 3) 除下列项目外，没有限制：	

服务提供方式：(1) 跨境交付　(2) 境外消费　(3) 商业存在　(4) 自然人移动			
部门和分部门	市场准入限制	国民待遇限制	附加承诺
		I. 理事组成 －"股份制公司"或"无限合伙股份公司"：董事会多数成员必须居住在瑞士。但实际居住地要求可能会低于该标准； －"有限责任公司"：至少有一名经理必须居住在瑞士； －"合作社"：大部分管理人员必须居住在瑞士。 II. 股东组成 "股份制公司"可在公司章程中做出如下规定：如果某人成为记名股票所有者后可能会导致公司无法提供瑞士联邦法律规定的股东构成证明，则公司可以拒绝该人成为记名股票所有者。 III. 分公司 公司正式授权的分公司全权代表（自然人）必须在瑞士居住。	
		IV. 无法人资格的商业存在 自然人成立商业存在或根据瑞士法律不具备法人资格的商业存在（即"股	

服务提供方式：(1) 跨境交付　(2) 境外消费　(3) 商业存在　(4) 自然人移动			
部门和分部门	市场准入限制	国民待遇限制	附加承诺
		份制公司"、"有限责任公司"和"合作社"以外的形式)，需按照州法律要求持有永久居留证。 V 补贴条件 补贴、税收优惠和税收抵免仅限于瑞士特定地区的居民。 VI. 房地产购置 非瑞士常住居民的外国人或总部位于国外或受外国控制的企业购置房地产需经授权。下列情况除外： (a) 购置的房地产限于专业用途和经营活动； (b) 购置的房地产主要用于满足住在瑞士的外国人的个人住房需求。 购置度假居所和第二居所是为满足个人住房需求的，经核实目的后，可获得授权。	
		禁止属于纯粹金融投资和住宅交易的房地产购置，但以下情况除外： (a) 外国人可以不经允许投资拥有房地产并进行交易的	

服务提供方式：(1) 跨境交付　　(2) 境外消费　　(3) 商业存在　　(4) 自然人移动			
部门和分部门	市场准入限制	国民待遇限制	附加承诺
		法人的金融项目（即股票），只要上述项目是在瑞士证券交易所交易的； （b）外国和外资控股的银行和保险公司可以购置房地产，用于破产或清算时偿付按揭贷款； （c）外国和外资控股的保险公司购置的房地产总值不超过该公司在瑞士经营所需的资金储备。	
	4）除以下 A、B、C 和 D 条规定的中国自然人（以下称"人员"）入境瑞士和临时居留瑞士的措施外，其他措施应受到"国民待遇"一栏列明的限制和约束，在瑞士的中国服务提供者的入境和居留要经官方允许（要求有居留许可和工作许可）。第二部分规定的所有限制在此均适用。 在 A 段中明确的主要人员，停留瑞士的期限为三年，最多可延长至五年。 B、C 和 D 段明确的其他主要人员，停	4）除"市场准入"一栏中所列明的自然人类别的措施，其他措施受到以下限制和约束： （a）法律和/或集体协议（关于薪酬、工作时间等）规定的分公司的工作环境和活动场所； （b）限制瑞士境内员工地域流动的措施； （c）涉及社会保障和公共退休计划（资格时限、居住要求等）的相关法规制度；及 （d）所有其他有关移民、入境、居留和工作的法律规定。雇用这类人的企业	

服务提供方式：(1) 跨境交付 (2) 境外消费 (3) 商业存在 (4) 自然人移动			
部门和分部门	市场准入限制	国民待遇限制	附加承诺
	留瑞士的期限为每年 90 天，如果申请次年续期，申请人必须在期限结束后在国外居住至少 2 个月。根据在瑞士的无时间限制的雇佣合同而持有不限期或延期居留证的人员停留或进入瑞士，这类人员不应算作是为在瑞士临时逗留或临时就业的停留或进入瑞士的人员。	应当根据要求，配合这些措施的执行主管当局展开工作。补贴、税收优惠和税收抵免仅限于瑞士特定区域的居民。	
	A. 公司内部流动人员（ICT）中国特定企业或公司分派到瑞士的主要人员，及下文（a）和（b）所定义的该企业或公司（以下简称企业）在瑞士成立的分公司、附属公司或联属公司的提供服务的员工；员工办理入境申请时在中国企业的入职时间不少于一年。		
	(a) 管理人员和高级管理人员：接受企业高层管理人员、董事会或股东广泛监督或指导的企业或企业某部		

服务提供方式：(1) 跨境交付　(2) 境外消费　(3) 商业存在　(4) 自然人移动			
部门和分部门	市场准入限制	国民待遇限制	附加承诺
	门的主要负责人。管理人员和高级管理人员不得直接从事企业现行的服务提供。		
	(b) 专家：企业内部的高级人才，在企业的服务、研究设备、技术或管理领域具有高级专业技术知识，是特定服务提供必不可少的人才。B. 商务访客（BV）和服务销售人员（SS）(a) 负责建立商业存在的商务访客（BV）：属于在瑞士没有商业存在的企业员工；员工办理入境申请时在中国企业的入职时间不少于一年；符合 A (a) 段规定的条件；进入瑞士是为了在瑞士设立该企业的商业存在。建立商业存在的负责人不得向公众直接销售或提供服务。		
	(b) 服务销售人员（SS）：企业雇用或授权的人员，代表企业暂时留在瑞士以订立		

服务提供方式：(1) 跨境交付　　(2) 境外消费　　(3) 商业存在　　(4) 自然人移动			
部门和分部门	市场准入限制	国民待遇限制	附加承诺
	服务销售合同。服务销售人员不得向公众直接销售或提供服务。		
	C. 合同服务供应商（CSS）属于在瑞士没有商业存在的中国企业（法人）（提供 CPC 872 所规定的服务的企业除外）的员工；该中国企业已与在瑞士境内从事实质性商业活动的企业签订服务合同；属于该企业在中国的员工，且该员工办理入境申请时在中国企业的入职时间不少于一年；有三年相关工作经验，符合 A（b）项规定的条件，代表中国企业在瑞士提供以下服务行业的服务的专业人员。		
	每份合同可有一定数量的服务提供者获得三个月的临时入境期限，服务提供者的数量取决于合同规定的要执行的任务的大小。该中国企业的单个服务提供者如果不是		

服务提供方式：(1) 跨境交付　(2) 境外消费　(3) 商业存在　(4) 自然人移动			
部门和分部门	市场准入限制	国民待遇限制	附加承诺
	该公司员工，则应算作进入瑞士就业市场求职的人员。 服务行业： -建筑设计服务（CPC 8671） -工程服务（CPC 8672） -综合工程服务（CP C8673） -城市规划服务（CPC 8674 的一部分） 计算机硬件安装的相关咨询服务（CPC 841） -软件施工服务（CPC 842） -管理咨询服务（CPC 865） -技术测试和分析服务（CPC 8676） -汉语相关的笔译和口译服务（CPC 87905 的一部分）		
	D. 其他人员 安装和维护人员（IM）： 必须是合格的专业人员；属于在瑞士没有商业存在的中国企业的员工；该中国企业提供机械或工业设备的安装或维修服务，且该服务的供应必须收		

服务提供方式：(1) 跨境交付　(2) 境外消费　(3) 商业存在　(4) 自然人移动			
部门和分部门	市场准入限制	国民待遇限制	附加承诺
	费或依据机械或设备的生产商和该机械或设备的所有者之间的合同（安装/维护合同）进行，且生产商和所有者必须都是企业（不包括 CPC 872 涉及的提供服务的企业）。		
II. 具体承诺			
1. 商业服务 A. 专业服务 （a）法律服务			
-国际商事仲裁服务 （CPC 861 部分）	1) 没有限制 2) 没有限制 3) 没有限制 4) 除 I 部分中内容外，不作承诺	1) 没有限制 2) 没有限制 3) 没有限制 4) 除 I 部分中内容外，不作承诺	
-法律咨询服务 （CPC 861 部分）	1) 没有限制 2) 没有限制 3) 没有限制 4) 除 I 部分中内容外，不作承诺	1), 2), 3) 除提契诺州外所有的州：没有限制； 提契诺州：除关于瑞士财政法的法律咨询业务仅限"商业信托"外，没有限制。 4) 除提契诺州外所有的州：除 I 部分中内容外，不作承诺； 提契诺州：除 I 部分中内容外，不作承诺； 关于瑞士财政法的法律咨询业务仅限"商业信托"	

服务提供方式：(1) 跨境交付　(2) 境外消费　(3) 商业存在　(4) 自然人移动			
部门和分部门	市场准入限制	国民待遇限制	附加承诺
-中介和法外调解服务 （CPC 861 部分）	1）没有限制 2）没有限制 3）没有限制 4）除Ⅰ部分中内容外，不作承诺	1）没有限制 2）没有限制 3）没有限制 4）除Ⅰ部分中内容外，不作承诺	
-专利代理人服务，包括商标（权）服务 （CPC 861 部分）	1）没有限制 2）没有限制 3）没有限制 4）除Ⅰ部分中内容外，不作承诺	1），2），3）除作为专利代理人需在瑞士拥有永久邮箱地址，并且在由瑞士联邦知识产权局（IGE/ IPI）承认的专利代理人的监督下，在瑞士有 1 年的专业服务经验外，没有限制 4）除Ⅰ部分中内容外，不作承诺；同时在上述 1），2），3）的限制下	
（b）会计、审计和簿记服务			
-会计和簿记服务 （除 86211 外的 CPC 862）	1）没有限制 2）没有限制 3）没有限制 4）除Ⅰ部分中内容外，不作承诺	1）没有限制 2）没有限制 3）没有限制 4）除Ⅰ部分中内容外，不作承诺	
-审计服务，不包括银行审计服务 （CPC 86211 部分）	1）没有限制 2）没有限制 3）没有限制 4）除Ⅰ部分中内	1）除要求股份有限公司须至少配有一名审计员或者必须在瑞士设有办公地点、总办事处或注册的分公司外，没有限制 2）没有限制 3）没有限制 4）除Ⅰ部分中内	

服务提供方式：(1) 跨境交付 (2) 境外消费 (3) 商业存在 (4) 自然人移动			
部门和分部门	市场准入限制	国民待遇限制	附加承诺
	容外，不作承诺	容外，不作承诺；股份有限公司须至少配有一名审计员或者必须在瑞士设有办公地点、总办事处或注册的分公司	
(c) 税收服务 （CPC 863）	1) 没有限制 2) 没有限制 3) 没有限制 4) 除 I 部分中内容外，不作承诺	1) 没有限制 2) 没有限制 3) 没有限制 4) 除 I 部分中内容外，不作承诺	
(d) 建筑设计服务 （CPC 8671）	1) 没有限制 2) 没有限制 3) 没有限制 4) 除 I 部分中内容外，不作承诺	1) 没有限制 2) 没有限制 3) 没有限制 4) 除 I 部分中内容外，不作承诺	
(e) 工程服务 （CPC 8672）	1) 没有限制 2) 没有限制 3) 没有限制 4) 除 I 部分中内容外，不作承诺	1) 当通过考试后交付给合格测量员的瑞士许可证在以官方公共目的的调查活动〔1〕中是必须的，除此之外，没有限制 2) 没有限制 3) 当通过考试后交付给合格测量员的瑞士许可证在以官方公共目的的调查活动中是必须的，除此之外，没有限制 4) 除 I 部分中内容外，不作承诺；通过考试后交付给合格测量员的瑞士许可证	

---

〔1〕 "官方公共目的的调查活动"指地籍活动及相关活动。

续表

服务提供方式：(1) 跨境交付　(2) 境外消费　(3) 商业存在　(4) 自然人移动			
部门和分部门	市场准入限制	国民待遇限制	附加承诺
		在官方公开目的的调查活动中是必须	
(f) 综合工程服务 (CPC 8673)	1) 没有限制 2) 没有限制 3) 没有限制 4) 除 I 部分中内容外，不作承诺	1) 没有限制 2) 没有限制 3) 没有限制 4) 除 I 部分中内容外，不作承诺	
(g) 城市规划和景观建筑设计服务 (CPC 8674)	1) 没有限制 2) 没有限制 3) 没有限制 4) 除 I 部分中内容外，不作承诺	1) 没有限制 2) 没有限制 3) 没有限制 4) 除 I 部分中内容外，不作承诺	
(h) 医疗及牙医服务 (CPC 9312)	1) 没有限制 2) 没有限制 3) 不作承诺 4) 不作承诺	1) 没有限制 2) 没有限制 3) 除独立执业时必须是瑞士国籍外，没有限制 4) 除 I 部分中内容外，不作承诺；独立执业时必须是瑞士国籍	
(i) 兽医服务 (CPC 932)	1) 没有限制 2) 没有限制 3) 不作承诺 4) 不作承诺	1) 没有限制 2) 没有限制 3) 除独立执业时必须是瑞士国籍外，没有限制 4) 除 I 部分中内容外，不作承诺；独立执业时必须是瑞士国籍	
B. 计算机及相关服务			
(a) 与计算机硬件安装有关的咨询服 (CPC 841)	1) 没有限制 2) 没有限制 3) 没有限制	1) 没有限制 2) 没有限制 3) 没有限制	

服务提供方式：(1) 跨境交付　(2) 境外消费　(3) 商业存在　(4) 自然人移动			
部门和分部门	市场准入限制	国民待遇限制	附加承诺
（b）软件执行服务 （CPC 842）	4）除 I 部分中内容 外，不作承诺 1）没有限制 2）没有限制 3）没有限制 4）除 I 部分中内容 外，不作承诺	4）除 I 部分中内容 外，不作承诺 1）没有限制 2）没有限制 3）没有限制 4）除 I 部分中内容 外，不作承诺	
（c）数据处理服务 （CPC 843）	1）没有限制 2）没有限制 3）没有限制 4）除 I 部分中内容 外，不作承诺	1）没有限制 2）没有限制 3）没有限制 4）除 I 部分中内容 外，不作承诺	
（d）数据库服务 （CPC 844）	1）没有限制 2）没有限制 3）没有限制 4）除 I 部分中内容 外，不作承诺	1）没有限制 2）没有限制 3）没有限制 4）除 I 部分中内容 外，不作承诺	